中东经典译丛

丛书主编　韩志斌

First published in English under the title
Starvation and the State: Famine, Slavery, and Power in Sudan, 1883-1956
by Steven Serels, edition: 1
Copyright © Steven Serels, 2013
This edition has been translated and published under licence from
Springer Nature America, Inc..
Springer Nature America, Inc. takes no responsibility and shall not be made liable
for the accuracy of the translation.

饥饿与国家

苏丹的饥荒、奴隶制和权力
1883-1956

史蒂芬·塞勒斯
Steven Serels 著

王猛 译

Starvation and the State

Famine, Slavery, and Power in Sudan 1883–1956

生活·讀書·新知 三联书店

Simplified Chinese Copyright © 2024 by SDX Joint Publishing Company.
All Rights Reserved.
本作品简体中文版权由生活·读书·新知三联书店所有。
未经许可,不得翻印。

图书在版编目(CIP)数据

饥饿与国家:苏丹的饥荒、奴隶制和权力:1883~1956/(加)史蒂芬·塞勒斯著;王猛译.—北京:生活·读书·新知三联书店,2024.2
(中东经典译丛)
ISBN 978-7-108-07704-2

Ⅰ.①饥… Ⅱ.①史…②王… Ⅲ.①苏丹-历史-研究-1883-1956 Ⅳ.①K412.4

中国国家版本馆 CIP 数据核字(2023)第 165380 号

责任编辑	成 华
封面设计	刘 俊
出版发行	生活·讀書·新知 三联书店
	(北京市东城区美术馆东街22号)
邮 编	100010
印 刷	江苏苏中印刷有限公司
版 次	2024年2月第1版
	2024年2月第1次印刷
开 本	880毫米×1230毫米 1/32 印张 11.5
字 数	250千字
定 价	69.00元

译丛总序
韩志斌

"中东经典译丛"是以西北大学中东研究所韩志斌教授为首席专家的国家社科基金重大项目"中东部落社会通史研究"（项目号：15ZDB062）的中期成果，计划翻译英文、阿拉伯文、波斯文、土耳其文等经典名著几十部，每年2—3部，宁缺毋滥，确保出版精品。

中东地区的基本特征是整体地区性形态与结构的发展史。一区多样、同区异国、常区时变这三种一与多、同与异和常与变的文明互动因素是组成该地区历史基本面貌的总结。凡属中东古今之大事，都要依据历史连续性原则，进行梳理、连缀和扩展，使之组成点、线、面相统一的历史演进轨迹，将之汇总于这一地区历史和现实中连续不断的文明创造，把看似孤立的历史事件联结于地区的整体历史，给予历史事件在文明交往链条上以确定的位置，客观反映中东历史发展的原貌。

中东地区对于我国的对外战略和对外开放具有重要价值，特别是在"一带一路"倡议的背景下，中国与中东国家关系近年来得到全面发展，合作涉及能源、基础设施、工业、科技、卫生、农业等多种领域。可以说，中东是中国国家利益的攸关地区之一。另一方面，中东地区的国际热点问题频发。如伊朗问题、巴以问题、叙利亚问题、阿富汗问题、利比亚问题等都对地区和国际局势产生重要影响。中国需要对相关事件做出及时和准确的反应。因此，中国学者急需对中东的历史与现状进行全面系统的深入研究，以便为国家的中东政策和中国与中东合作的发展服务。近年来，我国在对外交往中强调不同文明的对话和交流互鉴。中东是人类文明的重要发祥地，同时也是不同宗教、不同文明的交融之地。因此，对于国外中东经典的系统译介有助于把握中东文明的发展脉络，为进一步深入研究中东文明，构建中国在中东史研究的话语体系提供帮助。

这里重点强调一下中东部落的重要性。人类学家卡尔·萨尔兹曼指出，历史上曾经有两种方式统治着中东：部落的自治和君王的中央集权制。前者是这个地区的特色，也是理解该地区社会深层结构的关键锁钥。绝大多数中东国家都起源于部落社会。虽然现在各国均有各自的社会组织形式和政治制度，但有一个共同特征则是：这些国家长期存在着部落组织。可以说，部落是中东社会的典型特征，不了解中东部落社会就难以解读中东的深层社会结构。因此，对中东部落社会的深入剖析是理解中东所有问题的基础。2010年以来，阿拉伯国家经历了几十年未有之大变局，维系这些国家多年的统治模式面临前所未有的挑战。此次变局引起阿拉伯强权体制国家（突尼斯、埃及、利比亚、也门、叙利亚）的"连锁崩溃"，阿拉伯国家陷入剧烈动荡之中。阿拉伯大变局引发国内外学术界的高度关注，学者们从各个视角深刻反思这场政治变局发生的原委。大都认为，阿拉伯大变局的发生是内外因综合作用的结果，内因是这些国家政治发展的衰朽（特别是威权主义、家族政治以及老人政治），经济发展停滞不前以及网络新媒体的传导等，外因则是欧美国家的干预与美国"大中东民主化"的余波，甚至考虑到气候变迁的影响等。应当说，学者们的上述探讨从不同层面揭示了这场大变局的某些原因，但"冰冻三尺，非一日之寒"，国内外学术界忽视了引发大变局的一个深层次原因，那就是困扰阿拉伯国家至今的部落问题。在2010年肇始的阿拉伯变局中，部落问题成为推动变局产生、发展与高潮的重要因素之一，至今仍在产生影响，如利比亚、也门等国。目前的利比亚乱局是部落武装混战的结果，也门的胡塞武装也是从部落起义发展起来的，至今搅得中东周天寒彻的"伊斯兰国"也与部落有着千丝万缕的联系。这也是本译丛关涉部落著作较多的深层原因。

"中东经典译丛"设立的初衷有三点：一是从世界史领域来说，中东史是世界史研究的薄弱领域，需要对国外经典名著的深入理解；二是中东史研究虽然取得了一些进展，但对国外学者经典作品的了解仍然不足；三是中东国家涵盖了丝绸之路经济带沿线的主要国家，了解国外经典名著对我国推进"一带一路"合作有镜鉴作用。

西北大学中东研究所长期致力于中东和阿拉伯国家历史与国际关系的研究。陆续完成《二十世纪中东史》和《阿拉伯国家史》两部全国研究生教学用书，以及13卷本《中东国家通史》和独卷本《中东史》，涉及断代史、地区史、国别史和通史，并出版有其他专题史著作。这些著作在国内学术界赢得好评，先后获教育部和陕西省人文社科优秀成果一、二等奖多项。8卷本的《非洲阿拉伯国家通史研究》是国家社科基金重大项目结项成果，即将在商务印书馆出版，完成了"大中东通史"学术体系、话语体系的构建。本套译丛是西北大学中东研究所中东研究系列的拓展和补充。

  如果说，目前已有的中东通史、中东地区史、中东国别史、中东断代史、中东专题史是宏论中东帝国王朝、民族国家、政治精英、宗教民族、思想文化、军事外交的兴衰史，那么"中东经典译丛"则是看西方学者、阿拉伯学者、波斯学者和土耳其学者如何细说中东底层大众生活状况的流变史，描述中东社会基层组织与结构的跃迁史，剖析中东部落与国家相互影响的互动史，其目的是全面反映国外学者如何讲述中东社会历史发展的原貌，体现国外学者对该地区历史研究的独特观点、研究水准及其学术价值。

  是为"中东经典译丛"总序。

目 录

1　　致谢

1　　关于音译的说明

1　　外国术语表

1　　缩略语

1　　前言

1　　第一章
　　　绪论

23　　第二章
　　　饥荒和苏丹北方边境的形成
　　　（1883－1896）

71　　第三章
　　　红海粮食市场及英国的苏丹东部战略
　　　（1883－1888）

115	第四章 萨纳特-西塔饥荒和贝贾人自治的衰落（1889－1904）
155	第五章 奴隶制、英-埃政府统治与粮食市场的发展（1896－1913）
211	第六章 棉花和粮食驱动的经济发展（1913－1940）
259	第七章 粮食危机和走向独立过渡（1940－1956）
283	第八章 总结
292	参考文献
309	索引
339	译后记

致　谢

我非常感谢在撰写本书时众多人士和机构的帮助。本书是我在哈佛大学从事博士后研究时完成的，首先在中东研究中心，接着在魏瑟黑德（Weatherhead）全球史工作站。感谢博士后合作导师罗杰·欧文（Roger Owen）博士的见解。这本书源于我的博士研究，感谢麦吉尔大学的格温·坎贝尔（Gwyn Campbell）博士和伊丽莎白·埃尔伯恩（Elizabeth Elbourne）博士，感谢他们在我写作论文时所给予的监督、协助和指导，感谢坎贝尔博士允许我使用麦吉尔大学印度洋世界中心的资源。感谢珍妮丝·博迪（Janice Boddy）博士、莱拉·帕森斯（Laila Parsons）博士、约翰·加拉蒂（John Galaty）博士和珍妮特·埃瓦尔德（Janet Ewald）博士，他们关注我的研究工作并阅读了部分章节的手稿。

本书的研究和写作还得益于多项奖学金的资助，包括来自加拿大社会研究与人文研究委员会的博士后研究奖学金（2012—2014）和博士研究奖学金（2010—2011），以及麦吉尔（Mc Gill）大学印度洋世界中心的研究奖学金（2007—2010）。

来自印度洋世界中心的旅行助学金资助我在伦敦国家档案馆开展研究工作。在苏丹的研究得到了麦吉尔大学艺术学院的艺术研究生研究旅行奖的资助（2011年）。本书的早期研究不仅得到了麦考尔/麦贝恩（Mc Call/Mac Bain）研究生奖和黛西·拉蒂默历史纪念奖的支持，二者均来自麦吉尔大学历史系，还受惠于麦吉尔大学发展中地区研究中心（现为国际发展研究所）的研究生奖学金（2007—2008）。

在苏丹，我要感谢喀土穆大学非洲和亚洲研究所，研究所主任阿卜杜拉希姆·穆加丹（Abdelrahim Mugaddam）为我提供了学术联系并允许使用研究所的设施。感谢喀土穆国家档案局的工作人员，阿瓦提夫（Awatif）女士和巴希尔（Bashir）博士为我提供了便利。感谢档案馆公共关系办公室阿卜杜勒·穆纳姆（'Abd al-Mun'im）先生的盛情款待和友谊。感谢好朋友穆罕默德（Muhammad）和塔里菲（al-Tarayfi），他们使我在喀土穆有家的感觉。

在英国，我要感谢伦敦国家档案馆的工作人员，感谢杜伦大学（Durham）皇家格林图书馆的工作人员。感谢简·霍根（Jane Hogan）在杜伦大学苏丹档案馆为我提供的帮助，感谢黛安娜（Diane）和格雷厄姆·亚当斯（Graham Adams）2010—2011年在杜伦的热情款待。

这项工作的部分草稿此前曾经以讲座的形式发表过，例如中东研究中心的客座研究员系列、印度洋世界中心的客座演讲系列、蒙特利尔英国历史研讨会、柏林工业大学的文化心理学研讨会等。感谢阿诺德·格罗（Arnold Groh）博士邀请我在他的座谈会上发言。部分章节草稿也在许多会议上作为论文发表，

致 谢

会议的组织者有魏瑟黑德全球史工作站、印度洋世界中心、德国历史研究所（伦敦）、威尔伯福斯（Wilberforce）奴隶制和解放研究所（赫尔大学）以及非洲欧洲跨学科研究小组等。本书第3章和第4章的部分内容，就是对《战争饥荒：红海粮食市场和苏丹东部的1889—1891年饥荒》的较大修改。该文章最初发表于《东北非洲研究》12卷第1期的第73—94页（密歇根州立大学2012年版），感谢该刊编辑允许我将此材料纳入本书。

感谢我的朋友和家人，他们的支持必不可少。感谢我的父母M.米切尔（M. Mitchell）和露丝·塞雷斯（Ruth Serels），以及阿兰（Alain）、安娜（Anna）、戴安娜（Diana）、丹（Dan）、查德（Chad）、海利（Haeli）、埃文（Evan）、乔丹（Jordan）、亚历克西斯（Alexis）和山姆（Sam）。感谢帕特里克·德鲁因（Patrick Drouin），他在整个研究过程的每一步都为我提供帮助，感谢达米恩·卡维（Damien Calvet）和他的姐妹们雪中送炭，感谢杰拉德·雷耶斯（Gerard Reyes）陪伴始终。

关于音译的说明

在音译阿拉伯语单词时，我通常遵循《国际中东研究杂志》使用的音译系统。为简单起见，我在翻译的单数名词后面加了一个"s"来表示复数。广为人知的地名使用英文称谓，例如喀土穆、开罗和麦加等。不太知名的城市、乡镇、地区和其他地方则采用阿拉伯语音译，不加变音符号。由于苏丹的州份在土-埃时期和英-埃时期有着不同的疆域边界，所以在提到土-埃时期的州份时，我使用不含变音符号的阿拉伯语音译名称；而在提到英-埃时期的州份时，则使用英文名称加以区别。英-埃政府统治时期的办事处、部门、机构、发展项目等，都用英文术语称呼。

外国术语表

阿拉伯语词汇

Amīr	埃米尔。指挥官，长官
Ardabb	阿达布。重量单位，具体标准因时因地而异。在20世纪初的喀土穆，1阿达布=144千克。
Dhura	高粱
Faddān	费丹。土地面积测量单位，1费丹=1.038英亩。
Majā'a	饥馑，饥荒
Mudīr	州长，总督
Nāẓir	纳齐尔。谢赫首领
Qinṭār	坎塔尔。棉花的度量单位，1坎塔尔皮棉=44.93千克，1坎塔尔籽棉=141.53千克。
Sāqiya	萨奇亚。用于灌溉的大型木质水车。
Shaykh	谢赫。宗教领袖或世俗知名人士
Sirdār	瑟尔达。埃及军队总司令

Ṣūfiṭarīqa	苏非教团
'Umda	乌姆达，村庄酋长
Wakīl	代理人
Zarība	受保护的营地

贝贾语词汇

| Adat | 阿达，部落 |
| Diwáb | 迪瓦，小的家庭联盟 |

缩略语

ADM	英国海军部
BGGA	英国棉花种植协会
CIVSEC	内政秘书（英-埃共管苏丹）
FO	英国外交部
MESC	中东供应中心
NA	英国国家档案馆
NRO	苏丹国家档案局
KCC	卡萨拉棉花公司
RFACS	关于苏丹财务、管理和状况的报告（英-埃共管苏丹）
SAD	杜伦大学苏丹档案馆
SPS	苏丹种植园辛迪加
STC	苏丹贸易公司
WO	英国战争部
WYL	杜伦大学怀尔德家族档案

前　言

1984—1985 年的饥荒摧毁了苏丹的西部和东部地区，并经由电视直播而引起了全世界的关注。鉴于公众渴望了解新闻上播出的那些悲惨图景，解释这次粮食危机的作品在随后几年连续出版。大多数学者，除了少数例外，都将饥荒的发生归咎于前十年的各种不利因素，断言饥荒是 1980 年代初的实际工资下降引发的，或者是世界银行和国际货币基金组织在 1970 年代实施的政策等因素造成的。[①] 而那些决定苏丹粮食生产和获取模式的长期因素，则大多被忽视或者被低估。此后，虽然国际社

[①] See Tesfaye Teklu, Joachin von Braun, and Elsayed Zaki, *Drought and Famine Relationships in Sudan*: Policy Implications, Research Report 88 (Washington, DC: International Food Policy Research Institute, 1991); Jay O'Brien, "Sowing the Seeds of Famine: The Political Ecology of Feed Deficits in Sudan," *Review of African Political Economy*. No. 33, War and Famine (August 1995), 23 - 32; Hassan Ahmed Abdel Ati, "The Process of Famine: Causes and Consequences in Sudan," *Development and Change* 19 (1988): 267 - 300. An important exception, though limited to an analysis of famine in Darfur, is Alex de Waal, Famine that Kills: Darfur Sudan, 2nd ed. (Oxford: Oxford University Press, 2005).

会对苏丹1984—1985年饥荒的讨论逐渐消退,但苏丹的粮食安全状况却一再成为国际舆论焦点。随着2007—2008年和2011年全球食品价格飙升,包括苏丹在内的一些国家爆发了抗议活动,西方国家政府、联合国机构和非政府组织开始警告说食品骚乱可能会破坏发展中国家的稳定。专家们再次将粮食危机归因于短期因素(例如西方大宗商品交易的投机行为,石油储量丰富的海湾国家购买力的增长等),针对全球范围内的问题提出了气候变化等长期因素,但影响粮食安全的地区和长期因素再次被忽视。① 对短期因素的关注超过了长期因素,这助长了一种信念,即苏丹的饥荒和粮食危机是个技术问题,可以通过更好的管理得到解决,反过来推动了对短期因素的关注。这个信念还引发了对英国统治终结的一种惋惜,许多学者认为英国在苏丹的统治带来过一段长期的粮食安全。② 但事实上,在英国统

---

① For examples of this kind of analysis see Henk-Jan Brinkman and Cullen S. Hendrix, "Food Insecurity and Violent Conflict: Causes, Consequences and Addressing the Challenges." Occasional Paper No. 24 (World Food Program, 2011); Rabah Arezki and Markus Brückner, "Food Prices and Political Instability," *IMF Working Paper* (International Monetary Fund, March 2011); Philip McMichael, 'A Food Regime Analysis of the "World Food Crisis," Agriculture and Human Values 26 (1009): 281 – 295; Lester R. Brown, *Full Planet, Empty Plates: The New Geopolitics of Food Scarcity* (New York: W. W. Norton, 2012); Julia Berazneva and David R. Lee, "Explaining the African Food Riots of 2007 – 2008: An Empirical Analysis," *Food Policy* 39 (April 2013), 28 – 39; Marc Cohen and James Garrett, "The Food Price Crisis and Urban Food (In) security," *Environment and Urbanization* 22 no. 2 (October 2010): 467 – 482.

② David Curtis, Michael Hubbard, and Andrew Shepherd claim that AngloEgyptian officials established procedures for addressing food crises when they arose, thereby preventing these crises from escalating into famines because they were "concerned about preventing hunger. The absence of hunger was (转下页)

治时期，苏丹曾经遭遇了多次毁灭性饥荒，包括发生在 1896—1900、1914、1918—1919、1925—1927 和 1942—1943 年的几次饥荒。和非洲其他地方一样，苏丹人通过这样的方式铭记历史上那些重要的饥荒事件。① 这些饥荒事件在苏丹具有重要的文化意义，对这些饥荒事件的鲜活记忆有助于苏丹社区理解当代的粮食危机。②

（接上页）a source of [British] legitimacy in the eyes of the world." See David Curtis, Michael Hubbard, and Andrew Shepherd, *Preventing Famine: Policies and Prospects for Africa* (London and New York: Routledge, 1988), 36; similarly, David Keen claims that Anglo-Egyptian officials, as part of their strategy of indirect rule in Sudan, were committed to developing relationships with Sudanese184 Notes collaborators and therefore shielded indigenous communities from processes of exploitation that would have, under other conditions, denied them access to food. See David Keen, *The Benefits of Famine: A Political Economy of Famine and Relief in Southwestern Sudan*, 1983-1989 (Princeton, NJ: Princeton University Press, 1994), 18-19.

① The simultaneous, devastating famines in 1889 and 1890 in Western, Nilotic, and Eastern Sudan are collectively remembered as sanat sitta, which translates from the Arabic as year six and refers to the year 1306 in the Islamic calendar. Peter Robertshaw, David Taylor, Shane Doyal, and Robert Marchant have found similar famine naming practices in Uganda. Peter Robertshaw, David Taylor, Shane Doyal, and Robert Marchant. "Famine, Climate and Crisis in Western Uganda," *Developments in Paleoenvironmental Research* 6(2004):535-549.

② Alex de Waal observed that the victims of the 1984-1985 famine in Darfur frequently compared that famine to a famine in 1914 because they associated both of them with wandering in search of food. See de Waal, Famine that Kills, 59. Amal Hassan Fadlalla similarly notes that Hadandawa women in Eastern Sudan interviewed in 1989 claimed that the 1984-1985 famine was similar to a famine in the region in 1890, which caused high mortality, and unlike the 1925-1927 famine, which caused a large out-migration. See Amal Hassan Fadlalla, *Embodying Honor: Fertility, Foreignness and Regeneration in Eastern Sudan* (Madison: University of Wisconsin Press, 2007), 31-32.

除了持续的文化共鸣外,19世纪末和20世纪初的饥荒事件还持续地影响着苏丹的社会、经济和政治状况。事实上,饥荒和粮食危机在创建现代苏丹国家方面发挥了至关重要的作用。粮食危机并不仅是简单、自然的因果关系,它们本质上是长期剥削过程的结果。这种剥削不仅把资源从被剥削者那里转移到国家和一小群非国家精英手中,还导致很多人无法获得足够的生存资料。这从根本上改变了苏丹社会。19世纪末,粮食危机推动了英国领导的苏丹征服,使得英帝国通过英-埃政府夺取了对苏丹许多自然资源的控制权。反复而持续的饥荒和粮食危机侵蚀了苏丹的社会结构和经济基础,限制了苏丹人对新兴国家的抵抗。尽管如此,有限的苏丹精英依然能够在危机期间找到自身的定位,持续增强他们的声望和经济财富。苏丹独立后,这些精英们掌控了国家权力,施行的许多政策在随后的岁月里继续使他们的同胞陷入贫困。

本研究是对20世纪早期苏丹饥荒和粮食危机长期后果的首次认真审查,与以往对现代苏丹历史的研究有三个重要的不同。首先,本书提出了一个新的苏丹历史分期。传统的历史研究认为英国干涉苏丹始于1898年9月2日对马赫迪(Mahdist)国家首都恩图曼(Umm Durman)的征服,本研究认为英国在苏丹的统治始于1880年代晚期的埃苏边界和红海沿岸,起初主要通过英-埃政府来行使权力。在英-埃政府中,英国官员占据着高级职位,埃及人担任的都是些低级职位,不仅被排除在英-埃政府的决策过程之外,有时还会被集体撤职。英-埃政府最初建立的部分原因是为了平息马赫迪运动(1883—1898)。马赫迪运动由苏丹宗教领袖穆罕默德·阿卜杜拉(Muhammad Ahmad ibn 'Abd Allah) 发起,要对在苏丹的土-埃统治者发动圣战。鉴于马赫迪运动早期的一系列胜利,在镇压"阿拉比起义"('Urabi,1881—1882)后,在埃及的英国官员下令撤出苏丹的土-埃政府,在苏埃边境地区创建了英国控制的新政府。①

其次,本书提供了对苏丹内部分裂的全新理解,打破了"阿拉伯"北方和"非洲"南方的传统解释。通过关注国家在粮食生产和分配方面的作用,本书将苏丹内部做了受到国家救助和未受到国家救助的区分。在整个英-埃政府统治时期,地方社区和国家之间的关系逐渐通过粮食经济来调节。在英-埃政府统治的形成时期,苏丹遭遇了一系列的饥荒,官员们担心这会危及他们对该国的控制。为了加强政治控制,英-埃政府的官员们与一些非国家行为体合作建立统一粮食市场,例如印度粮食商人、苏丹奴隶贩子、当地精英/地主以及英国的资本家等。统一粮食市场涵盖了北方尼罗河流域、杰济拉平原、东部与埃塞俄比亚和厄立特里亚接壤部分、北科尔多凡和红海沿岸等地,取代了当地其他的粮食生产和贸易模式,例如通过红海和印度洋连接苏丹东部和印度的贸易线路。为了维持生存,被纳入统一粮食市场的苏丹民众别无选择,只能充满疑虑地与国家合作开展贸易。南苏丹、南科尔多凡、努巴山区、达尔富尔以及苏丹北方和东部的沙漠地区没有融入统一粮食市场,这些地区因之

---

① 近现代以来,"苏丹"概念先后指代过土-埃苏丹(Turco-Egyptian Sudan,1821—1885)、英-埃共管苏丹(Anglo-Egyptian Condominium Sudan,1898—1955)及苏丹共和国(The Republic of the Sudan,1956—2001),相对应的政府形式分别是土-埃政府、英-埃政府和苏丹政府,管辖范围涵盖今日苏丹和南苏丹在内的广袤区域。——译者注

与现代苏丹国家有着不同的互动模式。

第三，本书挑战了20世纪苏丹奴隶制及其被废除的传统历史。其他的研究表明，英-埃政府从一开始就致力于结束奴隶贸易，到1920年代末开始着力废除奴隶制。而本书将揭示，作为打击马赫迪反叛的一部分，英-埃政府官员们很早就与一些著名奴隶贩子们建立了战略合作关系。随着1896—1898年英国成功征服马赫迪国家，英-埃政府官员们开始维护奴隶制和奴隶贸易。在1897—1913年间，英-埃政府制定了相关的程序和协议，允许北方尼罗河流域的农民增加男性农业奴隶的规模，估计有8万人。虽然传统的解释将苏丹奴隶的减少和1920年代晚期英-埃政府采用的废奴主义政策联系起来，但实际上粮食危机在结束北方尼罗河流域农业奴隶的广泛使用方面发挥了至关重要的作用。在1914年、1918—1919年的毁灭性饥荒期间，奴隶主无法养活他们的奴隶，成千上万的奴隶随即逃往南方自我解放。劳动力的丧失使得苏丹的农民在饥荒过后无法恢复农业生产。在接下来的几年里，贫穷的农民依旧无法养活他们的奴隶，奴隶们继续大规模外逃。当1920年代末英-埃政府官员们开始着力结束奴隶制时，北方尼罗河流域已经不再是苏丹粮食市场的主要供应地，奴隶劳动也不再是该地区农业生产的一个因素。

本书共分八章，包括绪论和结论。绪论部分阐述了本书主题，并将之与当前研究饥荒因果关系的方法结合起来。本书认为，饥荒通常是长期剥削的结果。这种剥削不仅在大范围饥荒暴发之前就已经存在，还逐渐将受灾害社区的资源转移到少量的受益者手里。饥荒的发生只是这种长期剥削过程的表现而不是结束，剥削往往在恢复期间依然存在，受灾害社区因之被迫陷入持续数十年的饥荒和粮食危机的循环。更重要的是，这样的长期剥削往往伴随旷日持久的军事斗争，进一步限制了民众抵御灾害的能力，从根本上改变了受灾害社区。

本书的主体部分按时间顺序展开，从1880年代早期的马赫迪运动延伸到1956年1月1日苏丹独立。在第二章，作者描述了1885年英国下令土-埃殖民政府撤退时饥荒和粮食危机的循环发展。因为混乱和动荡，数以万计的苏丹农民带着他们的奴隶从北方的尼罗河流域逃往埃及，这导致苏丹边境一方出现了劳动力短缺，进而导致耕种面积减少和作物减产。在随后马赫迪军队和英国军队持续的袭扰和反袭扰冲突中，当地的粮食安全状况进一步恶化，最终导致了1889—1891年的毁灭性饥荒。饥荒平息后，继续沿袭的军事政策延长了粮食危机，从马赫迪控制地区逃来的难民一贫如洗，侵蚀了残留社区的经济基础，削弱了马赫迪国家。而这正是英国人希望看到的。

在第三章和第四章，作者考察了1880—1890年代英国领导苏丹东部抗击马赫迪反叛的努力。这些章节表明英国官员们意识到了粮食危机的潜在好处。第三章分析了马赫迪运动之前苏丹东部的粮食经济，指出1880年代英国在东苏丹地区的军事战略就是将大量产自印度的粮食引入当地市场。1884年，包括著名军官赫伯特·基钦纳（Herbert Kitchener）在内的英国官员们进驻萨瓦金（Sawakin），他们接管了埃及控制下的苏丹红海沿岸地区，试图通过部分地阻止印度粮食进口引发局部的粮食危机，迫使马赫迪军队因为饥饿而被迫投降。然而因为无法获得其他有利益关联的英国政治势力的支持，尤其是未得到英国海军的支持，这项计划只得到了部分执行。英国海军官员们不仅没有支持这一计划,他们还试图通过揭露英-埃政府在地区奴隶贸易中的共谋行为来维护他们在红海的自主权。然而正如第四章所展示的那样,驻扎在红海沿岸的英-埃政府官员们还是从饥荒中获益。由于英-埃联军和马赫迪军队在苏丹东部的长期冲突,该地区原有牧民社区以前多样化的经济发展战略受到了限制。到1880年代后期,这些牧民社区几乎完全依赖出售牲畜来购买进口的印度粮食。不幸的是,当死亡率高达90%的牛瘟在1889年第一次传播到苏丹东部时,当地的牛群大量死亡,牧民们无法获得足够的食物。英-埃政府官员们利用粮食危机造成的破坏征服了富饶的陶卡尔(Tawkar)三角洲地区。

牧民社区在1890年代已经恢复,本可以避免随后的饥荒,但正如第五章所述,北方尼罗河流域的农业社区还是无法摆脱饥荒和粮食危机的循环。新的饥荒发生在1896—1900年间,不仅导致了马赫迪王国的灭亡,还为英国领导的英-埃联军征服苏丹提供了便利。在接下来的15年里,英-埃政府官员们担心持续的粮食危机会动摇他们的新政府,因而与当地社区密切合作,发展和扩大了统一粮食市场,将苏丹北方、中部和东部的肥沃地区联系起来。苏丹农民利用他们在粮食市场上的关键地位获得高度自治,迫使英-埃政府官员们制定了反映他们需求的土地占有制度和奴隶政策。1898—1913年间,在英-埃政府官员们的承认和支持下,苏丹北方尼罗河流域的农民引入了8万多名男性农业奴隶,扩大了当地农业生产的范围和强度。

不幸的是,苏丹社区所获得的好处转瞬即逝。第六章指出,1914年和1918—1919年发生的饥荒导致了普遍的贫困,发生原因是苏丹对粮食市场的投资模式和政府对盈余粮食的管理不善。这些粮食危机,加之1925—1927年影响苏丹东部贝贾牧民的另一场饥荒,使英-埃政府官员们得以逐步强化对农业生产的控制。官员们利用他们日益增长的权力,将关键的肥沃地区移交给有意扩大英国棉纺厂原棉来源的资本家。而在外国资助的大型种植园里,苏丹的承租人不仅从一开始就无利可图,而且很快就因为债务问题而继续遭受粮食危机的困扰。第七章显示,在1920—1930年代,当大多数苏丹农民在经济上受到重挫的时候,英帝国的代理人却促进了苏丹精英群体的经济利益。第二次世界大战后,这些精英们成功地迫使英帝国代理人将之前饥荒期间国家掌控的资源开放给他们投资。最后一章总结主题,认为19世纪末和20世纪影响苏丹北方、中部和东部的系列饥荒是苏丹社会长期剥削过程的表现,这一过程把地方管理的资源转移到国家和少数与国家有联系的精英手中,从根本上改变了苏丹社会。

本书大量参阅了英-埃政府中英国官员们撰写或存档的原始文件。这些文件包括官方和个人的通信、军事情报预测、部门报告、地图、土地勘测报告、科学论文、回忆录、会议摘要、官方历史等。它们主要存放在伦敦的国家档案馆、杜伦大学的苏丹档案馆和喀土穆的国家档案馆等。喀土穆的档案馆还存放有马赫迪王国时期的文件。这些文件之所以得以保存下来,是因为19世纪末埃及军队情报部门的英国官员们认为这些文件具有战略军事价值,其中一些文件是1889年图什基(Tushki)战役和1891年攻占阿法菲特(Afafit)后从战场上收集的。在1896年、1898年先后征服了栋古拉(Dunqula)和恩图曼后,英国官员们将一些从战场收集的文件带到开罗,由情报部门研究并存档。1951年,埃及政府将这些文件送回苏丹。① 遗憾的是,在喀土穆存档的马赫迪王国文件脆弱易损,作者在苏丹进行研究时无法利用,有关马赫迪国家结构和功能的相关信息主要来自二手史料。

虽然主要取材于英国官员们撰写或汇编的文件,但本书的目标之一是复原英-埃政府统治时期苏丹社区的粮食危机经历。本书试图回答一个经常被忽视的基本问题:这些社区必须做出什么样的选择和妥协才能保证有足够的食物来养活他们自己?在一定程度上,本书通过收集和分析与粮食经济有关的统计数据来回答这个问题。这些数据包括当地农业生产实践、畜牧经济和粮食市场波动等内容。遗憾的是,这些定量数据在1930年代之前只是随意地收集和归档,因此在搜集这些数据,特别是19世纪的数据时,需要认真分析官方和非官方信函和报告中提及的当时的市场价格、工资水准、牲畜数量、耕地面积等信息,以便将分布在殖民地档案中苏丹人生活的碎片整合起来。在过去的二十年中,许多学者指出,殖民档案虽然由殖民者编纂和保存,但其中还是包含有被殖民者的声音。② 这些声音有时候会被当地作者记录下来,包括请愿书、信件和回忆录等。通常,

---

① For a brief history of the Mahdist archive and description of their contents see Peter Malcolm Holt, *The Mahdist State in the Sudan, 1881-1898: A Study of the Origins, Development and Overthrow*, 2nd ed. (Oxford: Clarendon Press, 1970), 267-271.

② Jean and John Comaroff argue that the experiences of the colonized can be recovered from the colonial archive because the archive does not exclusively reflect the partial perspectives of the colonizers. According to them: "The flood of writings by colonizing whites conveys much that was unintended; even the most tightly rationalized texts are polyvalent and convey far more than they mean to (转下页)

这些资料只是作为官方文件中包含的二手描述和传闻而存在。虽然本书并不侧重于重建苏丹人的个体生活,但它确实包含了大量的定量数据和定性信息,可以复原苏丹国家发展过程中民众的生活经历。

(接上页) say. In subtexts that disrupt their major themes, the voice of the silent other is audible through disconcerted accounts of his 'irrational' behavior, his mockery, or his resistance." Jean Comaroff and John Comaroff, Of Revelation and Revolution: Christianity, Colonialism and Consciousness in South Africa, 1 (Chicago and London: University of Chicago Press, 1991), 37.

第一章

绪 论

第一章　绪论

在 1898 年被英国征服前的数年间，苏丹马赫迪国家首都恩图曼遭遇了严重的粮食不足和饥荒。从 1896 年开始，因为来自英国的威胁日益临近，马赫迪国家的政府官员和社会精英们开始囤积粮食，这反过来又导致恩图曼的粮食价格急剧上涨。而随着英-埃联军从上埃及缓慢逼近，恩图曼的粮食危机逐步加深。从 1896 年底到 1898 年初，粮食需求远超供给，主要粮食——高粱（dbura）的价格上涨了近 3500%。市场上余粮不多，许多民众根本买不起，只能依靠救济度日，忍饥挨饿。① 英-埃联军从埃及边境缓慢地向南推进，指挥官基钦纳上校在埃及边境修筑铁路，确保不断向南推进的联军能够从埃及甚或海外获得充分补给。

---

① Babikr Badri, *The Memoirs of Babikr Bedri*, trans. George Scott (London: Oxford University Press, 1969), 204.

1898年9月2日，英-埃联军和马赫迪军队在恩图曼以北的卡拉里（Karari）平原遭遇。马赫迪军队提前征召了成千上万营养不良的苏丹男子，试图借助人数优势击败对手，通过战场上的胜利保卫首都恩图曼。许多饥肠辘辘的市民与英军作战并牺牲，一些人则放弃战斗，返回恩图曼等待战事结束。卡拉里平原战斗在当天下午早些时候结束，战场上血流成河，1万多名苏丹人被杀死，受伤的人更多。阿布德·阿拉希·穆罕默德·图尔沙恩（Abd Allahi Muhammad Turshain）自1885年以来就一直以哈里发（Khalifat）身份统治苏丹，他从战场上设法逃回了恩图曼城内。英-埃联军的官员们认为战斗并没有真正结束，担心继续向恩图曼挺进会遭遇怀有敌意的武装市民，会被迫在迷宫般的狭窄街道和死胡同里发生巷战①。但事实上，这种担心纯属多余。饥饿的苏丹民众另有打算，他们早在英-埃联军从战场抵达城外前就发出了投降的信号。② 当英国官员和军队进入恩图曼后，大批民众望风而降，而且很快就开始哄抢被炮弹击穿了围墙的国家粮仓。③ 起初只有几个挨饿的奴隶收集散落在街道上的粮食，随后是大批饥饿的民众参与其中。《每日电讯报》（*The Daily Telegraph*）的战地记者巴尼特·伯利（Barnett Burliegh）这样写道：

---

① George Warrington Steevens, *With Kitchener to Khartoum* (Edinburgh and London: William Blackwood, 1898), 297.

② Bennet Burleigh, *Khartoum Campaign 1898 or the Re-Conquest of the Soudan* (London: Chapman and Hall, 1899), 213. Notes 185

③ Winston Churchill, *The River War: An Account of the Reconquest of the Sudan*, 3rd ed., 1951 print (London: Eyre and Spottiswoode, 1899), 305.

第一章 绪论

> 不到半小时,城里所有的妇女和儿童,大概有几千人,都急哄哄地跑去抢粮食。男人们则去掠夺哈里发的仓库。他们与我们的马相撞,跌跌绊倒,疯狂地往麻袋和各式金属/木头/陶土容器里装填粮食。对于那些长期处于半饥饿状态的奴隶和普通民众而言,这一天就是他们的农神节和狂欢节。①

在进入恩图曼的路上,基钦纳和其他高级官员们发现了两件事。第一,哈里发和他的支持者们已经逃离了恩图曼。第二,恩图曼的民众正遭受持续的饥荒,亟需食物救济。在安全局面初步稳定后,基钦纳正式制止了抢劫行为,对恩图曼所有居民开放粮仓。②

卡拉里战场上的血腥一幕没有在恩图曼的街道上重演。从卡拉里平原逃回恩图曼城内的民众携带有武器,本可以抵抗英-埃联军进入,但他们决定停止战斗,听从英-埃军官的命令交出武器,大量的长矛、匕首和步枪被扔在街道上。③ 在那一刻,市民们更关心和平,愿意照顾伤者、安葬死者和寻找食物。《每日邮报》(*The Daily Mail*)的战地记者斯蒂文(G. W. Steevens)随英-埃联军进入恩图曼,他认为如果在恩图曼城内发生战事将"意味着几天的战斗和数千人的死亡"。④ 斯蒂文和后来的很多

---

① Burleigh, *Khartoum Campaign 1898*, 215–16.
② Badri, *The Memoirs of Babikr Bedri*, 240.
③ Burleigh, *Khartoum Campaign 1898*, 214.
④ Steevens, *With Kitchener to Khartoum*, 297.

观察者一样,虽然都认为英-埃联军的装备和领导能力要比马赫迪军队好,注定会取得胜利①,但占领恩图曼的战斗一旦持续演化成卡拉里战役那样的血腥胜利,英-埃联军在随后对恩图曼的控制就必然会出现根本性差异。

民众对英-埃联军的反应与持续性饥荒密切相关。随着新的政治、法律和经济体系的建立,新统治者带来了新的粮食来源。在卡拉里战役结束后的几个小时里,民众虽然从以前禁止进入的马赫迪政府粮仓里获得了一些粮食,但很快就消耗殆尽,饥肠辘辘,只能依赖英-埃政府通过铁路和轮船从埃及进口的粮食。继续抵抗意味着持续的饥饿。

在获得粮食储备和掌握农业资源方面,英-埃联军在征服马赫迪国家的过程中重新定义了国家权力的本质。在此前的马赫迪国家和土-埃政权时期,国家权力就是通过税收和劫掠来获取剩

---

① A number of scholars assert that the British-led force's victory at Karari was a result of differences in armament. These scholars point out that, though the Mahdist force on the battlefield was nearly double the size of the AngloEgyptian force, the Anglo-Egyptian force was better armed. Al-Khalifa commanded nearly 52,000 men during the battle, but only 14,000 of these men were armed with rifles. The rest had swords and spears. Kitchener, on the other hand, commanded 8,200 British and 17,600 Egyptian and Sudanese soldiers. However, all of the men under Kitchener's command were armed with rifles. In addition, these soldiers were supported by 44 guns and 20 Maxim machine guns on land and an additional 36 guns and 24 Maxim machine guns on steamboats strategically placed on the Nile. See Mekki Shibeika, *British Policy in the Sudan, 1882 – 1902* (Oxford: Oxford University Press, 1952), 389; Martin Daly, *Empire on the Nile: The Anglo-Egyptian Sudan, 1898 – 1934* (Cambridge: Cambridge University Press, 1986), 5 – 7; Ian Beckett, "Kitchener and the Politics of Command," in *The Reconquest of the Sudan, 1898: A Reappraisal*, ed. Edward Spiers (London: Frank Cass Publishing, 1998), 35 – 53.

余产品的能力;在更早期的丰吉(Funj)素丹国和富尔(Fur)素丹国,国家权力就是军事力量和垄断对外贸易。① 19 世纪末,因为英-埃联军和马赫迪军队之间的军事接触,许多苏丹社区被推入了饥荒和粮食不足的长期循环,国家权力被重新定义。英-埃政府的出现很大程度上就是旷日持久的粮食危机的发展结果。② 在传统上,英-埃政府的建立始自 1898 年 9 月 2 日的卡拉

---

① For studies of the Turko-Egyptian government see Richard Hill, *Egypt in the Sudan, 1820 – 1881* (London: Oxford University Press, 1959); Anders Bjørkelo, *Prelude to the Mahdiyya: Peasants and Traders in the Shendi Region, 1821 – 1885* (Cambridge: Cambridge University Press, 1989). For studies of the pre-Turko-Egyptian period see Jay Spaulding, *The Heroic Age in Sinnar* (East Lansing: African Studies Center, Michigan State University, 1985); Janet Ewald, Soldiers, *Traders and Slaves; State Formation and Economic Transformation in the Greater Nile Valley, 1700 – 1885* (Madison: University of Wisconsin Press, 1990).

② Famines plagued Sudan before the 1880s. Anders Bjørkelo shows that agricultural reforms introduced by the Turko-Egyptian government in the 1820s and early 1830s led to the 1835 – 1837 famine in Barbar Province. De Waal demonstrates that Turko-Egyptian officials dismantled local social safety nets in the 1870s, which intensified local food crises in Darfur. Similarly, elsewhere in Sudan, Turko-Egyptian officials implemented policies that eroded the resource base of some segments of Sudanese society. Jay Spaulding shows that TurkoEgyptian policy in Northern Nilotic Sudan in the 1850s and 1860s forced many small cultivators to sell their land holdings and migrate south to work as itinerant merchants. However, the present study demonstrates that the exploitative processes that structured the food economy under Turko-Egyptian rule were upended by the Mahdist Rebellion. Anglo-Egyptian and Mahdist policies in the 1880s unleashed an alternative set of processes and instigated a new cycle of famine and food insecurity that weakened indigenous communities and, ultimately, allowed for the expansion and consolidation of the Anglo – 186 Notes Egyptian state. See Bjørkelo, *Prelude to the Mahdiyya*, 74; Alex de Waal, *Famine that Kills: Darfur Sudan*, 2nd ed. (Oxford: Oxford University Press, 2005), 62 – 66; Jay Spaulding, "Land Tenure and Social Class in the Northern Turkish Sudan," *The International Journal of African Historical Studies*, 15 no.1(1982):1 – 20.

里战役和恩图曼占领时期，但其实际统治早在 15 年前马赫迪国家的北方尼罗河流域和红海沿岸地区就已开始。[1] 在与马赫迪政权的长期军事接触中，英-埃政府官员们制定了一系列政策和程序，加剧了苏丹北方和东部地区的粮食危机。英-埃联军对苏丹的征服并没有缓解粮食危机。在接下来的 60 年里，饥荒和粮食短缺持续不断，英-埃政府官员们经常以救济饥荒的名义攫取重要的生产资源，扩大他们的权力影响范围。这些生产资源的损失一方面让当地许多社区更加贫穷，另一方面又扩大了英-埃政府在农业生产中的作用，最终强化而不是停止了饥荒和粮食不足的恶性循环。

英-埃政府官员们受益于粮食危机，但不能因之认为他们就是在故意诱导粮食危机的发生。19 世纪末，英-埃政府官员们虽然看到了粮食短缺的战略价值，但随着马赫迪国家的垮台，他们开始认为粮食危机也可能削弱他们对苏丹的控制，因而在 20 世纪上半叶努力保障苏丹的粮食安全。尽管做出了很多努力，但相关的饥荒救济措施和农业发展方案却往往将资源从当

---

[1] A partial list of the studies that employ this periodization include: Daly, Empire on the Nile; Tim Niblock, *Class and Power in Sudan: The Dynamics of Sudanese Politics, 1898 – 1985* (Basingstoke: MacMillan, 1987); Dirar Salih Dirar, Tarikh al-Sudan al-Hadith (Beirut: Manshurat Dar Maktabat al-Haya, 1968); Mohamed Omer Beshir, *Educational Development in the Sudan, 1898 – 1956* (Oxford: Clarendon Press, 1969); Muhammad Fu'ad Shukri, *Miṣr waal-Sudan: Tarikh Waḥdat Wadi al-Nil al-Siyasiyya Fi al-Qarn al-Tasi''Ashar, 1820 – 1899* (Cairo: Dar al-Ma'arif, 1957); Peter Woodward, *Sudan, 1898 – 1989: The Unstable State* (Boulder: L. Rienner Publishers, 1990); Robert Collins, *A History of Modern Sudan* (Cambridge: Cambridge University Press, 2008); Heather Bell, *Frontiers of Medicine in the Anglo-Egyptian Sudan, 1899 – 1940* (Oxford: Oxford University Press, 1999).

地转移出来，这实际上进一步推动了饥荒和粮食不足的循环。英-埃政府在粮食危机期间取得的经济、政治和社会成果并不稳固，面临的最大挑战之一就来自从饥荒和粮食不足中受益的少数苏丹精英，其中包括阿卜杜勒·拉赫曼·马赫迪（'Abd al-Rahman al-Mahdi）和阿里·艾尔·米尔加尼（'Ail al-Mirghani）。这些苏丹精英定位自己是英-埃政府和民众之间的媒介，并借此增加了他们的经济财富，却让他们的许多追随者在同期陷入了贫困。随着英-埃政府的巩固，这些苏丹精英阶层的要求越来越高。第二次世界大战结束后，人们开始讨论苏丹的未来政治地位，苏丹的精英们却在寻求从英-埃政府攫取的资源中继续获益的权利。1956年1月1日，这些精英接管了苏丹的国家权力，并在随后延续了许多此前曾经导致饥荒和粮食不足循环的政策。

饥荒和权力

至少从19世纪末开始，苏丹的自然灾害、农作物减产和饥荒之间就不存在必然的关联。苏丹民众经历了许多次环境灾难，却没有遭受大面积的饥饿，但在粮食供应量总体上没有减少的情况下却多次发生了饥荒，许多饥荒因而就必须看作是社会、政治和经济现象而不仅仅是悲剧性的生态或自然事件。这些发现进一步削弱了阿玛蒂亚·森（Amartya Sen）关于饥荒原因是"食物获得能力下降"的理论。这一目前已经不可信的理论认为，除了一些非常罕见的情况外，饥荒很多时候是恶劣生态环

5 境破坏了正常耕作周期并导致作物产量低于正常水平的结果。① 在他开创性的《贫困与饥荒》(*Poverty and Famines*) 一书中，森将学者们的注意力从导致粮食减产的自然灾害甚或是人为灾害转移到了决定食物资源分配的结构上。森提出了"解决饥饿和饥荒的权利办法"，声称该方法"专注于人们通过社会现有的法律手段获取食物的能力"。② 森说：

> 一个人支配粮食的能力，或者支配任何他希望获得或拥有某种东西的能力，都取决于他

---

① Scholars subscribing to this theory, which dominated the field of famine studies until the 1980s, make a distinction between food scarcity and food absence. They claim that famine is not caused by the complete and total absence of food in a region. Rather, they assert that a famine can be precipitated by a reduction in the total available food in a region by as little as 20 percent. They posit that sudden small reductions in the total quantity of available food lead to price spikes, thereby rendering the most vulnerable unable to secure their sustenance. As a result, there is an increased mortality from starvation. Though the "food availability decline" theory does not posit a necessary cause of famine, proponents of the hypothesis routinely link the reduction in the quantity of food to ecological disasters that directly affect crop yields. As a result, proponents of this theory assert that famines are, generally, natural disasters. However, these scholars do not rule out the possibility of manmade famines. Nonetheless, they assert that, during these famines, human action reproduces the effects of a "typical" natural disaster by disrupting the normal cultivation cycle and producing decreased crop yields. For examples of scholarly analysis that employs this theory see Wallace Ruddell Aykroyd, *The Conquest of Famine* (London: Chatto and Windus, 1974); Geoffrey Bussell Masefield, *Famine: Its Prevention and Relief* (Oxford: Oxford University Press, 1963); Jean Mayer, "Preventing Famine," Science 227 no. 4688 (February 15, 1985), 707; D. Gale Johnson, *World Food Problems and Prospects* (Washington, DC: American Enterprise Institute for Public Policy Research, 1975).

② Amartya Sen, *Poverty and Famines: An Essay on Entitlement and Deprivation* (Oxford: Clarendon Press, 1981), p. 45.

第一章 绪论

> 在社会中的所有权和使用权的权利关系。而这些权利关系则取决于他拥有什么？交换机会能够给他提供什么？社会可以免费给他些什么？以及他由此丧失了什么？①

根据森的说法，权利能够说明粮食的获取情况。在正常情况下，某一特定群体的成员能够利用其权利维持生计，而当他的权利不足以维持生计时就会挨饿。② 一旦气候条件变化导致饥荒发生，至少一部分人拥有的合法权利就不足以抵御饥荒，这部分人的死亡率也由于无法维持生计而上升。森认为，正是因为权利的经济含义和分配不均，粮食危机期间才会有一部分人经历挨饿和死亡率上升，而另一部分人却安然无恙。

在分析苏丹饥荒的原因、发展轨迹和结果时，森的理论就存在两个基本问题。首先，权利理论假设了一个分配权利的固定法律框架，但它不能充分解释边境地区和许多殖民地国家发生饥荒的原因，这些地区的法律制度薄弱、重叠或界定不清。自 1880 年代以来，苏丹的大多数饥荒要么发生在有争议的边境

---

① Sen, *Poverty and Famines*, p.154.
② Sen outlines four main types of entitlement relations common to private-ownership-based market societies: (1) entitlements of trade ("one is entitled to own what one obtains by trading something one owns with a willing party"); (2) entitlements of production ("one is entitled to own what one gets by arranging production using one's owned resources or resources hired from willing parties"); (3) entitlements of own-labor ("one is entitled to one's own labour power and thus to the trade-based and production-based entitlements related to one's labour power"); and (4) entitlements of transfer ("one is entitled to own what is willingly given to one by another who legitimately owns it"). See Sen, *Poverty and Famines*, 2.

地区，比如 1880—1890 年代英-埃边境管理当局和马赫迪国家之间的接壤地区，要么发生在当地精英和国家代理人争权夺利的地区。其次，森的理论没有认识到，在严重的粮食危机期间，交换关系和商品转让往往由武力而不是法律权利决定。① 直到 1956 年，英-埃政府官员们一直把饥荒当作是征服领土、攫取当地资源和废除苏丹社区固有权利的机会。自独立以来，苏丹政府的官员们还是持续地以饥荒为契机，以暴力手段扩大政府的影响范围。② 因此，饥荒是一种不断变化的事态，既不是社会、政治、经济上的中立事件，也不能简单地看作是正常生活进程的暂时中断。③

阿姆里塔·兰卡萨米（Amrita Rangasami）对森的理论做了

---

① Sen recognizes that his theory has some limitation in application in that it is unable to account for famines resulting from illegal transfers, such as looting and brigandage. See Sen, *Poverty and Famines*, 45. Subsequent scholars have pushed Sen's auto-critique even further. For example, Jenny Edkins questions Sen's differentiation between legal and illegal transfers. Edkins asserts that Sen does not account for the ways in which entitlements are produced and reproduced by force, especially during times of crises such as famines. See Jenny Edkins, *Whose Hunger? Concepts of Famine, Practices of Aid* (Minneapolis, MN: University of Minnesota Press, 2000).

② David Keen shows that Sudanese officials implemented policies in South Sudan in the 1980s designed to push the Dika into famine as part of a strategy designed to strip Dinka pastoralists of their wealth. See David Keen, *The Benefits of Famine: A Political Economy of Famine and Relief in Southwestern Sudan, 1983–1989* (Princeton, NJ: Princeton University Press, 1994).

③ In this way, the study of famines can draw from recent scholarship on the anthropology of war. Stephen Lubkemann writes that for inhabitants of regions that experience protracted wars, war "become[s] the normal—in the sense of 'expected'—context for the unfolding of social life." Lubkemann calls on researchers to study war in terms of the "transformation of social relations and cultural practices throughout conflict," and to treat war "as a transformative social condition（转下页）

必要的纠正，他强调饥荒会同时产生受害者和受益者。在兰卡萨米看来，由于饥荒本身是长期性事件，受害者和受益者都有机会根据不断变化的情况调整他们的策略。受害者寻求将自己的脆弱性降到最低，并尽量减少食物匮乏的负面影响。兰卡萨米强调，饥荒对受害者群体有三个不同的阶段：食物短缺、饥饿和发病。在"食物短缺"阶段，尽管需求增加，受害者集体仍然保留着其文化价值。"饥饿"阶段的特征是"绝望情绪上升"，因为"受害者们意识到其劳动能力日益下降"。遭受饥荒的社区开始采取自卫策略，包括"接受奴隶制、改奉其他宗教、作为契约劳工永久外迁"等。这些新策略影响了社区的持续凝聚力，"许多家庭因之都采用着相同的战略"。如果这些维持社区的策略崩溃，饥荒就会进入第三阶段，即"发病"阶段。在这个阶段，人们形容消瘦，羸弱不堪，疾病流行，"整个社区在空间上、社会上和经济上四分五裂，民众漂泊不定，捡食垃圾，沿路乞讨"。正是在这一阶段，饥饿导致的死亡率开始上升。

与受灾群体一样，受益群体在饥荒期间也根据形势变化调整其行动。兰卡萨米认为，受益者在饥荒期间的"适应性、行动和策略"，主要是通过抽取受害社区的资源来改善他们的状况。受益者包括囤粮居奇的商人、为政治利益操控粮食援助的政府官员以及因为雇工费用下降而受益的土地拥有者。正因为如此，兰卡萨米将饥荒定义为："向受害者群体施加压力（经

（接上页）and not simply as a political struggle conducted through organized violence." See Stephen Lubkemann, *Culture in Chaos: An Anthropology of the Social Condition in War* (Chicago and London: University of Chicago Press, 2008), 1.

济、军事、政治、社会、心理)的过程,施压的强度逐渐增加直到受害者丧失包括劳动能力在内的一切资产。"① 也就是说,饥荒并不是单一的事件,受益者为了维持自身地位而不断地欺诈和压迫受害者群体,受害者则经常被推入饥荒和粮食不足的循环。兰卡萨米断言说:

> 对饥荒的研究不仅要关注饥荒本身,还要关注饥荒之间的间隔时间。这种办法将使我们能够考虑造成这些危机以及饥荒再次发生的因素。②

从兰卡萨米的分析可以看出,饥荒的根源就是社区内部不同群体间的剥削关系,而且这种过程存在于粮食充裕和严重饥荒过后两个时期。在粮食充裕时期,不平等的权力关系推动了剥削过程的不断发展。粮食不足、大规模饥荒、社会崩溃甚至死亡率的上升等,本质上都是这种剥削过程的构成部分而不是结束。因此,饥荒不是独特的不连续现象;相反,它们是这一剥削过程的严重危机时期。在危机期间,社区的自保战略崩溃,随之而来的是饥饿导致的死亡人数增加。在粮食危机中的粮食不足时期,受害者群体所采取的策略虽然不能确保足够的粮食

---

① Amrita Rangasami, "'Failure of Entitlements' Theory of Famine: A Response," Part 1, *Economic and Political Weekly* 20 no. 41 (October 12, 1985):1749 – 1750.

② Amrita Rangasami, "'Failure of Entitlements' Theory of Famine: A Response," Part 2, *Economic and Political Weekly* 20 no. 42 (October 19, 1985):1797.

供应,却能够防止整个社区的崩溃。① 在饥荒结束后的恢复时期,基于不平等权力关系的剥削过程不仅没有随着饥荒的结束而结束,反而在经济复苏期间继续发生,并导致了粮食危机的不断重演。这样的剥削关系世代存在,从根本上改变了受影响社区的社会、政治和经济状况。

自19世纪后期以来,持续的剥削进程在苏丹造成了饥荒和粮食不足的循环,但也催生了现代苏丹国家。只有通过饥荒政治视角才能够理解抵抗与合作,因为抵抗与合作意味着行动的自由和选择的能力。然而,饥荒,至迟是"发病"阶段的饥荒,限制了那些最易受伤害者采取行动的能力,因为他们的选项只有屈从或挨饿。因此,饥荒在国家权力的扩张和巩固中发挥了至关重要的作用。在1888—1891年、1896—1900年、1914年、1918—1919年、1925—1927年、1942—1943年和1984—1985年的历次饥荒期间,民众要么支持国家以维持生计,要么抵制国家干预而面临死亡,二者之间的选择一直是个尖锐的问题。不仅如此,在其他不那么严重的困难时期,苏丹人也被迫做出过类似的选择。事实上,现代苏丹国家一直通过逐步强化在粮食资源生产和分配方面的作用而减少民众的抗拒。在英-埃

---

① De Waal notes that communities in Darfur define majā'a, the Arabic word typically translated as famine, as food scarcity that precipitates destitution and social breakdown. Communities in Darfur recognize famines with increased mortality, which they term majā'a al-qatala (which de Waal translates as "famines that kill"), as a special case of a famine that causes social breakdown. These communities account for the increased mortality during "famines that kill" as stemming from the hardship associated with destitution and not with starvation as such. See de Waal, *Famine that Kills*, 6-7.

政府统治时期，中部、北方和东部的苏丹社区通过发展统一粮食市场而密切相关，这个新市场取代了以前长期存在的区域贸易模式，包括苏丹东部和印度之间的贸易联系。在英-埃政府统治及之后的独立时期，政府官员们借助对粮食市场的控制强化民众与国家项目的合作。而随着官员们支配粮食资源和农业生产的权力越来越大，民众与政府的互动越来越多地带上了饥荒政治色彩。即使在相对富裕时期，苏丹人也不得不做出选择，或者与政府合作获得粮食供应，或者不与政府合作而遭受长期的营养不良和饥饿。

粮食与社会分化

现代苏丹国家的权力中心长期是统一粮食市场，但国家权力不统一，不同地区间过去和现在始终存在明显差异，因而也并非各个社会阶层都面临着同样严峻的选择。在英-埃政府统治时期，苏丹的粮食市场不断扩大，渐次涵盖了红海沿岸、喀土穆以北的尼罗河流域、肥沃的杰济拉（Jazira）平原、与埃塞俄比亚和厄立特里亚接壤的部分地区、科尔多凡（Kurdafan）的多雨地区等。表面上看，苏丹确实有统一的粮食市场，通常被称为苏丹北方，自南苏丹共和国 2011 年 7 月 9 日独立以来又简称作苏丹。但实际上，苏丹的北方、中部、西部和东部还有大片区域未被纳入，例如达尔富尔、努巴山区、东部的某些牧场、杰济拉南方地区、尼罗河谷以西和以东的沙漠地区。20 世纪上半叶，英-埃政府官员们认为这些被排除在外的地区只能自给自足，无法为市场提供粮食供应，因而也只是部分地将这些地区纳入国家粮食市场。

统一粮食市场的发展从根本上改变了苏丹的长途贸易模式。直到 20 世纪以前，苏丹的长途贸易主要集中于高价值的小巧货物，如象牙、树胶、奴隶等。在大多数情况下，粮食不会长途运输，人们一般吃当地出产的粮食，自给自足。苏丹东部和红海山区的牧民社区最早加入区域粮食市场。19 世纪，埃及和印度的粮食开始大量出口到红海港口，苏丹东部的牧民社区被迫通过降低耕种强度来应对洪水般涌来的廉价进口粮食。19 世纪晚期，为了应对导致马赫迪国家崩溃的饥荒，苏丹内地社区开始参与定期的长途粮食贸易。与此同时，英-埃政府引进了铁路等多项技术革新，加强和扩大了新兴的粮食长途贸易，促进了统一粮食市场的建立。

统一粮食市场的发展在苏丹内部造成了新的社会分化。传统上，苏丹的社会划分大致有"民族""种族""宗教"或"部落"等界限。早期的编年史把"部落"身份看作不容置疑的原点，将之作为理解苏丹社会分化的根本前提。自 1980 年代以来，非洲的历史学者一直质疑将"部落"和"种族"身份作为社会分化的根本前提，[①] 理由是这些身份特征以及支撑

---

① Holt and Daly were typical of this approach when they wrote: "The north is, with certain exceptions, Arabic in speech, and its people are largely Arabized in culture and outlook. Its indigenous inhabitants are universally Muslim … The southern Sudan contains a bewildering variety of ethnic188 Notes groups and languages. Unlike the northerners, its peoples are not generally Muslims, nor do they claim Arab descent." In their study, Holt and Daly do not discuss the origin and evolution of this "bewildering variety of ethnic groups" in Southern Sudan. However, they detail the process of "Arabization" and "Islamization" in Northern Sudan, which began shortly after the seventh-century Arab conquest of Egypt, in order to show that these processes were incomplete and that indigenous "tribal" identities remained in Northern Sudan despite the adoption of outward expressions of （转下页）

这些身份特征的社会结构一直在随着时间推移而发展变化。① 最近,学者们用这些新见解来解释发生在达尔富尔②和

(接上页) Arabness. Peter Malcolm Holt and Martin Daly, *A History of the Sudan from the Coming of Islam to the Present Day*, 4th edition, (London and New York: Longman, 1988), 3 – 9 and 15 – 25.

① In his seminal chapter in an edited collection on invented traditions, Terance Ranger demonstrates that key elements of "tribal" identity and structure in Africa were invented by colonial administrators as part of their strategy of indirect rule. Scholars have subsequently debated the extent to which colonial states had the power to fundamentally reshape African identities. See Terence Ranger, "The Invention of Tradition in Colonial Africa," in *The Invention of Tradition*, ed. Eric Hobsbawn and Terence Ranger (Cambridge: Cambridge University Press, 1983); Mahmood Mamdani, *Citizen and Subject: Contemporary Africa and the Legacy of Late Colonialism* (Princeton, NJ: Princeton University Press, 1996); Thomas Spear, "Neo-Traditionalism and the Limits of Intention in British Colonial Africa," *Journal of African History* 44 (2003): 3 – 27; Sara Berry, *No-Condition is Permanent: The Social Dynamics of Agrarian Change in Sub-Saharan Africa* (Madison, WI: University of Wisconsin Press, 1993).

② Analysis of the atrocities in Darfur must address the origin and meaning of "tribal," "ethnic," and "religious" identities because the 1948 UN convention defines genocide in terms of the planned destruction of an ethnically, racially, nationally, or religiously defined group. Scholars, who claim that the Sudanese government sponsored genocide, must assert that there are salient, identitybased divisions in the country. Mahmood Mamdani counters this form of analysis by showing that "Arab" and "African" have multiple meanings in Sudan and that these meanings can be both exclusive and inclusive. Mamdani argues that the focus in the West on the role of identity in the conflict in Darfur occludes the true cause of political struggle in Sudan—that is, a contest for political control of the region. SeeMartin Daly, *Darfur's Sorrow: A History of Destruction and Genocide* (New York: Cambridge University Press, 2007); Robert Collins, "Disaster in Darfur: Historical Overview," in *Genocide in Darfur: Investigating the Atrocities in the Sudan*, ed. Samuel Totten and Eric Markusen (New York: Routledge, 2006), 3 – 24; Gerard Prunier, *Darfur: A 21st Century Genocide*, 3rd edition (Ithaca, NY: Cornell University Press, 2008); Mahmood Mamdani, *Saviors and Survivors: Darfur, Politics and the War on Terror* (New York: Pantheon, 2009).

第一章 绪论

南苏丹①地区得到国家支持的武装暴力活动,然而这些争论仍然集中在北方/伊斯兰教与南方/基督教的分歧上,而学术上对身份政治的强烈关注掩盖了苏丹社会内部其他突出问题分歧的影响。在 20 世纪上半叶,苏丹社会分为依赖统一粮食市场和不依赖统一粮食市场两部分。后者与苏丹国家的关系复杂多元,前者虽然完全依赖国家供应维持生计,但内部也发生分裂。农业生产资源的不均匀分布催生了一个中心部门,饥荒和粮食不足的持续循环又导致大量资源从地方管理转移到国家和特定的非国家精英群体,于是就逐渐形成了统一粮食市场。而在统一粮食市场内部,苏丹人被分为两类:一部分人垄断了生产资源,另一部分人则依赖前者获取粮食安全。在 20 世纪上半叶基于内在权利和责任的生产体系中,原本在维系集体和家庭农业生产方面必不可少的集体劳动形式逐渐被一种新的体系取而代之。在新体系中,少数人能凭借合同和薪资优势掌控生产资源,从资源不足的多数人那里获得必要的劳动力,从而确保他们自己的粮食安全。

旧的生产制度内部也并非均质社会。在众多的社会分化中间,对这个体系起到支撑作用的是自由人与被奴役者之间的分化。饥荒和粮食不足的循环也改变了这种分化,最终促进了现

---

① Scholars have similarly problematized the role of identity in the protracted civil war that led to the secession of South Sudan. Many scholars have minimized the role of interethnic and interreligious conflict in causing and sustaining the civil war and have highlighted the role of contrasting political ideologies and exploitative economic policies. See Ann Mosley Lesch, *The Sudan: Contested National Identities* (Bloomington: Indiana University Press, 1998); Douglas Johnson, *The Root Causes of Sudan's Civil Wars* (Oxford: James Curry, 2003).

代苏丹国家的出现。研究非洲其他地区和印度洋世界的学者已经证明，饥荒的发生对于奴役过程而言至关重要，很多自由人在粮食危机期间为了自保往往会将自己或其家属卖掉。① 对于那些以前很少被注意到的奴隶们来说，他们虽然与自由人一样也遭受了粮食危机，但却无法与自由人一样获得相同的社会、政治和经济资源，因而在饥荒和粮食不足方面有着不同的经历。对自由人而言，粮食危机通常被理解为社区问题。这些问题不仅会使现存的人际关系受到考验，在最严重的时候还促使人们接受整个群体的自我保护战略，例如将有限的粮食资源转移给社区的"核心"成员。而那些处于"边缘"地位的社区成员，例如奴隶和其他外来者，即使在"核心"社区成员能够继续生存的情况下也很少有或根本没有机会得到食物。此外，奴隶常常与他们的主人矛盾重重，可能对困难时期如何保护社区结构不感兴趣。因此，粮食危机的爆发往往会打破或从根本上改变奴隶主与奴隶之间的联系。

尽管英国和埃及政府之前都承诺要结束奴隶制，但英-埃政府建立后并没有立即废除奴隶制，官员们直到20世纪仍然承认奴隶存在的合法性。不仅在苏丹的英-埃政府是这样，在19世纪末和20世纪初的整个英属非洲帝国，殖民当局在打击奴隶贸易行动的同时也都承认奴隶"事实上"的地位，尽管不是"法律上"的地位。直到1926至1950年间，英属非洲帝国政府才

---

① See Paul Lovejoy and Toyin Falola (eds), *Pawnship, Slavery and Colonialism in Africa* (Trenton, NJ: Africa World Press, 2003); Gwyn Campbell (ed.), *The Structure of Slavery in Indian Ocean Africa and Asia* (London: Frank Cass, 2004).

开始协调一致地解放奴隶。① 许多学者认为，英国在苏丹废除奴隶制的历史映射了英属非洲其他地区的废奴进程。② 但实际情况并非如此。这些学者不仅忽略了反复发生的粮食危机对于苏丹奴隶制度的影响，还错误地认为奴隶为英-埃政府统治初期的苏丹北方提供了大量农业劳动力。19 世纪末期，奴隶并不是苏丹北方农业生产的关键因素。为了解决粮食持续短缺和确保军粮供应，英-埃政府官员们多方努力，其中之一就是积极与当地农民合作，重建在马赫迪反叛期间被废除的农业奴隶制，这导致成千上万的自由人在 20 世纪初被迫沦为了英-埃政府统治下的奴隶。然而不断扩大的奴隶制度并不能确保粮食危机不再发生，随后发生的粮食危机还为许多奴隶提供了从饥饿的奴隶

---

① Scholars have offered a variety of reasons why colonial officials in a number of colonies in the 1920s and 1930s changed course and adopted policies designed to end slavery, including the mounting pressure from international bodies and humanitarian organizations and the demands of evolving economic conditions. For studies on the end of slavery in twentieth-century colonial Africa, see Suzanne Miers, *Slavery in the Twentieth Century: The Evolution of a Global Problem* (New York: Altamira Press, 2003); Paul Lovejoy, *Transformations in Slavery: A History of Slavery in Africa*, 2nd ed. (Cambridge: Cambridge University Press, 2000); Richard Roberts and Suzanne Miers (eds), *The End of Slavery in Africa* (Wisconsin: University of Wisconsin Press, 1988); Suzanne Miers and Martin Klein, *Slavery and Colonial Rule in Africa* (London: Frank Cass, 1999).

② For studies of the end of slavery in Sudan see Daly, *Empire on the Nile*; Gabriel Warburg, *The Sudan under Wingate: Administration in the Anglo-Egyptian Sudan, 1899 – 1916* (London: Frank Cass, 1971); Taj Hargey, "Festina Lente: Slavery Policy and Practice in the Anglo-Egyptian Sudan," in *Slavery and Colonial Rule in Africa*, ed. Suzanne Miers and Martin Klein (London: Frank Cass, 1999), 250 – 271; Ahmad Alawad Sikainga, *Slaves into Workers: Emancipation and Labor in Colonial Sudan* (Austin: University of Texas Press, 1996).

主手中逃跑获得解放的机会。这些奴隶劳动力的损失不仅使自由农民更加贫困，还成为导致饥荒和粮食不足持续发生的一个重要原因。

几十年来，苏丹社会的转型持续进行，支撑了现代苏丹国家的建立和统一粮食市场的发展。苏丹社会各界认识到，新出现的政治和经济秩序损害了他们的利益，限制了他们的权力范围。面对这种威胁，苏丹人也不断地发起反击。在20世纪初，当地的商人、宗教精英、土地所有者、奴隶主和自耕农，利用他们在粮食供应和分配链中的地位限制了新国家的权力，在新的政治秩序中赢得一定程度的自治，控制了一些生产资源。不幸的是，这些有限的胜利不仅未能扭转和停止造成饥荒和粮食不足反复发生的剥削进程，最初获得的有限政治权力资源还在随后的粮食危机中消失殆尽。由于无法组织有效抵抗，苏丹社会的许多阶层被迫服从这样的剥削，成为国家或少数非国家精英的依赖者。

第二章

饥荒和苏丹北方边境的形成
1883—1896

第二章 饥荒和苏丹北方边境的形成（1883—1896）

1885年6月18日，在栋古拉（Dunqula）主要城镇乌尔迪（al-'Urdi），莱德弗斯·布勒（Redvers Buller）爵士监督最后一支埃及驻军撤离。而在此前几周，数千名苏丹人已经抛弃家园逃往埃及寻求庇护，那些不能随身携带的东西和不适合长途旅行的动物被遗弃。当最后一支埃及驻军离开后，整个栋古拉就只有为数不多的居民和乱中求利的商人，景象凄惨。商人们在市场上出售军队遗弃的物资，例如被污染的糖、腐烂的肉和生病的牲畜等。①

栋古拉、玛哈斯（Mahas）和苏库特（Sukket）是尼罗河第二和第四瀑布之间的主要地区，在1885年5月下旬到6月底的

---

① James Grant, *Cassell's History of the War in the Sudan*, Volume 2 (London: Cassell, 1885), 175-178.

大规模流亡中，① 这些地区有超过1.2万人逃往埃及。② 在接下来的十年里，又有数以万计的民众在埃及安家，还有很多人向南迁移到了马赫迪国家首都恩图曼。当1896年英国领导的军队将马赫迪军队驱离时，这一地区人烟稀少，水井塌陷，流沙覆盖了大片耕地。③ 1897年，一些英国官员们注意到当地的许多村庄已经被遗弃，人口急剧减少，而且几乎都是女性，剩下的男性要么是老人，要么是孩子。④

土-埃政府时期（1820—1885）这些地区没有可靠的人口普查数据，因而不能从统计数据上了解人口减少的确切程度。根据英国官员们在20世纪初期的说法，马赫迪反叛前的栋古拉大约有35.5万民众，超过23万人在后来的动乱中死于疾病或战争。⑤ 不幸的是，这些数字主要基于推测，不太可靠。有一种方法可以用来估计马赫迪时期的人口下降程度，那就是计算农业生产中萨奇亚（sāqiya）使用数量的变化。萨奇亚是一种大型木质水车，装有陶罐，用来从尼罗河取水灌溉农田，苏丹北方干旱地区的农业生产直到20世纪初仍完全依靠尼罗河水和萨奇亚灌溉。栋古拉是苏丹最北端的生态区，东接红海山区，西毗利比亚沙漠，南抵喀土穆以南，是热带大陆性沙漠气候，降水

---

① Baring to Granville May 23, 1885 FO407/65/253. National Archive, UK(NA).

② Baring to Salisbury June 29, 1885 FO407/65/343, NA.

③ *Report by Mr. Garstin on the Province of Dongola* [n. d. April 1897] FO407/143/12, NA.

④ *Reports on the Province of Dongola* (C8427, 1897), 1.

⑤ *Reports by His Majesty's Agent and Consul-General on the Finances, Administration, and Condition of Egypt and the Soudan in 1903* (Cd1951, 1904), 79.

第二章 饥荒和苏丹北方边境的形成（1883—1896）

稀少，不足以支撑农业生产。栋古拉地区在7—9月间偶有降雨，年平均降雨量由南向北递减，南端喀土穆的实际年降雨量大约是200毫米，北端瓦迪哈勒法（Wadi Halfa）几乎全年无雨。由于绿洲稀少，尼罗河是当地唯一的永久性地表水资源。从历史上看，苏丹的农业生产主要局限于尼罗河两岸及水中岛屿，而这些岛屿只占该生态区面积的2%。除了提供灌溉所需的用水外，尼罗河在每年7月中旬到9月中旬的泛滥季沉积了肥沃的淤泥。这种淤泥对于农业生产至关重要，因为当地土壤缺乏维持粮食作物生长所需的必要养分。① 萨奇亚的数量直接关联农业生产规模。一座萨奇亚需要8名工人和8头牛来驱动，通过提升水源确保尼罗河水稳定地流向田地。② 因此，萨奇亚数量的变化可以用来估计人口的变化。据估计，在20世纪初，一个正常运转的萨奇亚可以供养5~8个家庭，每个家庭由一名男子、他的妻子及其家属组成。1885年，根据土-埃政府的税务账目可知，栋古拉、马哈斯和苏库特三地正常使用的萨奇亚有6 451座。③ 而在1896年英国再次征服后，这三个地区能够使用的萨奇亚只有1 545座，④ 这意味着当地人口减少了大约75%。1897年，英-埃共管政府人口普查记录的总人口为57 726人。由此推断，当地1885年的人口至少有16.2万。

本章探讨了这种人口数量崩溃的原因及其对埃苏边境地区

---

① R. T. Wilson, "Systems of Agricultural Production in Northern Sudan," in *The Agriculture of the Sudan*, ed. G. M. Craig (Oxford: Oxford University Press, 1991), 193 – 213. 190 Notes
② *Reports on the Province of Dongola*, 3.
③ *Reports on the Province of Dongola*, 2.
④ *Reports on the Province of Dongola*, 2.

粮食安全的影响。人口数量的减少可能与英国决定撤出在苏丹的土-埃政府有直接关系。与苏丹其他地方不同,栋古拉当地民众最初并不支持马赫迪反叛,许多人仍然效忠土-埃政府,自愿与进入该地区的马赫迪军队作战。正因为如此,当土-埃政府撤退时,因为担心马赫迪军队报复,许多人选择在埃及军队的保护下迁居尼罗河第二瀑布以北地区。尼罗河沿岸的人口减少导致当地农业产量下降,随即引发的粮食危机,迫使更多的农民向北迁移到埃及或向南迁移到苏丹其他城镇。人口减少和农业生产率不断下降的恶性循环在1887—1891年的致命饥荒中达到顶峰,这部分引发马赫迪军队指挥官阿卜杜勒·努朱米('Abd al-Rahman al-Nujumi)在1889年对埃及的灾难性进攻。在马赫迪军队战败后的几年里,跨越边境的袭击和反袭击导致当地民众无法重新定居,栋古拉、马哈斯和苏库特的经济直到1896年英国重新征服后才开始复苏。

  政治和军事的不稳定从根本上改变了埃苏边境地区的社会结构和经济模式。英国对待难民的方式导致了北方农业生产中奴隶劳动力的减少。1880年代末,逃难的奴隶主将数千名奴隶从栋古拉带到埃及。而一旦进入埃及,大多数奴隶都会向英国军官请愿并获得自由,然后被编入埃及军队。在尼罗河第二瀑布以北的城镇和驻军中存在着大量曾经的奴隶,这激励了当地更多的奴隶积极寻求自我解放。而在埃苏边境的南方,由于大量奴隶通过逃往埃及或加入马赫迪军队来获得自由,农业生产中的男性奴隶人数快速减少,这引发了当地传统性别角色的改变。很多留守栋古拉、马哈斯和苏库特的妇女在战争冲突期间成了寡妇,或者在粮食危机期间被丈夫抛弃,因而被迫在没有男性亲属和奴隶的帮助下继续从事农业生产。

马赫迪反叛之前的埃苏边境

直到 19 世纪之前，尼罗河第一瀑布都是埃及南方边境的标志。尼罗河第一和第三瀑布之间的区域通常被称为努比亚（Nubia），第二和第三瀑布之间的地区也被称为玛哈斯和苏库特。在 16 世纪苏莱曼大帝（Sultan Sulaiman）统治期间（约 1520—1566），努比亚被并入奥斯曼帝国。1550 年，奥斯曼素丹授权也门帕夏厄兹德米尔（Özdemir）在埃及招募军队远征埃塞俄比亚。在前往埃塞俄比亚的途中，奥兹德米尔干预了尼罗河第一瀑布以南的一场当地政治斗争，并在阿斯旺（Aswan）、萨伊（Say）和伊布里姆（Ibrim）等地部署了波斯尼亚（Bosniak）部队驻防。在接下来的三个世纪里，这些波斯尼亚军人的后裔发展成为统治阶层，努比亚归属"卡西夫"（Kashif）世袭管辖。尽管统治阶层的大多数男性成员通常娶当地人为妻，但卡西夫们要么实行同族婚姻，要么娶切尔克斯（Circassian）奴隶。① 直到 19 世纪晚期，进入苏丹的欧洲旅行者还注意到他们白皙的肤色。卡西夫住在达尔（Darr），主要行政职能是收税。② 在马哈斯和苏库特，卡西夫仍然是名义上的

---

① Peter Geiser, *The Egyptian Nubian: A Study in Social Symbiosis* (Cairo: American University in Cairo Press, 1986), 26.

② Peter Malcolm Holt and Martin Daly, *A History of the Sudan: From the Coming of Islam to the Present Day*, 4th ed. (London and New York: Longman, 1988), 30 - 31.

权威，主要是向当地统治者索要贡品。19世纪初，著名的旅行家约翰·刘易斯·伯克哈特（John Lewis Burckhardt）注意到，马拉克人（Malaks，马哈斯和苏库特的统治者）被要求每年向卡西夫提供5只骆驼、5头牛、2名奴隶和40只羊。①

根据官方的说法，第三瀑布以南的尼罗河河谷、苏丹东部以及科尔多凡等地在19世纪以前一直属于丰吉素丹国，该王国以森纳尔（Sinnar）为首都，在17世纪达到了权力顶峰。在18世纪，舍基亚部落（Shayqiyya）和栋古拉部落逐渐脱离丰吉素丹国的统治，他们经常袭击对方领地，争夺对第三和第四瀑布之间区域的政治和经济控制权。19世纪初，舍基亚部落逐渐占据上风，他们的酋长联盟成为了这一地区的统治者；栋古拉人整体上成为了被统治者，但一些传统的栋古拉世袭精英被纳入了统治集团参与管理栋古拉地区，② 其中包括曾经收取高额贡税的齐比尔家族（Zibir）③。栋古拉的精英们被要求缴纳贡赋，标准是每座萨奇亚上交8蒲式耳（bushels）高粱、2~3只羊和一件亚麻长袍。④

舍基亚人对第一和第四瀑布之间的地方统治在19世纪的头25年内就结束了。穆罕默德·阿里（Muhammad 'Ali）是奥斯曼帝国的瓦利人（Wali，今希腊共和国境内），他在1811年打败了统治埃及的马穆鲁克（Mamluks）。一些顽抗的马穆鲁克逃

---

① John Lewis Burckhardt, *Travels in Nubia*, 2nd ed. (London: J. Murray, 1822), 59.
② Holt and Daly, *A History of the Sudan*, 47.
③ Burckhardt, *Travels in Nubia*, 66.
④ Burckhardt, *Travels in Nubia*, 61.

第二章 饥荒和苏丹北方边境的形成（1883—1896）

到了第三瀑布以南地区重整旗鼓，招募军队，希望夺回埃及。逃亡的马穆鲁克最初在栋古拉受到舍基亚族谢赫阿达尔纳布（Muhammad al-Adalnab）的欢迎，因为他们宣布计划去更南方的森纳尔定居。然而在不到一个月的时间，马穆鲁克就谋杀了阿达尔纳布谢赫，洗劫了舍基亚人位于阿尔库（Arqu）的金库。① 后来，马穆鲁克在乌尔迪建造了一个有围墙的驻军城镇，在齐比尔家族的帮助下，开始挑战舍基亚人对栋古拉的控制。②

1820年7月，穆罕默德·阿里派遣第三子伊斯梅尔·卡迈勒（Isma'il Kamal）帕夏，率领一支400人的军队进军努比亚，攻克了马穆鲁克在当地的最后堡垒。③ 当他的军队逆流而上时，伊斯梅尔要求当地统治者公开臣服穆罕默德·阿里的统治。那些臣服的人中有的被委任官职并按要求交纳贡品，那些不愿投降的人则面临军事报复并最终被取代。在达尔，在位的卡西夫已经逃走，伊斯梅尔就任命他的兄弟为努比亚的统治者。几个月后，伊斯梅尔的军队到达乌尔迪，栋古拉的精英们和大多数马穆鲁克臣服，一些马穆鲁克则逃到上游，向尚迪（Shandi）统治者马克·尼姆尔（al-Makk Nimr）寻求庇护。伊斯梅尔的

---

① Holt and Daly, *A History of the Sudan*, 47.
② Burckhardt, Travels in Nubia, 66.
③ Historians have had to speculate as to the reasons that drove Muhammad 'Ali's desire to conquer Sudan because, as Richard Hill notes, he did not publicly discuss them. There seems to have been two motivations. The first and more immediate one was to defeat the Mamlūks. This required only the conquest of Northern Nilotic Sudan and parts of the Jazira. However, once the troops were mobilized, Muhammad 'Ali ordered the conquest of the southern frontiers of the Funj Sultanate in a quest to acquire slaves to staff his army and gold to fund his administration. See Richard Hill, *Egypt in the Sudan, 1821 – 1881* (London: Oxford University Press, 1959), 8 – 13.

军队继续向尼罗河上游推进，追击逃窜的马穆鲁克及其当地盟友。1820年11月4日，库尔蒂（Kurti）战役后，舍基亚的主要精英们投降。① 1821年2月，柏柏尔（Barbar）的统治者马克·阿尔丁（al-Makk Nasr al-Din）投降。伊斯梅尔与投降的马克·尼姆尔和逃亡的马穆鲁克进行谈判，将穆罕默德·阿里的领土范围扩大至尼罗河第六瀑布。② 穆罕默德·阿里随后在被征服领土上重新组织政治边界，巩固了他的控制。尼罗河第一和第三瀑布之间的地区被并入了埃及的伊斯纳（Isna）州，尼罗河第三至第四瀑布之间的区域成为栋古拉州。

新建的土-埃政府重组了长途贸易联系，重新配置农业生产，从根本上改变了当地经济。在土-埃政府统治之前，苏丹的区域贸易仅限于与尼罗河沿线的陆路贸易。第二瀑布被称为巴腾·哈贾尔（Batn al-Hajar，意思是石头的腹部），其特殊的地质构造使它在尼罗河泛滥季也无法通行，限制了航运也就限制了尼罗河作为航运通道的价值。往来埃及和上努比亚之间的货物经过第二瀑布时必须卸货，通过陆路运输越过瀑布，然后重新装上等候的船只。因为在苏丹境内尼罗河上航行的船只都是没有甲板的无框船和粗糙的方形帆船，只能从事短途运输和旅行。此外，栋古拉人和舍基亚人沿河居住，他们与努比亚东部和西部沙漠中的游牧部落长期敌对，③ 穿越沙漠绕过尼罗河苏丹湾的陆地路线直到19世纪上半叶都不太稳定。因此，在19世纪初，第一和第四瀑布之间地区的货物价格高昂，根据伯克

---

① Holt and Daly, *A History of the Sudan.*, 51.
② Ibid., 51.
③ Hill, *Egypt in the Sudan*, 60.

第二章 饥荒和苏丹北方边境的形成（1883—1896）

哈特（Burckhardt）的观察，达尔地区的粮食价格是阿斯旺以北市场价格的两倍。①

土-埃政府军队开辟了新的贸易路线。在 1820 年，伊斯梅尔的军队使用炸药开辟了穿过第二瀑布的航道。② 随后，归顺的河流民族和游牧民精英们共同开辟了较短的沙漠商队路线，连接了第二瀑布的库鲁苏库（Kurusku）和第四瀑布的阿布哈迈德（Abu Hamed）两地。为了奖励阿巴达（'Ababda）牧民在征服苏丹中的贡献，伊斯梅尔授予他们专享权，允许他们带领商队穿越东部沙漠并对经过这条路线出口的所有货物收取什一税。作为交换，阿巴达牧民必须确保贸易线路安全，为商人们提供骆驼并在驼队穿越沙漠时提供保护。与此同时，为了提升水路贸易，土-埃政府引进了大型货船，建造维护船队的大型船坞，在尼罗河重要的贸易中心建立港口设施。此外，土-埃政府在每个大瀑布处都设立导航小组，由若干当地人组成，负责引导船只通过危险水域，导航小组的监督者由政府任命。③ 所有这些举措，推动了苏丹境内尼罗河流域和上埃及之间的人员往来和货物流动。④

土-埃政府也对栋古拉的农业生产进行了彻底的改造，因为当地既要求加强种植，又需要为投资商品化农业生产提供机会。在整个土-埃政府统治时期，尼罗河第一和第四瀑布之间的农业生产者继续使用萨奇亚灌溉田地。萨奇亚灌溉由埃及的古罗马

---

① Burckhardt, *Travels in Nubia*, 27.
② Hassan Dafalla, *The Nubian Exodus* (London: C. Hurst, 1975), 21.
③ Hill, *Egypt in the Sudan*, 60-61.
④ Geiser, *The Egyptian Nubian*, 21.

统治者引入苏丹，直到 20 世纪中叶一直是当地人工灌溉的主要手段。这种使用萨奇亚灌溉的农业生产方式属于劳动密集型，① 除了播种、除草和收割等日常工作外，劳动者还必须确保萨奇亚下面的河流（从中抽取水）和通往盆地的狭窄灌溉渠道不会淤塞，通道和水管道没有杂草，鸟类和害虫不会祸害庄稼。被称作萨马德（samad）的监工负责管理农业劳动，确保萨奇亚的正常运转，他将土地分成便于灌溉的小块地，同时监督播种。当萨奇亚 24 小时运转时，普通工人就在夜间承担了萨马德的工作。一座萨奇亚需要 8～10 人轮班工作，② 灌溉半费丹土地需要花费 18 个小时；③ 整个生长季如果每天运转 24 小时，可以灌溉 10～12 费丹土地。④

19 世纪，土-埃政府在苏丹建立了土地、税收和奴隶所有权等制度，推动栋古拉的萨奇亚制度从使用家庭劳动转向使用奴隶劳动。在伊斯梅尔征服之前，栋古拉和舍基亚部族的蓄奴一直是世袭精英们的特权，奴隶是他们炫耀性消费的对象。⑤ 尽管在 18 世纪末和 19 世纪初的很短一段时间内，舍基亚的精英们也奴役了一些被征服的社区，但总体而言，大多数

---

① *Reports on the Province of Dongola*, 3.
② William Nichols, "The Sakia in Dongola Province," *Sudan Notes and Records* 1 no. 1 (January 1918):23 - 24.
③ 费丹(feddan)是埃及苏丹的土地面积单位，1 费丹 = 2 295 平方 = 1.038 英亩。
④ *Reports on the Province of Dongola*, 3.
⑤ This discussion of the transform *Reports on the Province of Dongola*, 3. ation of slave ownership in northern Nilotic Sudan under Turko-Egyptian rule draws heavily from Jay Spaulding, "Land Tenure and Social Class in the Northern Turkish Sudan," *The International Journal of African Historical Studies* 15 no. 1 (1982):1 - 20.

第二章　饥荒和苏丹北方边境的形成（1883—1896）

奴隶还是通过购买获得的女性奴隶。直到1960年代，这些被征服民族的后裔仍被一些舍基亚人视为前奴隶。[①] 相比之下，栋古拉社会在历史上就倾向于同化外国人，似乎只有在土-埃政府实施改革之后才出现这种认同，即把奴隶看作是一种可传承的东西，一种独特的、未被同化的群体。[②]

　　奴隶在农业生产中的普遍使用，源于土-埃政府对土地权利的重新定义。在伊斯梅尔征服之前，萨奇亚和土地都被认为是所有农民的共同财产，土地拥有者及其家人也必须参加劳动。在被征服之后，土-埃政府官员们按照伊斯兰教法定义了苏丹土地所有权，将享有土地果实的权利转化为对土地本身的份额占有。伊斯兰教的继承法导致了土地所有权因为世代传承而快速分化，这反过来又降低了土地回报。在这些改革之前，使用权只能通过继承转让，苏丹也没有土地市场。相反，伊斯兰教法承认土地份额可以继承、购买、出售和抵押，为土地市场的出现提供了法律框架，土-埃政府的税收政策也为出售和购买土地提供了动机。在土-埃联军征服之前，税收用粮食实物支付，精英们储存粮食是为了应对食物短缺。土-埃政府时期，官员们要求以货币支付税款，这迫使土地所有者出售他们的产品。[③] 此

[①]　Ahmed Al-Ashi, *An Anthropological Study of a Sudanese Shaiqiya Village (Nuri)*, PhD Dissertation (Oxford 1971) 233-234.

[②]　Ahmed Al-Ashi, *An Anthropological Study of a Sudanese Shaiqiya Village (Nuri)*, PhD Dissertation (Oxford 1971) 233-234.

[③]　The first Turko-Egyptian efforts to implement a new tax regime did not go unopposed and, in 1822, led al-Makk Nimr to kill Isma'il at Shandi by burningNotes 191 down his quarters with him in it. This attack was followed by a general revolt in the Nile valley. The new Turko-Egyptian rulers responded （转下页）

外，税率的逐步提高迫使土地拥有者增加工作强度。土地所有者如果不能生产足够粮食以满足自身需要并支付税款，就必须出售所拥有的土地。这就为强大土地市场的产生创造了条件。北方尼罗河流域的许多农民被迫出售土地后选择南下从商，其中就包括从事向苏丹北方和埃及运送奴隶等多项贸易活动。土-埃政府在南苏丹的政策使得苏丹国内市场充斥着奴隶。在土-埃政府的头数十年，官员们鼓励把奴隶从苏丹出口到埃及，结果每年有1万~1.2万名奴隶从苏丹南方运往北方。这些奴隶通常要么是埃及军队在不断向南推进的边境地区突袭抓获的，要么是土-埃政府从南方收取的贡品。1840年代，来自北方尼罗河流域的商人在边境以南地区投资建立由一连串栅栏组成的营地，发展私人武装，开展大规模猎奴活动。供应的增加导致开罗市场的奴隶价格急剧下降。① 1850—1960年代，土-埃政府的官员们对此制定了一系列政策，旨在减少进入埃及的奴隶数量，包括对从苏丹进口的奴隶征收新的关税。随后，因为向埃及出口奴隶无利可图，苏丹北方奴隶市场的供给开始增加，奴隶价格随即下降，土地所有者开始在农业生产中大规模雇佣男性奴隶。栋古拉的农民可以通过出售他们的农产品获得收入，利用新增加的利润购买那些无法缴纳税款者的土地，或者购买更多的奴隶集中耕种土地。这导致了该地区土地所有权的巩固、蓄

（接上页）with a campaign of violence and reprisals that lasted for the next few years. Hill, *Egypt in the Sudan*, 15–21.

① Janet Ewald, Soldiers, *Traders and Slaves: State Formation and Economic Transformation in the Greater Nile Valley, 1700–1885* (Madison: University of Wisconsin Press, 1990), 165–169.

奴数量的扩大和农业生产的集约化。①

伊斯纳的努比亚地区在土-埃政府统治时期没有经历同样的农业投资热潮。当地农民传统上种植一些谷物和豆类作物，但在阿斯旺大坝修建之前，当地因为两岸峡高沟深无法利用尼罗河水，能够得到灌溉的土地仅限于花岗岩山脉间的狭长地带。当地社区高度依赖贸易维持生计，粮食是19世纪初当地市场的标准货币，农业生产者更关注进口粮食的交易日期。② 也正是由于当地种植业无法满足需求，至少从17世纪开始，年轻的努比亚人就通过在下埃及的大城市做家庭佣人来贴补家用。③ 虽然伊斯纳的土-埃政府颁布了与栋古拉相同的土地政策和萨奇亚税收政策，却产生了不同的效果。在栋古拉，这些改革举措推进了农业生产的集约化，而在几乎没有肥沃土地的伊斯纳努比亚，这些政策导致了劳动力的进一步迁移。1820—1850年间，由于政府将每座萨奇亚的赋税从90比索（PIASTRE，PT）提高到300比索，④ 许多农民放弃了农业生产，和家人一起迁徙到

---

① Spaulding, "Land Tenure and Social Class in the Northern Turkish Sudan," 1 - 20.

② Burckhardt, *Travels in Nubia*, 27.

③ Geiser, *The Egyptian Nubian*, 21 - 26; C. S. Sonninin, in his report on his trip to observe trading conditions in Egypt for France's new revolutionary government, noted that Nubian men were, in general, the preferred source of domestic servants for Egypt's European merchant community. However, the French had been officially forbidden from employing Nubian domestic servants since one murdered the physician Du Roelle in 1706. C. S. Sonninin, *Travels in Upper and Lower Egypt Undertaken by Order of the Old Government of France*, translated by William Combe (London: J. Debrett, 1800), 468.

④ 比索（PIASTRE, PT）是埃及等几个中东国家的硬币，比索是银币，PARA（帕拉）是铜币，1比索 = 40帕拉。1914年，英国正式结束土耳其 （转下页）

下埃及，或者进入那些服务长途贸易的地区市场。父母们也越来越多地送年轻男孩投靠他们在开罗做仆人的年长男性亲属。① 一些成年男子开始参与日益扩大的尼罗河航运贸易，或者为在库鲁苏库和阿布哈米德之间的旅行商队工作。②

当地对马赫迪反叛的抵抗

由于马赫迪反叛，栋古拉农业生产率的提高被逆转，土-埃政府在苏丹长达 60 多年的统治也趋于结束。虽然这次反叛的领导者也算是栋古拉人，但居住在尼罗河第四瀑布下游的栋古拉社区并没有反抗土-埃政府。马赫迪在栋古拉地区建立统治，很大程度上是因为土-埃政府的撤退，而不是当地民众的支持。马赫迪反叛的早期领导人穆罕默德·阿卜杜拉（Muhammad Ahmad ibn 'Abd Allah），出生于 1844 年，居住在靠近阿尔库的达拉尔（Darar）。他在卡拉里（Karari）和喀土穆的古兰经（Qur'anic）学校接受早期教育，随后在杰济拉和柏柏尔学习伊斯兰法。1861 年，穆罕默德·阿卜杜拉加入了苏非派萨马尼亚教团（Sammaniyya sufi tariqa），开始在穆罕默德·谢里夫·努尔·达伊姆（Muhammad Sharif Nur al-Da'im）教长的指导下进

（接上页）在埃及的统治，1916 年改埃及货币为十进制，1POUND（埃磅）= 100 比索 = 1 000MILLIEM（米利姆）。

① Bayard Taylor, *A Journey to Central Africa: Or, Life and Landscapes from Egypt to the Negro Kingdoms of the White Nile*, 11th ed. (New York: G. P. Putnam, 1852), 164.

② John Gadsby, *My Wanderings: Being Travels in the East 1846 – 47, 1850 – 51, 1852 – 23* (London: John Gadsby, 1855), 352.

行修行，教长本人是萨马尼亚教团创始人艾哈迈德·塔伊布·巴希尔（Ahmad al-Tayyib al-Bashir）的孙子。① 经过7年的学习，达伊姆教长允许穆罕默德·阿卜杜拉作为萨马尼亚教团的代表到各地游历，而且可以招收自己的学生。② 1870年，穆罕默德·阿卜杜拉在白尼罗河的阿巴岛（Aba Island）定居，建立古兰经学校和清真寺。此后，穆罕默德·阿卜杜拉虔诚苦修，名气越来越大，开始批评苏非派的一些做法，与导师达伊姆教长的关系日益紧张。1878年，达伊姆断绝了与穆罕默德·阿卜杜拉的师生关系，并将他驱逐出萨马尼亚教团。③ 然而，此时的穆罕默德·阿卜杜拉已经拥有了一批忠实的追随者。1881年6月，他宣布自己为马赫迪，即预知世界末日的伊斯兰领袖。④

马赫迪宗教运动迅速演变成反对土-埃政府的武装斗争。⑤ 由于越来越多的民众开始欢迎马赫迪而批评政府，土-埃政府官员们感到震惊，他们在1881—1882年派出了三支远征

---

① Peter Malcolm Holt, *The Mahdist State in the Sudan, 1881–1898: A Study of the Origins, Development and Overthrow*, 2nd ed. (Oxford: Clarendon Press, 1970), 45–46.

② Kim Searcy, *The Formation of the Sudanese Mahdist State: Ceremony and Symbols of Authority: 1882–1898* (Boston: Brill, 2011), 24–25.

③ Searcy, *The Formation of the Sudanese Mahdist State*, 26.

④ Holt and Daly, *A History of the Sudan*, 85–86.

⑤ The reason for the mass appeal of al-Mahdi's call to arms has long been the subject of scholarly debate. In 1903, Na'um Shuqayr, an official in the Egyptian Army's Intelligence Department, concluded that there were four main causes of the rebellion. First, General Gordon's attempts, in the late 1870s, to end the Sudanese slave trade led to the growth of antigovernment feelings in key slaving populations, including the Baqqara of Kurdufan. Second, some Sudanese sought revenge for the brutal campaigns of conquest that expanded Egypt's Sudanese territory in the 1860s and 1870s. Third, many Sudanese wanted to free （转下页）

军,试图重新控制阿巴岛。马赫迪的追随者用刀和矛成功击退了政府军的三次持枪进攻。1882年5月,在击败第三次进攻后,马赫迪宣布对土-埃政府发动"圣战"(jihad)。在接下来的一年半时间里,马赫迪赢得了一系列决定性的进攻战役,迫使在苏丹西部和南方的埃及驻军投降,挫败了威廉·希克斯(William Hicks)远征军对沙伊肯(Shaykan)的进攻,最终导致土-埃政府在科尔多凡、达尔富尔和加扎勒(Bahr al-Ghazal)的统治迅速瓦解。①

(接上页) themselves from the TurkoEgyptian government's rapacious tax collectors. Finally, there was widespread discontentment with the government's preference for the Shayqiyya and for followers of the Khatmiyya ṣūfi ṭarīqa. P. M. Holt has subsequently argued that, though all four factors listed by Shuqayr contributed to some extent in expanding the appeal of al-Mahdi, the rebel leader, the192 Notes Mahdist Rebellion was fomented primarily by the government's antislavery campaigns. On the other hand, A. B. Theobold has shown that in the early 1880s, the government abandoned its antislavery measures. Instead, Theobold has argued that al-Mahdi, as a result of his charisma, reputation for piety and religious conviction, was able to harness a number of disparate discontented groups, each with their own reason for rebelling. Janet Ewald has confirmed Theobold's assertion for the population of Kurdufan. Ewald, through a study of the evolution of long-distance trade in the Nuba Mountains in the eighteenth- and nineteenth centuries, has shown that the rebellion in its early stages in Kurdufan was a response to unique local conditions which led "farmers, herders and small traders" to resent "how wealthy traders and their allies used the government to aggrandize themselves." The analysis of Theobold and Ewald suggest that the causes of the Mahdist Rebellion can only be analyzed at the regional level. See Na'um Shuqayr, *Ta'rikh al-Sudan al-Qadim wa al-Hadith wa Jughrafiyatuha* (Cairo: Maṭba'at al-Ma'arif, 1903), 315 – 320; Holt, *The Mahdist State in the Sudan*, 32 – 44; A. B. Theobald, *The Mahdiya: A History of the AngloEgyptian Sudan, 1881 – 1899* (New York: Longmans, Green and Co., 1951), 25 – 26; Ewald, Soldiers, *Traders and Slaves*, 175.

① Holt and Daly, *A History of the Sudan*, 88 – 91.

第二章 饥荒和苏丹北方边境的形成（1883—1896）

马赫迪在苏丹其他地方的军事行动取得了更大的成功。1883年，马赫迪任命奥斯曼·迪克纳（'Uthman Abu Bakr Diqna）作为他在苏丹东部贝贾人的埃米尔。虽然迪克纳在东部地区占领了一些重要的行政管理中心，但却始终没有掌控主要的红海港口萨瓦金（见第三章）。同样，马赫迪的追随者也无法消灭在尼罗河上的土-埃军事力量。1884—1885年，马赫迪军队迅速占领了尼罗河第四瀑布以南的地区，马赫迪将他的阵营从科尔多凡的欧拜伊德（al-Ubayyid）转移到位于喀土穆以北的恩图曼。① 但马赫迪的追随者没能在更远的下游地区延续胜利。1884年5月，栋古拉的统治者穆斯塔法·雅瓦尔（Mustafa Yawar）领导军队在达巴赫（al-Dabbah）击败了马赫迪军队，后者的指挥官是艾哈迈德·哈达吉（Ahmad Hadaji），大约有1.3万人。② 这次胜利后，雅瓦尔从栋古拉召集了相当数量的志愿民兵，③ 1884年9月，他用这支民兵武装打败了另一支进攻的马赫迪部队。④

马赫迪运动在栋古拉的早期失败并不仅仅是雅瓦尔在战场上取胜的结果。该地区居民大部分是萨马尼亚教团的追随者，他们反对马赫迪反叛，愿意做雅瓦尔的志愿民兵。⑤ 此外，雅瓦尔还成功使当地的知名人士与土-埃政府保持一致，例如阿尔库地区马利克（malik）家族的统治者坦博·哈马德（Tanbal

---

① Holt, *The Mahdist State in the Sudan*, 95-100.
② EDonne to Wood, July 25, 1884 FO407/62/180, NA.
③ Egerton to Granville, August 26, 1884 FO407/62/337, NA.
④ Baring to Granville, September 10, 1884 FO407/62/409, NA.
⑤ Al-Ashi, *An Anthropological Study*, 24.

Hamad Tanbal）等。① 虽然土-埃政府早在 1884 年 1 月就开始撤离栋古拉地区，但支持它的军队却坚守到 1885 年 5 月才最后撤离。在此期间，驻开罗的英国政治顾问与埃及政府高官持续争夺对埃及国家的控制权，二者的混斗导致已得到部分执行的撤退战略被迅速放弃。但无论是撤退还是坚守，每一项战略都似乎向栋古拉和努比亚的精英们保证，与土-埃政府结盟将会维持或扩大他们的既有特权。正因为如此，栋古拉和努比亚的地方精英们在此期间继续为维护土-埃政府而斗争。

马赫迪反叛开始时，英国在埃及的影响力还非常有限，主要限于埃及国内政府的某些部门。在 19 世纪的前 2/3 时段，穆罕默德·阿里和他的继任者逐渐从奥斯曼素丹手中获得了自治权。但这个自治是短暂的，埃及政府财务管理不善，为英国直接干预埃及国内政治事务的干预提供了机会。伊斯梅尔是穆罕默德·阿里的孙子，他从奥斯曼素丹那儿获得了"赫迪夫"头衔（Khedive，意为埃及总督），但国家财政在 1876 年破产，被迫接受英法主导的债务清偿委员会来解决债务问题。1881 年 9 月，埃及军官阿拉比（Ahmad'Urabi）在赫迪夫的宫殿前领导示威活动，英国军队结束了持续近一年的"阿拉比反叛"，恢复了赫迪夫的权力，英国在埃及局部地区的权威得到增强。军事行动结束后，英国官员们通过强化传统机构来迅速巩固赫迪夫

---

① See the entries for Tanbal Hamad Tanbal and Mustafa Yawar Pasha in Richard Hill, *A Biographical Dictionary of the Sudan*, 2nd ed. (London: Frank Cass, 1967).

第二章 饥荒和苏丹北方边境的形成（1883—1896）

失而复得的权力。① 1883 年 5 月，伊夫林·巴林（Evelyn Baring）被任命为英国驻埃及总领事，他认为尽管英国已经征服了埃及，但不应该逼迫赫迪夫放弃对埃及的统治权，赫迪夫和他的阁僚还应该整体保留并实施改革，除非他们随后被证明是无所作为。② 在任期的头几年，巴林坚持认为，完全的行政控制可以在五年内归还给赫迪夫政府，③ 但这一时间表很快就被延长了。1886 年，巴林开始辩解说，制定撤军时间表是不明智的。④ 尽管如此，英国官员们还是允许很多土-埃政府官员们保留他们的行政职位，也不干预债务清偿委员会、混合法庭和奥斯曼的领事裁判权。⑤

尽管确实是英国军方有意让赫迪夫重新掌权，但埃及高级官员们后来还是抵制英国干预埃及政治事务。在他们重新掌权后的几年里，这些官员们成功地运用策略限制了英国推行的改革计划。例如数任内政部长都选择辞职而不是将州和地方政府的权力移交给英国官员，总领事巴林因此被迫将内政部的控制权移交给埃及政府。⑥ 英国官员们完全控制了埃及的军事和公共工程部门，巴林却始终坚持不干涉埃及的司法和内政部

---

① Robert Tignor, *Modernization and British Colonial Rule in Egypt, 1882–1914* (Princeton: Princeton University Press, 1966), 48.
② Roger Owen, *Lord Cromer: Victorian Imperialist, Edwardian Proconsul* (Oxford: Oxford University Press, 2004), 176.
③ Owen, Lord Cromer, 204.
④ Owen, Lord Cromer, 219.
⑤ Tignor, *Modernization and British Colonial Rule in Egypt*, 51.
⑥ John Richmond, *Egypt 1798–1952: Her Advance towards a Modern Identity* (London: Methuen, 1977), 140.

门。① 1890年，巴林开始推动进一步改革，理由是低效的投资组合危及政府在其他领域取得收益。②

埃及内阁的部长们还试图限制英国对苏丹政府的干涉。从一开始，英国政治官员们就认为苏丹是埃及财政不必要的负担和累赘。英国的苏丹政策最初由中校约翰·斯图尔特（John Donald Hamill Stewart）提出，他于1882年11月被派往喀土穆调查当地情况。③斯图尔特的报告于1883年初提交，认为在苏丹的土-埃政府无法自给自足，因而主张把土-埃政府从苏丹撤出。对于撤出之后的设想，斯图尔特敦促将达尔富尔归还给传统的统治家族后裔，将南科尔多凡（Kurdafan）、尼罗河和苏丹东部的权力下放给当地精英，建立一个主要履行收税职能的精简的管理部门取代政府。此外，斯图尔特还主张在索巴特河沿岸维持一小支部队监管奴隶贸易，用欧洲商业机构来管理加扎勒河州和赤道（Equatorial）州。因为马赫迪及其追随者当时在科尔多凡州进展有限，所以斯图尔特提出的撤退政府的建议并不是对马赫迪反叛日益增长的威胁而做出的反应。事实上，斯图尔特认为，马赫迪还有可能与改革后的苏丹政府合作。④

1883年末，随着马赫迪力量的壮大，埃及和苏丹的其他英国官员们也得出了相同的结论，即要避免长期军事接触而导致

---

① Tignor, *Modernization and British Colonial Rule in Egypt*, 88–92.
② Tignor, *Modernization and British Colonial Rule in Egypt*, 160.
③ Holt, *The Mahdist State in the Sudan*, 69.
④ *Report on the Soudan by Lieutenant-Colonel Stewart* (C3670, 1883), 25–26.

第二章 饥荒和苏丹北方边境的形成（1883—1896）

的政治和经济后果，撤军是唯一可行的方法。巴林声称，苏丹军事开支增加正在危及埃及政府的财政稳定。① 亨利·科特隆（Henry Watts Russell De Coetlogon）是驻守喀土穆的埃及守备部队指挥官，在"阿拉比起义"后被借调到埃及军队，他也认为从苏丹部分撤军是巩固其余军事阵地的唯一方法。② 但驻埃及的英国官员们没有得到伦敦的授权，不能命令赫迪夫从苏丹撤军。③

在英国就撤军达成一致意见后，埃及的高官们采取了若干战略限制英国参与苏丹事务。为了限制斯图尔特报告的影响，埃及内阁成立了苏丹局，由易卜拉欣（Ibrahim）领导，负责改革苏丹政府，后来也基本无视斯图尔特的建议。④ 同样，为了回应越来越多对于英国撤军的支持，埃及首相谢里夫（Ali Sharif）在1883年12月22日向巴林提交了一份备忘录，声明1879年8月7日颁布的奥斯曼敕令（帝国法令）禁止赫迪夫放弃领土，土-埃政府因此不能撤出苏丹。此外，谢里夫认为，撤退非但不能遏制马赫迪的威胁，反而会把土地拱手让给马赫迪，使其更有能力进攻埃及。谢里夫还要求英国为1万名士兵提供临时援助，帮助他们控制苏丹，直到埃及军队能够接管为止。⑤ 但这项请求被拒绝。1884年1月4日，英国外交部批准了巴林的意见，彻底放弃苏丹。当巴林发布这一命令时，包括

---

① Baring to Granville, October 26, 1883 FO407/28/242, NA.
② Baring to Granville, November 26, 1883 FO407/28/317, NA.
③ Holt, *The Mahdist State in the Sudan*, 87.
④ Dufferin to Granville, August 2, 1883 FO407/27/135, NA.
⑤ Baring to Granville, December 22, 1883 FO407/28/411, NA.

谢里夫在内的一些埃及部长立即辞职。① 但这种抗议没什么效果，英国官员们开始计划撤出在苏丹的土-埃政府。

撤退命令进一步混淆而不是澄清了关于栋古拉、马哈斯和苏库特未来的官方地位，因为它没有处理若干关键问题，包括撤出的速度、埃及南方边界的位置以及撤出后继任政府的构成。在接下来的一年里，英国外交部任命了一些官员，在落实撤退令的细节方面迅速取得了进展。1884 年 1 月，外交部任命查尔斯·戈登（Charles Gordon）将军监督解散土-埃政府，后者在 1870 年代曾担任过近 3 年的苏丹总督。巴林指示戈登撤离土-埃政府人员，并将行政权力移交给穆罕默德·阿里征服时期就已经存在且延续迄今的零散的素丹家族。② 戈登于 1884 年 2 月抵达喀土穆，按照巴林的指示，他向所有的苏丹社会名流发出邀请，请他们到喀土穆来，以本土精英联盟的形式组成一个新的、独立的政府。③ 1884 年夏天，马赫迪在喀土穆附近的尼罗河建立了自己的阵地，虽然戈登仍在追求建立新政府，但迅速恶化的安全局势使得远在开罗和伦敦的英国官员们不得不重新考虑他们的选择。

伦敦和开罗的英国高级官员们的注意力开始转移，他们逐渐放弃建立一个试图统治所有被遗弃苏丹领土的继任政府，转而追求建立一个可以统治埃及与发展中的马赫迪国家之间边界地域的代理政府。1884 年 8 月，英国外交大臣格兰维尔

---

① Holt, *The Mahdist State in the Sudan*, 87. Notes 193
② Baring to Gordon, January 28, 1884 FO407/60/260, NA.
③ Baring to Granville, February 12, 1884 FO 407/60/334, NA.

第二章 饥荒和苏丹北方边境的形成（1883—1896）

(Granville)勋爵委派在埃及军队的英国军官确定埃及南方的"天然边界"，从邻国的游牧人群中选择本土精英，不仅允许这些本土精英们像独立国家的统治者那样行事，而且允诺他们只要保持友善姿态并鼓励贸易就可以从埃及领取年薪。① 赫伯特·基钦纳在1883年被借调到埃及军队，他与阿巴达地区的谢赫萨利赫·侯赛因·哈里发（Salih Husain Khalifa）达成协议，目的是让后者成为苏丹北方地区的统治者。②

当马赫迪军队围攻喀土穆时，英国政府的关注焦点是如何营救戈登。1884年9月，英国外交部将苏丹政策的控制权交给了在埃及的英国驻军。加尔内特·约瑟夫·沃尔塞利（Garnet Joseph Wolseley）受命率领一支远征军前往喀土穆，而且对撤退政策有决定权。1884年10月，沃尔塞利提议埃及财政部给栋古拉的统治者雅瓦尔每年10万英镑的补助，给他提供重新征服苏丹所需的蒸汽船、武器和弹药，使其最终成为一个承认埃及宗主权的独立统治者。③ 尽管巴林④和英国内阁⑤都批准了这个计划，但沃尔塞利一见到雅瓦尔就放弃了这个计划，认为雅瓦尔"不喜欢英国人，希望推迟行动"。⑥ 沃尔塞利开始为新的苏丹国家寻找其他可能的统治者。1885年2月，即马赫迪军队攻占喀土穆并杀死戈登1个月之后，沃尔塞利建议由埃及赫迪夫

---

① Granville to Egerton, August 15, 1884 FO407/62/266, NA.
② Egerton to Granville, August 24, 1884 FO407/62/327, NA.
③ Wolseley to Baring, October 22, 1884 FO407/63/65, NA.
④ Baring to Wolseley, October 23, 1884 FO407/63/65, NA.
⑤ Granville to Baring, October 25, 1884 FO407/63/68, NA.
⑥ Baring to Granville, January 4, 1885 FO407/64/11, NA.

的兄弟哈桑（Hassan）王子统治苏丹。① 在这个计划证实不可行之后，沃尔塞利宣称他要亲自重新占领苏丹，自任苏丹总督直到出现合适的继任政府。②

在开罗的埃及官员和在苏丹的土-埃政府官员无视来自伦敦的命令，他们继续拒绝执行不断变化的英国撤军计划。新任命的埃及内阁部长们不愿放弃对撤军的控制权，并试图改变一些关键的决策。1884 年夏天，努巴地区的博戈斯（Boghos）帕夏接替谢里夫担任总理，他和另外一些内阁部长要求将埃及势力维持在尼罗河第四瀑布附近区域。③ 与此同时，雅瓦尔也拒绝将栋古拉的控制权交给沃尔塞利，他在 1884 年始终组织麾下的埃及军队和独立培养的当地民兵阻击马赫迪军队的前进。④ 当地民众继续支持雅瓦尔为保卫栋古拉所做的努力。1884 年 7 月，许多当地著名人士向开罗请愿，宣誓效忠土-埃政府，愿意支付抵御马赫迪军队的必要费用。⑤

在埃及驻军从栋古拉、马哈斯和苏库特撤退前的几个月里，英国占领军的军官并没有利用雅瓦尔在当地的支持，反而专注于实施另一项计划，即在埃及新的南方边境建立代理政权。雷德弗斯·布勒（Redvers Buller）是一位杰出的舍基亚军官，曾在解救戈登的远征中发挥了关键作用，1885 年 5 月他提议将栋古拉、马哈斯和苏库特这三个地区的控制权移交给传统的地方

---

① Baring to Granville, February 12, 1885 FO407/64/195, NA.
② Granville to Baring, March 6, 1885 FO407/64/357, NA.
③ Egerton to Granville, July 4, 1884 FO407/62/8, NA.
④ Egerton to Granville, July 4, 1884 FO407/62/8, NA.
⑤ Egerton to Granville, July 16, 1884 FO 407/62/82, NA.

第二章 饥荒和苏丹北方边境的形成（1883—1896）

领袖穆罕默德·加什姆·穆斯（Muhammad Khashm al-Mus）。① 尽管在埃及的一些重要英国官员和在苏丹的土-埃政府官员都对此持反对态度，例如雅瓦尔②和沃尔塞利③等，英国外交部仍然授权布勒与穆斯进行谈判。④ 在与穆斯的谈判很快破裂后，布勒随即与达布巴（al-Dabba）酋长马道卜·伊德里斯（Idris al-Mahjub）和阿尔库酋长坦博·哈马德·坦博（Tanbal Hamad Tanbal）合作，向他们提供军队、武器、弹药以及薪水。⑤ 在开罗的主要英国和埃及官员，包括巴林、努巴尔、沃尔塞利和赫迪夫等，都认为马道卜和坦博无法保护各自的领土不受马赫迪军队的侵犯，因而拒绝提供布勒承诺过的武器和弹药。⑥ 尽管如此，1885年5月，布勒仍任命马道卜统治马哈斯和苏库特，任命坦博统治栋古拉。栋古拉的居民虽然一直忠于土-埃政府，但对这些新出现的统治者没有信心，开始叫嚷着要随军队一起逃离。5月下旬，布勒开始登记希望被疏散到埃及的人数，几天内就超过了2 400人。⑦ 难民开始大量向北迁移。1885年6月底，已有12 825人从栋古拉逃往上埃及，⑧ 其中许多人用以逃生的手工木筏是用他们的萨奇亚上的木头制成的。⑨

栋古拉、马哈斯和苏库特的新政权在埃及最后一支部队撤

---

① Baring to Granville, May 3, 1885 FO407/65/159, NA.
② Baring to Granville, May 13, 1885 FO407/65/215, NA.
③ Baring to Granville, May 14, 1885 FO407/65/221, NA.
④ Hartington to Wolseley, May 8, 1885 FO407/65/194, NA.
⑤ Baring to Granville, May 23, 1885 FO407/65/264, NA.
⑥ Baring to Granville, May 23, 1885 FO407/65/264, NA.
⑦ Baring to Granville, May 21, 1885 FO407/65/253, NA.
⑧ Baring to Salisbury, June 29, 1885 FO407/65/330, NA.
⑨ Baring to Granville, June 9, 1885 FO407/65/343, NA.

出后立即崩溃。1885年6月底，穆斯拒绝撤出埃及，也拒绝承认新的统治者。他建立了自己的民兵武装，试图确立自己作为栋古拉新统治者的地位。1885年7月，坦博请求埃及政府协助驱逐穆斯，但请求遭到拒绝，穆斯继续他的准备工作。[1] 然而，由于缺乏足够的武器和当地民众的支持，坦博、穆斯和马道卜都无法牵制马赫迪军队。1885年7月初，马赫迪军队开始在库尔蒂（Kurti）[2] 集结，随后几周迅速占领了栋古拉、马哈斯和苏库特。而随着马赫迪势力的推进，当地精英们被迫在继续抵抗、逃往埃及或效忠马赫迪之间做出选择。坦博逃到阿卡莎（Akashah），这里距离埃及人在瓦迪哈勒法的营防有八十英里。马道卜拒绝逃跑，被马赫迪部队逮捕，作为囚犯送到恩图曼，随后在监狱里去世。[3] 那些选择同马赫迪势力妥协的精英们经常被要求确认他们的立场。坦博的近亲穆罕默德·阿巴德·雅库博（Muhammad 'Abd Allah Ya'qub）被任命为马赫迪国家在当地的代理人，获赐大量礼物和奴隶。苏哈达（Suarda）人的首领曾在土-埃政府担任官职，选择服从后被任命为马赫迪在苏库特的埃米尔。[4]

粮食不足和边疆州的形成

土-埃政府撤出后，栋古拉、马哈斯和苏库特地区就进入了

---

[1] Egerton to Salisbury, July 28, 1885 FO407/66/69, NA.
[2] Wolseley to Harington, June 4, 1885 FO407/65/308, NA.
[3] Henry Cecil Jackson, *Halfa Province, the Years of Waiting: The Reconquest Volume II*, SAD466/16, Sudan Archive, Durham University (SAD).
[4] Henry Cecil Jackson, *Summary Notes on Halfa Province*, SAD466/14.

第二章 饥荒和苏丹北方边境的形成(1883—1896)

粮食不足时期,并在1887—1888年演变成了致命的饥荒。① 虽然这些地区的生态条件确实不利于农作物高产,但这不足以解释此次饥荒为什么发生。因为苏埃边境两侧的自然条件类似,农业生产都依赖尼罗河水,但同期的埃及一侧却并没有发生饥荒的报道。此外,1887年的尼罗河洪水量比1869—1902年在阿斯旺测量的平均洪水量多25%。② 可见,这次饥荒发生的原因,就是尼罗河第二瀑布上游可用劳动力的急剧减少和边境地区的军事化。前者导致当地作物减产,破坏了区域贸易网络,最终减少了粮食的供应;后者则导致当地驻军增多,需要额外的粮食供应。区域性粮食不足严重削弱了边境地带马赫迪军队的力量,因为他们只能从苏丹一侧获得粮食供应,而粮食资源本就不足以满足新的马赫迪国家的需求。另一侧的英国官员们则能够同时从埃及和国际两个渠道获取资金和粮食来源,这使得他们得以在苏埃边境北侧建立和保卫一个新的英-埃政府。

栋古拉是个重要的粮食产区,当土-埃政府从栋古拉撤退时,成千上万的民众随之迁移,这导致当地的农业生产急剧萎缩。驻守尼罗河第二瀑布附近的英国军官的记录显示,1885年夏天时来自栋古拉的难民多达12 500名,其中许多人是以前围绕萨奇亚从事农业生产的男性奴隶。③ 鉴于许多难民和他们的奴隶并没有在埃及军队处登记,这一数字不仅实际上远低于栋

---

① Babikr Badri, *The Memoirs of Babikr Bedri*, translated by George Scott (London: Oxford University Press, 1969), 51.

② Henry George Lyons, "On the Nile Floods and Its Variations," *The Geographical Journal* 26 no. 4 (October 1905): 403.

③ *Petition Submitted by Some Refugees of Dongola Province at Assuan* [n. d. August 1885] FO407/66/113, NA.

古拉、马哈斯和苏库特地区在土-埃政府撤出后的农业劳动力减少情况，也不包括那些在反抗马赫迪战斗中死亡的人数，因为这方面没有确切的统计数据。此外，没有统计数字表明有多少奴隶逃离他们的主人加入了马赫迪国家的奴隶军队。栋古拉地区的农业生产是高度劳动密集型，所以即便只流失了1万名奴隶，也使得该地区1/3的耕地无人耕种。留在栋古拉的农业生产者无法弥补这部分劳动力流失造成的空缺。在马赫迪王国，所有新出生的男性奴隶被看作是政府的财产，长大后注定要参加马赫迪军队。正是因为这样，马赫迪王国时期的女性奴隶贸易始终存在，男性奴隶贸易却被禁止。① 马赫迪国家既不占有逃离难民抛荒的土地，也不鼓励外来者定居，奴隶劳动力的流失使得大片土地无人耕种。②

虽然栋古拉地区的农业生产严重衰退，但马赫迪国家内部关系紧张，负责当地军政事务的埃米尔阿卜杜勒·拉赫曼·努朱米（'Abd al-Rahman al-Nujumi）不断扩大军队规模。1885年6月22日，马赫迪死于伤寒（也可能是天花），阿卜杜拉·穆罕默德（'Abd Allahi Muhammad Turshain）继任国家新领导人，头衔为哈里发马赫迪。在随后的几个月里，新的领导人（哈里发）担心散布各地的埃米尔们会挑战他的权威，因此开始采取行动限制他们的权力。为了遏制努朱米的影响力，哈里发拒绝提供足够的补给，努朱米被迫在当地为他的军队寻找补给，要求那些疑似曾为土-埃政府提供补给的当地社区为他提供金钱、

---

① Holt, *The Mahdist State in the Sudan*, 196.
② Holt, *The Mahdist State in the Sudan*, 178.

第二章 饥荒和苏丹北方边境的形成（1883—1896）

粮食和动物。① 1886 年后期，为了进一步加强影响力，努朱米将驻地从柏柏尔搬到前栋古拉州首府乌尔迪。在随后的几年里，努朱米花费几年时间扩充军队，军队规模在 1889 年 8 月达到顶峰，有 5 000 名士兵和 8 000 名随军杂役。②

努朱米利用其日益扩大的军队向埃及发动军事攻击，破坏了边界的稳定。起初，努朱米部队的攻击仅限于小规模袭击尼罗河第二瀑布附近的埃及巡逻队。第一次冲突发生在 1885 年 10 月，努朱米的部队在埃及巡逻队经过时远距离开火。③ 1886 年 11 月初，努朱米在萨拉斯（Saras）设立了一个有 1 300 人的前沿哨所，然后利用这个哨所向埃及领土腹地发动攻击。④ 11 月 12 日，一支 200 人的马赫迪部队袭击了尼罗河上的一个村庄，该村庄位于瓦迪哈勒法埃及守军以北约 25 千米处。瓦迪哈勒法驻军的指挥官是德蒙莫希（R. S. de Montmercy）将军，作为回应，他派遣部队报复性袭击了马赫迪部队的一个军营。⑤ 经常性的越界战斗就此开始，在 1889 年 8 月以努朱米进攻埃及失败告终。

1885 年 10 月，在开罗的英国官员们以关闭尼罗河边境的贸易来回应努朱米的进攻性军事战略。这项新政策加剧了尼罗河第二瀑布以南地区的粮食不足状况，因为它切断了马哈斯和苏库特社区传统的进口粮食来源，而栋古拉生产的有限粮食又

---

① Shundi Pasha to Baring, January 23, 1887 FO407/70/58, NA.
② Holt, *The Mahdist State in the Sudan*, 175-9.
③ Egerton to Salisbury, October 12, 1885 FO407/67/38, NA.
④ *Report by R. H. De Montmorency* FO407/70/23, NA.
⑤ Grenfell to Baring, December 22, 1886 FO407/70/17, NA.

被努朱米的军队征用。关闭贸易的决定代表着英国对苏丹战略的转变。切断跨尼罗河贸易联系最初是埃及的内阁部长们在 1885 年 7 月提出的,一名英国官员后来回忆说,这是一种"让叛乱挨饿"的手段。① 但英国军官却认为贸易开放更有利,因为有用的情报将会与进口商品一起从苏丹向北传递。② 1885 年 8 月,在巴林的要求下,埃及总理努巴尔·帕夏(Nubar Pasha)给伊斯纳州的副州长下达命令,允许那些希望进行跨境贸易的人自由往来。③ 然而当努朱米在 1885 年 10 月开始攻击埃及巡逻队时,英国军官认为马赫迪部队正在从埃及方面获得供给,因而下令停止跨境贸易。④

日益恶化的粮食危机使得努朱米的追随者更深入地投身马赫迪运动。巴德利·巴比克(Babikr Badri)是 1880 年代末驻扎在边境的马赫迪士兵,他在回忆录中写道,1888 年初,努朱米的追随者越来越认识到饥饿是真正信仰的必要组成部分,开始将一些超自然现象归功于努朱米。一些追随者声称,在伊斯兰纪年 1305 年(即 1888 年 5 月至 6 月)的斋月(Ramadan)期间,努朱米给驻扎萨拉斯前线基地的骆驼肉在夜间突然发光,使得整个营地亮如白昼。巴德利回忆说,士兵和其他追随者"确信这是来自天堂的恩典"。当时的记录还有其他一些神奇的事情,例如马赫迪战士的长矛会发光,战场上敌人的尸体自动

---

① Egerton to Salisbury, July 27, 1885 FO407/66/68, NA.
② Grenfell to Watson, July 27, 1885 FO407/66/68, NA.
③ Circular Issued by Nubar Pasha to the Mudirs of Assiout, Kenah, and Esneh, August 13, 1885 FO407/66/155, NA.
④ Egerton to Salisbury, October 12, 1885 FO407/67/38, NA.

第二章 饥荒和苏丹北方边境的形成（1883—1896）

燃烧等。①

虽然边境上的敌对行动加剧，但开罗和伦敦的英国官员们一直设法寻求和平解决持续冲突的方法。1885 年 11 月，根据埃及高级专员亨利·德拉蒙德·沃尔夫（Henry Drummond-Wolff）的建议，英国内阁正式授权在开罗的英国官员们与马赫迪国家进行谈判。② 英国首相索尔兹伯里（Salisbury）勋爵最终在 1886 年 1 月 7 日③批准这一提议，但并没有立即沿着这个方向努力。1886 年 11 月，巴林派哈特米亚教派创始人的孙子奥斯曼·米尔加尼（'Uthman Taj al-Sirr al-Miirghani）接触马赫迪国家官员，试图打开英国政府与马赫迪之间的谈判通道。④ 这些谈判最终无功而返，那些在开罗和伦敦主张谈判的英国官员们因为埃及南方边境旷日持久的军事化而辞职。⑤

英国官员们随即集中精力加强他们在边境管理方面的作用。在从苏丹撤军后的几年里，英国主要通过英-埃政府军队发挥影响力，集中精力保卫边境，抵御马赫迪军队的攻击。英国在阿斯旺以南派驻了 1 700 名英军士兵，协助 1 500 名埃及军人守卫边境。⑥由于这些庞大的驻军，伊斯纳地区就由穆迪尔（Mudir，州长）和控制边境的埃及前线军官联合统治。⑦ 1888 年 5 月，因为双重管理导致的混乱，埃及军队中的

---

① Badri, The Memoirs of Babikr Bedri, 59 - 60.
② Salisbury to Wolff, November 10, 1885 FO407/67/102, NA. 194 Notes
③ Salisbury to Wolff, January 7, 1886 FO407/68/16, NA.
④ Stephenson to Smith, November 1, 1886 FO407/69/139, NA.
⑤ Jackson, *Halfa Province*, the Years of Waiting SAD466/16.
⑥ Jackson, *Halfa Province*, the Years of Waiting SAD466/16.
⑦ Baring to Salisbury, March 18, 1888 FO407/72/110, NA.

英国军官决定接管当地民政事务。他们把埃及最南端的伊斯纳州分为南北两部分，北部保留了伊斯纳的名称，继续由穆迪尔统治，对埃及内政部负责；南方地区，也就是从斯斯拉山区（Jabal al-Silsila）（阿斯旺北65千米）到萨拉斯（Saras）（瓦迪哈勒法南50千米）这一部分，被命名为边疆州，由约塞利·赫尼奇·沃德豪斯（Josceline Heneage Wodehouse）全权指挥。沃德豪斯是埃及军队的一名英国将军，是当时军队在边境的指挥官。

沃德豪斯立即着手改革当地政府。在接下来的几个月里，沃德豪斯用埃及军队中的英国军官替换了许多土-埃高级官员，用埃及士兵组建新警察部队。① 在此过程中，沃德豪斯建立了一个新的英-埃政府，由英国高级军官控制。② 新政府独立于大英帝国治理框架之外，是正式独立的埃及政府的一部分。作为埃及军队的一名军官，沃德豪斯对英国控制的埃及战争办公室负责，并不对英国外交部或战争部负责，③ 但会定期与开罗和伦敦的英国官员们讨论边境地区问题。

英国扩大影响力的同时恰逢边疆州农作物产量下降。1885年，成千上万的难民从马赫迪控制区逃难到此，加之英-埃政府驻军的扩张，这一切都增加了当地的粮食需求。与此同时，许多随主人一起逃难的奴隶发现，根据1877年签订的《英埃反奴隶制条约》，他们只要向英国军官声称自己是被带到埃及来出售

---

① *Memorandum by F. F. Grenfell* [n. d. May 1889] FO407/88/51, NA.
② Grenfell to Riaz Pasha, [n. d. May 1889] FO407/88/51, NA.
③ Grenfell to the Egyptian Minister of War, March 26, 1890 FO407/100/13, NA.

第二章　饥荒和苏丹北方边境的形成（1883—1896）

的就可以成功获得自由。① 边境地区的新解放奴隶日益增多，这激励那些埃及人拥有的奴隶通过逃跑加入埃及军队获得自由。由于边疆州的农场状况和栋古拉地区相似，大多依靠萨奇亚进行灌溉，奴隶劳动力的流失导致当地农业生产逐步下降。1888年，泛滥季的尼罗河洪水低于往年，这进一步减少了农业生产，一半的农田在随后的耕作年处于荒芜状态。鉴于糟糕的经济状况，边疆州的一个谢赫代表团于1889年5月提出，如果政府能提供另一种灌溉方式，他们将缴纳额外的税款。② 值得一提的是，尽管产量有所减少，但因为埃及军队为当地居民提供粮食，边疆州并没有发生饥荒。1886年初，埃及军队中的英国军官将边境沿线的粮食供应置于国家管理之下，以确保马赫迪军队不能从埃及领土进口粮食。官员们将边境附近农场收获的粮食集中放置于尼罗河谷的岛屿上，由政府统一监管。埃及军队随后承担了为当地居民提供食物的责任，③ 这一政策在随后的几年中得以延续。

萨纳特-西塔饥荒及其后果

整个1880年代后期，苏埃边境苏丹一侧的社区都遭遇了粮食不足问题。尼罗河第二瀑布以南的情况持续恶化，最终导致一场致命的饥荒，这就是后来成了民族集体记忆的"萨纳特-西

---

① Petition Submitted by Some Refugees of Dongola Province, at Assuan [n. d. August 1885] FO407/66/113, NA.
② Grenfell to Riaz Pasha, [n. d. May 1889] FO407/88/51, NA.
③ Grenfell to Baring, December 22, 1886 FO407/70/17, NA.

塔"（Sanat Sitta）饥荒。1880年代末，从西边的达尔富尔到东边的红海地区，饥荒影响了东北非的大部分地区，包括苏丹和埃塞俄比亚。根据学者们令人信服的论证，这场悲剧事实上是一系列具有明显区域性特定原因的独立灾害。亚历克斯·德·沃尔（Alex de Waal）的研究表明，达尔富尔地区的饥荒，就是由当地的马赫迪官员在与叛乱武装斗争中采取的策略所致，他一方面采取焦土政策惩罚当地叛军及其支持者，同时又征用粮食储备来供应他的部队。① 理查德·潘科赫斯特（Richard Pankhurst）和道格拉斯·约翰逊（Douglas Johnson）也同样强调，科尔多凡和马赫迪王国首都恩图曼周边的饥荒密切相关，但却与埃塞俄比亚同时发生的饥荒无关。埃塞俄比亚饥荒的起因是一场牛瘟，依赖牛耕的农业地区有90%的耕牛因之死亡。苏丹的饥荒很大程度上源于哈里发1888年发出的一道命令，他要求塔伊沙巴卡拉（Ta'isha Baqqara）牧民从西部科尔多凡的牧场迁移到首都恩图曼。从实际效果看，这些塔伊沙巴卡拉牧民们不仅在迁移过程中耗尽了途经地区的粮食，还因为尼罗河上的粮食储备无法满足因为他们到来而增加的供应需求，导致饥荒蔓延到了恩图曼。②

潘科赫斯特和约翰逊没有谈及造成苏丹饥荒的两个关联因素，即栋古拉地区农业生产力下降和贫困的农民从尼罗河第四

---

① Alex de Waal, *Famine that Kills: Darfur Sudan*, 2nd ed. (Oxford: Oxford University Press, 2005), 63.

② Richard Pankhurst and Douglas Johnson, "The Great Drought and Famine of 1888-92 in Northeast Africa," in The Ecology of Survival: *Case Studies from Northeast African History*, ed. Douglas Johnson and David Anderson (Colorado: Westview Press, 1988), 47-73.

第二章　饥荒和苏丹北方边境的形成（1883—1896）

瀑布迁移到恩图曼。在土-埃政府统治期间，栋古拉是喀土穆周边粮食市场的主要来源。然而到 1888 年，栋古拉已无力生产足够的粮食来满足当地的需要，这导致许多民众挨饿。不断发展的饥荒迫使许多栋古拉民众前往首都恩图曼求生，再加上当时应召而来的塔伊沙巴卡拉牧民，造成恩图曼当地对粮食的需求迅速增加。塔伊沙巴卡拉牧民与哈里发同族，在饥荒期间能够享受政府储备粮；① 来自栋古拉的民众要么自己购买粮食，要么依靠慈善。1888—1889 年，恩图曼粮食市场价格上涨，许多贫困的栋古拉移民饿毙街头。②

努朱米对苏丹日益恶化的粮食危机的反应是主动地进攻埃及。1889 年 5 月，努朱米率领大约 5 000 名士兵和 1 万名随军杂役，从乌尔迪沿着尼罗河向埃及边境行进。1889 年 6 月 28 日，努朱米的部队到达马图卡（Matuqa），北距驻守瓦迪哈勒法的埃及阵营几千米，努朱米命令部队穿越沙漠挺进阿斯旺以北近 40 千米的宾班（Binban）。部队在沙漠中行进缓慢，许多人在艰苦的跋涉中丧生。1889 年 8 月 3 日，努朱米的部队与埃及军队在图什基遭遇。装备精良的埃及军队很轻松地打败了饥

---

①　Holt, *The Mahdist State in the Sudan*, 192–197. Robert Kramer relays a report that stated that the Baqqara immigrants consumed the entirety of Umm Durman's grain reserve, totaling over 500,000 ardabbs. Robert S. Kramer, *Holy City on the Nile: Omdurman during the Mahdiyya, 1885–1898* (Princeton, NJ: Markus Wiener Publishers, 2010), 30.

②　See Rudolph Von Slatin, *Fire and Sword in the Sudan: A Personal Narrative of Fighting and Serving the Dervishes, 1879–1895*, translated by F. R. Wingate (London: Edward Arnold, 1896), 452–457; Francis Reginald Wingate, *Ten Years' Captivity in the Mahdi's Camp 1882–1892* (London: Sampson, Low, Marston and Co., 1892), 284–291.

饿疲惫的努朱米的军队。① 根据英-埃军事情报官员们的估计，努朱米的部队大约有15 000人，包括女人和孩子，其中有6 500人在进攻中死亡，2 500人逃离战场撤退到栋古拉，6 000人被埃及军队俘虏。②

马赫迪军队的这场毁灭性失败，既是战场战术失败的结果，也是苏丹持续饥荒的结果。努朱米的部队没有筹备好粮草就开始向埃及进军，希望富有同情心的埃及农民能够为穿越沙漠而来的马赫迪部队提供食物和水。③ 但他们事实上没有获得期待中的帮助。1889年5月，英-埃军官发现瓦迪哈勒法有商人向努朱米的远征军出售补给，就通过军事法庭判决商人阿卜德·贾巴尔沃德（'Abd al-Jabar Amwad）和易卜拉欣·穆罕默德（Ibrahim Muhammad）二人有罪并将其处决。④随后，英-埃政府官员们扩大了对粮食储备的控制范围，从边境附近扩大到边境和第一瀑布之间的所有粮食。1889年7月，沃德豪斯下令清除尼罗河西岸从阿布辛拜勒（Abu Simbal）到图什基的所有庄稼和居民，⑤由政府为这些国内流离失所的人提供食物，并建立粮食分配中心。⑥ 这些措施阻止了努朱米从临近的埃及地区取得粮食供应。此外，在收到努朱米军队前进的情报后，

---

① Holt, *The Mahdist State in the Sudan*, 178–183.
② Clarke to Salisbury, August 26, 1889 FO407/89/108, NA.
③ Holt, *The Mahdist State in the Sudan*, 179.
④ Intelligence Department, Egyptian Army, *Staff Diary and Intelligence Report, Frontier Field Force*, No. 187 (May 25 to 31, 1889), SAD.
⑤ General Officer Commanding in Egypt to Secretary of State for War, July 15, 1889 FO407/89/45, NA.
⑥ Intelligence Department, Egyptian Army, *Staff Diary and Intelligence Report, Frontier Field Force*, No. 191 (June 28 to July 21, 1889), SAD.

第二章 饥荒和苏丹北方边境的形成（1883—1896）

英-埃政府官员们增加了尼罗河上巡逻炮艇的数量，阻止努朱米部队从水路攻击。①事实上，在图什基战役爆发前两周内，数百名饥渴难耐的苏丹逃兵就涌入了埃及军营，②还有数百人在沙漠中丧生。③至于那些坚持在战场上与埃及军队交战的马赫迪战士，其身体状况因为食物和水源的匮乏而极度糟糕，并不能展开有效攻击。

努朱米军队的失败加剧而不是缓解了栋古拉、马哈斯和苏库特地区的粮食危机，撤退中的马赫迪战士洗劫了北方尼罗河流域沿岸的村庄。成千上万的民众被迫逃亡埃及寻求庇护，幸运地逃过了这场致命饥荒。④而事实上，当地的第二次大规模人口外流早在1889年5月努朱米的部队向下游进发时就已经开始了，努朱米部队被击败后每天进入埃及的难民人数更是急剧增加。⑤1889年5月，每天大约有10名苏丹难民越过边境进入埃及。而在努朱米军队战败后的几个月里，埃及军队的情报记录显示每天一般有50～550名难民抵达。⑥从

---

① General Officer Commanding Egypt to the Secretary of State for War, July 15, 1889 FO 407/89/45, NA.

② Clarke to Salisbury, July 7, 1889 FO407/89/16, NA.

③ General Officer Commanding in Egypt to Secretary of State for War July 11, 1889 FO407/89/30, NA.

④ Intelligence Department, Egyptian Army, *Staff Diary and Intelligence Report, Frontier Field Force*, No. 197 (August 25 to 31, 1889), SAD.

⑤ Intelligence Department, Egyptian Army, *Staff Diary and Intelligence Report, Frontier Field Force*, No. 183 (April 28 to May 4, 1889), SAD. Notes 195

⑥ Intelligence Department, Egyptian Army, *Staff Diary and Intelligence Report, Frontier Field Force*, No. 184 (May 5 to 11, 1889) to No. 213 (December 15 to 28, 1889), SAD.

1889 年 5 月到 1891 年 4 月，情报人员记录有超过 7 000 多名难民从马哈斯和苏库特穿越边境进入埃及。但实际的难民人数可能高于这一数字。①1890 年 1 月，一名埃及军官指出，1889 全年有 13 000 名难民抵达埃及。②但这也可能是一个被低估的数字，因为许多难民可能选择不向边境的军官申报难民身份。

难民潮一直持续到 1891 年 4 月，移民的特点在 1890 年 1 月之后开始发生变化。最初，难民只来自马哈斯和苏库特，而且是在谢赫的领导下整个村庄的成员一起迁移。1889 年 9 月 1 日，谢赫赛义德·阿瓦德（Said 'Awad）带领 395 名难民从穆加尔卡（Mugarka）迁移到埃及。两天后，至少 389 名难民在谢赫加伯·凯尔（Jabar Khair）、法德尔·艾哈迈德（Ahmad Fadl）、穆罕默德·谢里夫（Muhammad Sharif）、穆罕默德·阿里（Muhammad 'Ali）和巴德尔·丁·阿明（Badr Al-Din Amin）的带领下也来到了埃及。③ 1890 年初，来自马哈斯和苏库特的难民人数开始减少，来自栋古拉和柏柏尔的难民开始增多。这些难民从不同的村庄成群结队地迁移过来，也没有谢赫同行。在 1890 年 2 月 9—15 日，共有 24 名来自阿尔库、祖瓦拉（Zuwara）、马拉维（Marawi）和坎达克（al-Khandaq）的难

---

① See Intelligence Department, Egyptian Army, *Staff Diary and Intelligence Report, Frontier Field Force*, No. 184 (May 5 to 11, 1889) to No. 268 (August 9 to 21, 1891), SAD.

② Extract from an Intelligence Report by Bimbashi Duig, January 20, 1890 FO407/99/44, NA.

③ Intelligence Department, Egyptian Army, *Staff Diary and Intelligence Report, Frontier Field Force*, No. 197 (August 25 to 31, 1889), SAD.

第二章　饥荒和苏丹北方边境的形成（1883—1896）

民在没有谢赫带领的情况下进入了埃及。①

在官方报道中，在这一时期抵达埃及的苏丹难民中很少有奴隶。但埃及军方的情报文件显示，有一些奴隶在没有主人的情况下从马赫迪控制区逃到了埃及。1890年5月的一份军情报告明确记录了两拨苏丹奴隶的到来，他们分别属于马赫迪任命的埃米尔米尔加尼·达哈布（Mirghani Muhammad Suwar al-Dhahab）和奥斯曼·阿兹拉克（'Uthman Azraq）。② 这是唯一一份提及当时奴隶难民情况的情报文件，还有一些难民在当时的文件中被看作是操苏丹南方语言的成员。1890年6月初，两名丁卡人（Dinka）越境进入埃及。尽管丁卡人是加扎勒（Bahr al-Ghazal）地区传统掠奴区的当地居民，该报告仍然记录这些难民来自栋古拉的乌尔迪。③ 此外，这些情报文件把难民用"部落"和村庄编册列表，一些人被简单地记作"苏丹人"（Sudani），而这是英国军官经常用来指代奴隶的术语（见第五章）。1890年10月初的情报记录显示有119名难民抵达埃及，其中超过100人被记作柏柏尔的肯达克人（Khandak），少数人被记作栋古拉人，两个人被标记为丁卡人，此外还有1名"苏丹人"。④ 而在这些报告中，丁卡人和"苏丹人"之间的差异可

---

① Intelligence Department, Egyptian Army, *Staff Diary and Intelligence Report, Frontier Field Force*, No. 220 (February 9 to 15, 1890), SAD.

② Intelligence Department, Egyptian Army, *Staff Diary and Intelligence Report, Frontier Field Force*, No. 229 (May 11 to 17, 1890), SAD.

③ Intelligence Department, Egyptian Army, *Staff Diary and Intelligence Report, Frontier Field Force*, No. 233 (June 8 to 14, 1890), SAD.

④ Intelligence Department, Egyptian Army, *Staff Diary and Intelligence Report, Frontier Field Force*, No. 244 (September 28 to October 11, 1890), SAD.

能表达了这些难民的生活史差异。那些所谓的丁卡人，可能是长大后才沦为奴隶，还记得自己的出生地；而那些所谓的"苏丹人"，可能是在刚出生或很小的时候就沦为了奴隶，已经不记得自己原来的出生地。边疆州英-埃政府当局实施的政策致使第二波难民抵达埃及后继续陷入贫困状态。图什基战役前几个月抵达的难民被收留在沙勒（Shallal）的埃及军事监狱，与战俘和马赫迪逃兵一起处理。虽然沙勒监狱最多能够收押300名犯人，但到1889年7月底已经羁押了1 000多人。① 为了给新来的俘虏腾出地方，埃及军队在7月底释放了600名被拘留的妇女和儿童，允许他们在边疆州定居。边疆州的英-埃政府官员们随后决定，所有被军事情报人员确认为"无危险"的难民和战俘都将移交给埃及内政部门在下埃及安置。② 然而，内政部无法安置难民到其他地方，于是英-埃政府官员们从1889年9月开始就地安置难民。③ 官员们计划在边疆州为新难民们建立一个农业殖民地，提供必要的土地和资本开展农业生产。④ 该计划的第一步，就是从瓦迪哈勒法以北约30千米的政府土地中拨出500费丹土地重新安置600名难民。⑤ 因为没有其他可用的土地，大量苏丹难民被吸引到这个安置方案中。1889年9月

---

① Intelligence Department, Egyptian Army, *Staff Diary and Intelligence Report, Frontier Field Force*, No.194 (July 29 to August 13, 1889), SAD.

② Grenfell to Deputy Assistant Adjutant General, July 28, 1889 FO407/89/90, NA.

③ Maxwell to Wingate, September 28, 1889 SAD155/9, NA.

④ Intelligence Department, Egyptian Army, *Staff Diary and Intelligence Report, Frontier Field Force*, No.199 (September 8 to 14, 1889), SAD.

⑤ Intelligence Department, Egyptian Army, *Staff Diary and Intelligence Report, Frontier Field Force*, No.199 (September 8 to 14, 1889), SAD.

底，超过2 500名难民居住在那里，人均面积不足一平方米，根本无法耕种土地。① 男性难民被迫从定居点迁移到下埃及寻找工作，妇女、儿童和老人则继续留在难民营，② 难民们一贫如洗，生存条件恶劣，得不到任何的资助，只能依靠政府的粮食援助度日。③ 1890年9月底，居住在边境地区的部分难民向英-埃政府请愿，声称他们无法在当地养活自己，要求允许他们返回苏丹。④ 由于无法提供足够的粮食，英-埃政府官员们同意了这项请求，包括巴德利·巴比克在内的一些难民随后返回家园。然而大多数难民拒绝返回苏丹，继续靠政府援助留在埃及生活，直到1896年英-埃军队重新征服栋古拉、马哈斯和苏库特。⑤

栋古拉、马哈斯和苏库特的延迟恢复和转变

1880年代末的悲惨事件发生后，留守栋古拉、马哈斯和苏库特的社区并没有立即从萨纳特-西塔饥荒中恢复过来。马赫迪军队在图什基的失败并不意味着跨境袭击的结束。1890年代初，马赫迪军队设立的最北端的军事据点，距离埃及军队驻守

---

① Intelligence Department, Egyptian Army, *Staff Diary and Intelligence Report, Frontier Field Force*, No. 201 (September 22 to 28, 1889), SAD.
② Grenfell to the Egyptian Minister of War, March 26, 1890 FO407/99/100/13, NA.
③ Dormer to Stanhope, February 2, 1890 FO407/99/44, NA.
④ Intelligence Department, Egyptian Army, *Staff Diary and Intelligence Report, Frontier Field Force*, No. 244 (September 28 to October 11, 1890), SAD.
⑤ *Reports on the Province of Dongola*, 2.

的最南端军事据点萨拉斯约 240 千米。① 在 1896 年英国重新征服栋古拉之前,马赫迪军队和埃及军队一直利用这些前沿阵地侵入对方的领土。埃及军方的情报记录显示,马赫迪军队经常袭扰埃及边境城镇以及西部沙漠的绿洲和水井。② 这些报告还指出,上埃及地区不时流传马赫迪军队即将进攻的谣言。例如,在小股马赫迪部队 1891 年 10 月袭击阿姆巴库(Ambaku)和阿提尔(Atir)后,英-埃政府官员们报告说,当地流传着驻守在栋古拉的马赫迪军队正集结物资准备进攻的谣言。③

作为对马赫迪军队可能进攻威胁的回应,在埃及的英国官员们继续限制与马赫迪控制区的贸易往来。1889 年 9 月,他们成立了一个委员会,负责审查边境情况,成员包括军队司令官赫贝特·基钦纳、上埃及警察局长约翰逊(E A Johnson)和埃及内政部官员爱德华·埃利亚斯(Edward Elias)。该委员会得出的结论是,当地商人愿意为马赫迪军队提供武装,因此政府必须继续禁止尼罗河沿线的贸易。④ 根据该委员会的报告,巴林命令继续关闭瓦迪哈勒法和马哈斯以及苏库特之间的贸易往来。由于巴林倾向于政府应该尽可能少地干预商业事务,穿越东部沙漠的商贸路线被重新开放,允许阿斯旺与库鲁斯库(Kurusku)和阿布哈米德(Abu Hamid)开展贸易。但无论是哪条贸易路线,都禁止粮食出口到苏丹,目的是防止马赫迪部

---

① Baring to Salisbury, December 11, 1889 FO407/90/37, NA.

② See Intelligence Department, Egyptian Army, *Intelligence Report, Egypt*, No. 2 (May 1892) to No. 59 (August 28 to December 31, 1896), SAD.

③ Intelligence Department, Egyptian Army, *Staff Diary and Intelligence Report, Frontier Field Force*, No. 280 (December 6 to 13, 1891), SAD.

④ Grenfell to Baring, November 16, 1889 FO407/90/19, NA.

第二章 饥荒和苏丹北方边境的形成（1883—1896）

队从埃及得到粮食供应。①

贸易禁令阻止了栋古拉、马哈斯和苏库特等地社区从埃及进口粮食，外迁、战争和饥荒造成的劳动力短缺更进一步使这些社区无法恢复农业生产。虽然在马赫迪反叛期间这些地区土地使用变化的确凿统计数字没有保存下来，但通过对比1896年英国领导征服该地区后埃及军队完成的人口普查和1885年土-埃政府的税收账簿，还是可以评估马赫迪统治时期当地农业生产崩溃的程度。因为评估土地税的主要依据是土地上可以使用的萨奇亚的数量而不是耕种的范围或土地所有权的归属，土-埃政府的税收账簿准确记载了萨奇亚的数量。1897年的人口普查和1885年的税务账簿都统计了当地萨奇亚的数量，这些数字可以用来确定农业生产的大致范围。另一方面，1897年的人口普查之所以统计萨奇亚的数量，主要是因为英-埃政府官员们希望迅速扩大该地区的农业生产。在马哈斯和苏库特，萨奇亚的数量减少最多。从1885年到1897年，马哈斯的萨奇亚从680座减少到39座，苏库特的萨奇亚从528座减少到56座，栋古拉的萨奇亚从5 243座减少到1 450座。② 这些地区的农业灌溉完全依赖萨奇亚，萨奇亚的数量减少了75%，也必然会导致作物种植面积会相应减少。

在马赫迪反叛期间，留在栋古拉、马哈斯和苏库特的农民被迫放弃使用男性奴隶劳动力。如前所述，在叛乱爆发前夕，这些地区的农民主要使用男性奴隶来维持他们的萨奇亚正常运

---

① Baring to Salisbury, December 11, 1889 FO407/90/37, NA.
② *Reports on the Province of Dongola*, 2.

转。①在土-埃政府统治后期，如果每座萨奇亚操作需要8~10名男奴隶工作（正常运作所需的数量），②那么该地区在1885年就应该有5.16~6.45万名男性奴隶。1897年的人口普查显示，尼罗河第二和第四瀑布之间的地区共有1545座萨奇亚。如果按照1885年奴隶制度盛行时的工作标准，这些萨奇亚正常运转需要1.236~1.545万名男性奴隶劳动力，但人口普查记录显示奴隶的数量要少得多。③1897年的人口普查报告没有"奴隶"这一类别，但它确实把人口区分为了"本地人""阿拉伯人"以及"苏丹人"。在英国领导征服马赫迪国家后，英-埃政府的官员们被禁止在多数官方文件中使用"奴隶"一词，反而经常用"苏丹人"这个标签作为替代名称。1897年的人口普查统计只有5860名"苏丹人"，而"阿拉伯人"和"本地人"多达51886名。在5860名"苏丹人"中，男子1992人，妇女2957人，儿童1233人。如果仅仅依靠这1992名工人工作，就只能正常运转200~250座萨奇亚。即使所有被统计的"苏丹"男人、女人和儿童都在田地里劳动，也不可能有足够的人手运作1545座萨奇亚。这表明要么是萨奇亚没有完全运转，要么是自由人已经接管了萨奇亚的大部分工作。与此同时，1897年的人口普查统计数据显示，栋古拉、马哈斯和苏库特三地共有"本地人"男性18023名、女性22367名。④普查人员

---

① Spaulding, "Land Tenure and Social Class in the Northern Turkish Sudan," 9-11.
② *Reports on the Province of Dongola*, 3.
③ *Reports on the Province of Dongola*, 2.
④ *Reports on the Province of Dongola*, 7.196 Notes

第二章 饥荒和苏丹北方边境的形成（1883—1896）

指出，这些男性主要是老人或体弱多病者，可能不适合在田间工作。这表明，在 19 世纪的最后几年，自由的成年女性必然是维持萨奇亚运转的主要劳动力。

土-埃政府退出栋古拉、马哈斯和苏库特后引发的长时间粮食短缺和饥荒，彻底改变了这些地区的社会结构和经济模式。当地农民在土-埃政府统治时期建立的奴隶种植园经济在 1880 年代被废弃，成千上万的人前往埃及寻求庇护。农业产量下降，余粮也消耗殆尽。驻守该地区的马赫迪军队耗尽了本就不足的粮食供应，政府的军事能力也因此有所下降。而另一方面，管理埃及边境的英国官员们却从粮食不足中受益，他们建立了一个新的英-埃政府控制当地粮食生产。管理尼罗河流域边境地区的英-埃政府官员们知道粮食经济对于战略防御的重要性，希望通过持续的粮食不足，限制敌人的军事能力。与此同时，驻扎在红海边境的英国官员们认识到，饥荒还可以被用作一种进攻性武器，使处于抵抗状态的人们挨饿进而屈服投降。

第三章

红海粮食市场及英国的苏丹东部战略
1883—1888

第三章 红海粮食市场及英国的苏丹东部战略（1883—1888）

莫利诺（Molyneaux）是英国皇家海军"斯芬克斯"（Sphinx）号舰艇指挥官，他在1884年10月初沿着苏丹红海海岸而下，视察当地勉强维持的土-埃政府，并会见同盟的谢赫。马赫迪反叛一年多前就已经蔓延到这一地区，在当地埃米尔奥斯曼·迪克纳的领导下，参与反叛的谢赫们在打击埃及军队方面取得了一些重要胜利。在这次征程中，莫利诺会见了巴尼阿玛尔人（Bani Amar）首领阿里·比尔基特（'Ali Birkit），后者的许多追随者都加入了埃及军队，此刻被马赫迪军队包围在卡萨拉（Kassala）要塞中。阿里·比尔基特告诉莫利诺，结束苏丹东部和红海山区叛乱的唯一途径，就是用埃及军队占领并控制肥沃的陶卡尔（Tawkar）和加什（Qash）内陆三角洲，用英国海军封锁红海沿岸。莫利诺后来写道，这样做会断绝叛乱分子获得本地和外国的粮食来源，而没有粮食来源叛军就"无法生存"。① 莫利诺把这个建议转告给了英国舰队在地中海和红海的总司令约翰·海伊（John Hay）勋爵，但后者对此持反对态度，认为这是一种"非常可疑的政策"，会增加英国的债务。海伊勋爵后来告诉英国海军大臣："如果任何一个部落因饥饿而停止与我们的敌对，我想我们将不得不养活他们。"② 尽管遭到了英国海军的反对，在伦敦、开罗和萨瓦金港的英国官员们还是同意用饥饿来应对马赫迪军队，并使之投降。

从1885年到1888年，英国刻意在苏丹东部和红海山区引起粮食短缺，但没有产生多少实际效果。该计划的失败反映了英-埃新政府的相对软弱。在马赫迪反叛的早期阶段，英国官员们用英-埃政府取代了萨瓦金的土-埃政府，由埃及军队中的英国军官担任最高职位。与边疆州的英-埃政府官员们一样，萨瓦金的英-埃政府官员们也肩负着制定、实施遏制马赫迪国家战略的责任。边疆州的官员们专注于保护埃及免受马赫迪军队的进攻，在萨瓦金的英-埃政府官员们则认为，要保住自己的位置，就需要采取一种进攻策略将叛军驱赶到苏丹内陆。由于受到开罗和伦敦方面对政府开支和交战规则的限制，驻扎在萨瓦金的英-埃政府官员们不仅必须依赖他们的本土盟友，还必须依赖英国海军，希望后者阻止进口的粮食抵达海岸，进而最终抵达叛军营地。从实际效果看，尽管萨瓦金的英-埃政府至少在高级官员层面是一个纯粹的英国政府，萨瓦金的本土盟友也都愿意与英-埃政府合作，但英国海军官员们不仅认为这是一个糟糕的军

---

① Molyneaux to Hay, October 4, 1884 FO407/63/36, NA.

② Hay to Secretary of the Admiralty, December 1, 1884 FO407/63/279, NA.

第三章　红海粮食市场及英国的苏丹东部战略（1883—1888）

事策略，还认为英国海军在红海的巡逻任务就是结束当地的奴隶贸易，萨瓦金的英-埃政府却正在与臭名昭著的奴隶贩子结成战略同盟，因而拒绝与萨瓦金政府合作。

虽然英-埃政府对粮食生产和运输的操控并没有实现"饿死叛乱"的目标，但印度经过红海的海上粮食贸易对苏丹东部和红海山区的马赫迪叛军造成了影响。在 19 世纪中期红海国际粮食贸易市场出现之前，当地贝贾人（Bija）社区的粮食经常性盈余，其中大多销往阿拉伯半岛市场。然而在反叛之前的几十年里，贝贾人的农业生产逐渐萎缩，他们开始投入更大精力从事其他经济活动。因此，同国际粮食供应商保持贸易联系对许多贝贾人社区的粮食安全至关重要。他们在 1880 年代末与萨瓦金的英国统治者发展良好关系，就是为了保持与国际粮食市场联系的一个策略，参与马赫迪反叛则是出于同样目的的另一个类似策略。但事实上，马赫迪反叛侵蚀了许多游牧社区的资源基础，从根本上削弱了贝贾人社区，增加了这些社区应对粮食危机的脆弱性。

贝贾人是游牧的穆斯林群体，贝贾语（Tu-Badawi）是库施语（Cushtic）的一种，与埃塞俄比亚和非洲之角的语言相关。贝贾人有三个主要的亚族群，即艾姆拉拉（Amar'ar）、哈丹达瓦（Hadandawa）和比沙林（Bisharin）。这三个亚族群被细分为许多阿达（adat，传统上被翻译为"部落"的贝贾语单词），这些阿达又被细分为迪瓦（diwab，小的家庭联盟）。贝贾人主要居住在苏丹东部和红海山区的沙漠和半沙漠地带，当地的年降雨量不足 200 毫米。该区域的重要水源是巴拉卡河（Baraka）和加什河（Qash）。这两条河都发源于厄立特里亚高原，尽管一年中大部分时间都处于断流状态，但在雨季过后都会泛滥，分别流入陶卡尔（Tawkar）和加什（Qash）三角洲。这些内陆三角洲是这块干旱气候区仅有的主要农业区，在干旱时还是牧民们重要的储备牧场。① 因此，固定的土地使用权在历史上就一直对贝贾人的经济战略至关重要。事实上，人类学家在1980—1990年代研究贝贾牧民社区时发现，作为贝贾人重要社会组织的阿达和迪瓦都是围绕着传统的土地权利组织起来的。② 然而，在1880年代后期，由于英-埃政府官员们试图利用艾姆拉拉民兵组织来掠夺哈丹达瓦人的资源，传统上稳固的土地权利关系被打破，引发了大范围的粮食匮乏。

土-埃政府统治下的苏丹东部和红海山区

19世纪，随着土-埃政权向苏丹东部和红海山区扩张，贝贾社会经历了一系列变革。贝贾人社区此前曾成功抵制了被扩

---

① Gunnar M. Sørbø, "Systems of Pastoral and Agricultural Production in Eastern Sudan," in *The Agriculture of the Sudan*, ed. Gillian M. Craig (Oxford: Oxford University Press, 1991), 214 - 229.

② Leif Manger notes that "original claims to certain territories are significant inputs for identity definition." Leif Manger, *Survival on Meager Resources: Hadendowa Pastoralism in the Red Sea Hills* (Uppsala: Nordiska Afrikansitiutet, 1996), 83. Similar claims are made by a number of other scholars. See Anders Hjort and Gurdun Dahl, *Responsible Man: The Altmaan Beja of North-eastern Sudan* (Uppsala: Stockholm Studies Anthropology, 1991), 57; Frode Jacobson, *Theories of Sickness and Misfortune among the Hadandowa Beja of the Sudan: Narratives as Points of Entry into Beja Cultural Knowledge* (London and New York: Kegan Paul International, 1998), 24 - 25; Amal Hassan Fadlalla, *Embodying Honor: Fertility, Foreignness and Regeneration in Eastern Sudan* (Madison: University of Wisconsin Press, 2007), 33.

第三章 红海粮食市场及英国的苏丹东部战略（1883—1888）

张中的邻国吞并的厄运。1520年，萨瓦金港被奥斯曼帝国吞并，但在此后三个多世纪的时间里，萨瓦金周边的贝贾人不仅始终保持着自己的独立地位，还成功抵御了森纳尔丰吉素丹国的多次远征。① 1820年代初，土-埃政府对森纳尔的征服并没有立即改变苏丹东部和红海山区的政治局势，土-埃政府官员们最初愿意让贝贾人继续保持独立。这种情况在1830年代开始改变，土-埃政府越来越把贝贾人社区视为潜在的税收来源。第一次征税远征发生在1833年，因为贝贾人有组织的抵抗而失败。在接下来的几年里，贝贾人要么迁移他处躲避，要么偶尔地主动攻击，土-埃政府组织的数次远征也失败了。1840年，苏丹总督艾哈迈德·阿布·威登（Ahmad Abu Widan）正式将桀骜不驯的贝贾人纳入了土-埃政府的常规统治，具体措施包括在卡萨拉常驻军队，监禁了一些贝贾社区的谢赫，例如哈丹达瓦部落的谢赫穆罕默德·丁（Muhammad al-Din）。② 贝贾人的反抗遭遇了土-埃政府的长期暴力镇压，包括填井、屠杀牲畜、屠杀男丁、绑架妇女等。③ 1844年，贝贾人的反抗最终被平息，孱弱的东苏丹土-埃政府成立，主要是一群税务人员，驻守在卡萨拉、陶卡尔、萨瓦金、伊尔库维特（Irkuwit）、辛卡特（Sinkat）以及红海一些岛屿和小港口的军队为他们提供保护。④

48

49

---

① Andrew Paul, *A History of the Beja Tribes of the Sudan*, 2nd ed. (London: Frank Cass, 1971), 93.

② Andrew Paul, *A History of the Beja Tribes of the Sudan*, 2nd ed. (London: Frank Cass, 1971), 100.

③ D. C. Cumming, "The History of Kassala and the Province of Taka, Part I," *Sudan Notes and Records* 20 no. 1(1937):19.

④ Paul, *A History of the Beja Tribes*, 101.

在被并入不断扩张的埃及非洲帝国的过程中，苏丹东部地区的粮食经济也发生了根本性的变化。19世纪中叶之前，贝贾人社区主要从事畜牧业和商品化农业生产，多余的粮食大都出口到阿拉伯半岛市场。1812 年，约翰·路德维希·伯克哈特（John Ludwig Burckhardt）游历苏丹东部，他发现萨瓦金的商人经常购买加什三角洲的高粱运往吉达（Jidda）出售。据伯克哈特说，高粱是跨红海贸易的关键组成部分，每一艘驶离苏丹海岸的船只都装载高粱。[①] 虽然粮食贸易是贝贾人在19世纪初的一项重要经济活动，但他们在随后的几十年里逐渐放弃了农业生产，苏丹东部的粮食种植规模也下降了。到1860年代，纪尧姆·勒让（Guillaume Lejean）指出，加什三角洲仅剩 1/4 的耕地在进行日常农业生产。[②] 非洲红海沿岸其他地方的牧民社区在19世纪也同样减少了粮食种植规模。例如在19世纪初，牧民们在厄立特里亚沿海沿河地带种植的粮食在当地市场被视作上品，但到了19世纪的后 1/3 时段，当地的粮食生产已然不能自给，需要从马萨瓦（Massawa）进口粮食维持生计。[③]

非洲红海沿岸的牧民社区之所以放弃商业化粮食生产，就是为了应对红海贸易格局的变化。19世纪，由于埃及国家政策的影响，很多地区性的粮食贸易网络被整合成以埃及为主要供应方的统一的红海粮食市场。埃及参与红海粮食市场，主要

---

① John Lewis Burckhardt, *Travels in Nubia*, 2nd ed. (London: J. Murray, 1822), 397.

② Ghada Talhami, *Suakin and Massawa under Egyptian Rule, 1865 – 1885* (Washington DC: University Press of America, 1979), 39.

③ Jonathan Miran, *Red Sea Citizens: Cosmopolitan Society and Cultural Change in Massawa* (Bloomington: Indiana University Press, 2009), 89 – 91.

第三章 红海粮食市场及英国的苏丹东部战略(1883—1888)

是因为他们传统上要给汉志(Hijaz)的穆斯林统治精英们提供补助金。这些补助金开始于公元10世纪阿拔斯王朝的哈里发穆克塔迪尔(al-Muqtadir)时期①,目的是表达哈里发对穆斯林圣地监护者的虔诚和尊重。哈里发穆克塔迪尔时期的补助就是金钱,而从奥斯曼素丹时期开始,每年定期赠送汉志粮食7 000阿达布(ardabbs)②。穆罕默德·阿里是埃及的瓦利(Wali)人,他成功平息了19世纪早期汉志的叛乱,承担了每年提供资助的责任。为了扩大埃及的地区影响力,穆罕默德·阿里随后将赠送的粮食额度提高至18万阿达布,以便让汉-志的精英们有条件约束当地的游牧部落,保证前往麦加的朝觐者安全通行。③

与以往统治者通过陆路提供资助不同,穆罕默德·阿里从最靠近埃及尼罗河湾的红海港口古赛尔港(al-Qusair)运送资助。为了确保粮食商队从基纳(Qina)到古赛尔港的安全,埃及政府与沿途的谢赫们签订了协议。埃及政府新组建了一支红海舰队,拥有7艘三桅欧洲船和11艘单桅阿拉伯船,定期在古赛尔港和汉志之间运输粮食和货物。埃及东部沙漠商队通道的稳定以及古赛尔港口贸易设施的扩大,使得埃及和红海市场之间的私人融资粮食贸易变得更加庞大。④

---

① Duman Nurtaç, "Emirs of Mecca and the Ottoman Government of Hijaz, 1840 – 1908"(Master's Thesis: Bogaziçi University, 2005), 18.
② 苏丹的计量单位,具体数量在不同时期和不同地区有差别。在20世纪初期的喀土穆,1阿达布约等于144千克。
③ Karl Benjamin Klunzinger, *Upper Egypt: Its People and Products* (London: Blackie and Son, 1878), 272.
④ Klunzinger, *Upper Egypt*, 272 – 274.

在随后的几年里，贝贾牧民根本无法与有补贴的埃及粮食商贩开展竞争，因而把注意力转向沿海港口和内地之间商队贸易扩张所带来的新经济机会。艾姆拉拉和哈丹达瓦牧民为往返萨瓦金—柏柏尔、萨瓦金—卡萨拉路线的商人提供骆驼和向导。1880 年代初，每隔数月，①就有 500～1000 峰骆驼组成的商队从萨瓦金出发前往内陆地区，每峰骆驼每趟的费用是 7 个玛丽亚·特蕾莎·塔勒银币（Maria Theresa thaler）。② 沿路的谢赫向过境商人收取水井使用费，他们也从日益增长的贸易中获利。③

交换和出售牛、绵羊、山羊是贝贾牧民另一个财富来源。汉志牧民饲养的牛羊等牲畜本来就无法满足当地对肉类和奶制品的需求，每年大量穆斯林朝觐者的到来又扩大了这一需求，阿拉伯半岛皮革制品和家畜的价格因而比苏丹红海沿岸昂贵很多。伯克哈特指出，在吉达买一个羊皮水袋的钱甚至可以在萨瓦金买到一只羊。④ 随着 19 世纪下半叶蒸汽动力运输工具的发展，前往麦加朝觐的交通线路愈加便利，这进一步增加了阿拉伯半岛对牧产品的需求。此外，苏伊士运河开通后沿线贸易的

---

① David Roden, "The Twentieth Century Decline of Suakin" *Sudan Notes and Records*, 51(1970), 4.

② Paul, *A History of the Beja Tribes*, 106. 玛丽亚·特蕾莎·塔勒（Maria Theresa thaler）银币，1773 年始铸于奥地利根茨堡（Gunzburg）造币厂。由于制作精美，质量稳定，很快流行全欧及世界各地，成为最著名的非官方贸易银元和币制欠稳定时能够被共同接受的银币。1780 年玛丽亚·特蕾莎逝世后，这一银币仍在世界各地大量生产，币上的年号始终是 1780 年。估计 200 年来其生产总数已超过 8 亿枚。地中海东岸诸国及北非红海沿岸直到 20 世纪初仍流通着玛丽亚·特蕾莎银币。本文简称为塔勒（银币）。

③ Paul, *A History of the Beja Tribes*, 101.

④ Burckhardt, *Travels in Nubia*, 396-8.

第三章　红海粮食市场及英国的苏丹东部战略（1883—1888）

扩张也为贝贾人的畜产品创造了一个新市场，到1880年代初，每年有数百头牛羊从萨瓦金出口到苏伊士港。①

19世纪，非洲红海沿岸其他地方的牧民社区，也同样从生产粮食转移到饲养用于交易的牲畜。在19世纪末，厄立特里亚说萨豪语（Saho）和提格雷语（Tigre）的牧民们，经常在区域性市场或马萨瓦出售肉类、黄油和兽皮，购买进口的烟草、布料和粮食。② 同时，索马里（Somali）牧民们在沿海市场进行物物交换，用动物（包括皮、肉和黄油）和未加工的原料（如树胶和象牙）换取粮食和布匹，更重要的是，一些社区扩大了和英国政府在亚丁（Aden）的贸易。③

随着当地粮食种植面积的减少，红海市场与其他粮食产区之间的贸易联系日益加强。在1840—1880年之间，每年在吉达停靠的大型船舶数量从20艘增加到300艘，其中许多船从印度和波斯湾运来粮食。④ 1864年，埃及发生饥荒，赫迪夫伊斯梅尔随即将对汉志的粮食补贴减少到每年不到24 000阿达布，销往红海市场的埃及粮食价格因之在19世纪晚期始终处于高位，加之同期从基纳到古赛尔港口的陆路运输成本也逐渐升高，

---

① Josiah Williams, *Life in the Soudan: Adventures amongst the Tribes and Travel in Egypt in 1881 and 1882* (London: Remington, 1884), 102.

② Miran, *Red Sea Citizens*, 91.

③ These pastoralists supplied an estimated 500,000 sheep and goats per annum to Aden in exchange for grain. Abdi Ismail Samatar, *The State and Rural Notes 197 Transformation in Northern Somalia, 1884 – 1986*, (Madison: University of Wisconsin Press, 1989), 27.

④ Muhammad Al-Sha'afi, *The Foreign Trade of Juddah during the Ottoman Period, 1840 – 1916* (Saudi Arabia: King Saud University, 1985), 50 – 55.

红海市场的埃及粮食无法再与越来越多的印度和伊拉克同类产品竞争。①

在马赫迪反叛之前，贝贾人社区主要依靠粮食进口来满足他们的基本生存需求。自19世纪后期以来，相关统计数据通常很少甚至没有，因此只能结合现存的历史记录进行推断。在1890年代，根据萨瓦金的英国官员们估计，1阿达布的高粱通常可以供养360个人一天或大约1个人一年。②1903年，英国官员们估计苏丹东部和红海山区的人口约为14万。③同年，英国官员们还声称，该地区在马赫迪反叛前的人口大约为80万。④尽管一些学者怀疑这个数字被夸大，但官方的统计数字仍然表明，该地区在1880—1890年代确实经历了人口的急剧萎缩。栋古拉大约75%的人口在马赫迪反叛期间逃离或死亡，苏丹东部和红海山区的人口减少程度可能低于这一数字。但即便苏丹东部和红海山区的人口只减少了1/3，当地在1880年代早期的粮食产量也不足以满足需求。如果该地区人口在马赫迪反叛前夕约为21万，那么当地对粮食的需求每年就约为21万阿达布，而当地根本不可能生产这么多的粮食。

由于早期的统计数据不完整或根本就没有，要评估19世纪当地的粮食产量，就只能用20世纪大规模农业发展计划实施之前英-埃政府编制的统计数据。从历史上看，苏丹东部和红海山

---

① Kluzinger, *Upper Egypt*, 275.
② Kitchener to Portal, July 22, 1890 FO407/101/13, NA.
③ Reginald Wingate, "Memorandum by the Governor-General," in Reports on the Finances, *Administration and Condition of the Sudan*, 1903 (*RFACS*), Volume 2(1903), 3, SAD.
④ Ibid.

第三章 红海粮食市场及英国的苏丹东部战略(1883—1888)

区的降雨量一般不足以支撑农业生产,当地的农业生产只限于陶卡尔、加什三角洲、贾贝尔乌迪(Jabal Udi)和辛卡特附近一些零散的小山谷。加什三角洲位于萨瓦金以西400千米处,在运河工程开挖之前的农业生产地区面积约7万费丹。① 20世纪初,英-埃政府的官员们曾经指出,这个区域每年仅有1万~2万费丹土地适于农业生产,其余的灌溉区域覆盖着茂密的森林,当然这也表明耕地面积比上代人时期保持稳定。官员们同时还估计,这一地区每年的高粱产量在1.5万~3.5万阿达布之间。②陶卡尔三角洲的北方边缘在萨瓦金西南大约90千米处,每年的洪水量变化很大。根据英-埃政府官员们在20世纪初的估计,陶卡尔三角洲地区平均每年有2.5万~4万费丹的土地能够得到足以支持粮食生产的灌溉。③20世纪初,官员们估计苏丹的平均高粱产量为每费丹2万~2.5阿达布,④陶卡尔三角洲的高粱产量估计有5万~10万阿达布。同样,苏丹东部零散山谷和红海山区估计每年生产高粱0.7万~2.2万阿达布。⑤这些估计数据表明,19世纪后期,苏丹东部和红海山区的高粱总产量可能为每年7.2万至15.7阿达布,相当于当地需求的1/3~2/3。当地粮

---

① Irrigation from the River Gash, SAD185/1/83-98.

② C. C. Balfour, Note on the Growth of Dura in the Gash Delta with Reference to the Terms of Agreement with the Kassala Cotton Company, May 3, 1923 CIVSEC2/8/30. National Records Office, Khartoum (NRO).

③ Notes on Khor Baraka and Its Delta Around Tokar Prepared by the Inspector General of the Sudan Irrigation Service, January 1, 1913, SAD185/1/2-9. 1 faddān = 4 200 m2.

④ Notes on Dura SAD602/4/30-41. In late nineteenth- and early twentiethcentury Sudan, one ardabb of dhura equaled roughly 144 kg.

⑤ Ibid.

食需求的不足部分只能从统一的红海粮食市场进口。

在1870年代末和1880年代初期，当地的粮食产量可能低于上述估计，因为贝贾牧民被禁止在陶卡尔三角洲种植高粱。1865年，奥斯曼素丹将萨瓦金和马萨瓦的控制权交给了赫迪夫伊斯梅尔。在接下来的15年里，伊斯梅尔试图以经济活跃的红海港口作为基地，将苏丹东部和红海山区发展成为一个重要的棉花出口地区。土-埃政府官员们随后将棉花种植引入陶卡尔和加什三角洲，并在萨瓦金建立了一家轧棉厂。①贝贾人拥有这些肥沃地区，他们抵制政府对当地农业生产的干预。作为回应，土-埃政府官员们禁止他们在陶卡尔三角洲种植高粱，并动用军队确保民众遵守新的农业法规。②强迫民众将传统上用来种植高粱的土地重新改造来种植棉花，这虽然在当时并没有引发苏丹东部和红海山区的粮食危机，但它加剧了当地对进口粮食的严重依赖，而这种依赖后来影响了马赫迪运动的进程。

叛乱向东蔓延

1883年，奥斯曼·迪克纳将马赫迪军队的圣战带到了苏丹东部和红海山区。③迪克纳1840年出生于萨瓦金的一个商人家

---

① See Talhami, *Suakin and Massawa under Egyptian Rule*, 1865-1885.
② Paul, *A History of the Beja Tribes*, 103.
③ Peter Malcolm Holt, *The Mahdist State in the Sudan, 1881-1898: A Study of the Origins, Development and Overthrow*, 2nd ed. (Oxford: Clarendon Press, 1970), 82.

第三章 红海粮食市场及英国的苏丹东部战略（1883—1888）

庭，他的父亲是 16 世纪晚期驻守萨瓦金的库尔德（Kurdish）士兵的后裔，母亲是哈丹达瓦部落的比沙里亚布人（Bishariyyab）。迪克纳对土-埃政府的不满早在他对马赫迪的教义感兴趣之前就开始了。1877 年，英国海军在一艘跨越红海驶往吉达的贩奴船上逮捕了迪克纳，并将他交给萨瓦金州政府短暂羁押。迪克纳因为入狱收监而财务破产，他于是把自己的贫穷归咎于政府。当阿拉比起义在埃及爆发时，迪克纳也试图在苏丹东部煽动一场联合起义，但因为应者寥寥，他最终在其他萨瓦金商人的压力下被迫流亡。迪克纳随后前往阿巴岛，在那里他成为了马赫迪的早期追随者。迪克纳参加过马赫迪 1882 年对欧拜伊德（al-Ubayyid）的围攻，随后被任命为贝贾地区的埃米尔，受命到苏丹东部发动圣战。①

　　迪克纳的武装号召受到贝贾社会某些阶层的欢迎，特别是哈丹达瓦牧民。苏丹东部在早期对马赫迪运动的广泛支持主要源于当地的一些特殊情况。长期以来，哈丹达瓦牧民一直对土-埃政府在 1840 年代对他们的打压耿耿于怀。在接下来的几十年里，土-埃政府官员们在征税之外还经常要求牧民们无偿运输政府货物，贝贾人的怨恨情绪继续加深。在 1880 年代，官员们虽然不再要求贝贾牧民们无偿运输政府货物，但仍然在经济上剥削他们。例如在迪克纳返回苏丹东部的 1883 年，土-埃政府官员们与哈丹达瓦的谢赫们联系，让牧民们为埃及军队运送粮食，每峰骆驼支付 7 个塔勒，其中包含支付给谢赫们的每峰骆驼 1

---

① See the entry for 'Uthman Abu Bakr Diqna in Hill, *A Biographical Dictionary of the Sudan*, 367-368.

个塔勒。①

贝贾人对土-埃政府的积怨很快就被转化为对马赫迪圣战的支持。塔希尔·塔伊布·马吉德哈普（al-Tahir al-Tayyib al-Majdhub）是苏非派马吉德哈比亚（Majdhubiyya）教团的精神领袖，长期以来一直不满土-埃政府支持哈特米亚（Khatmiyya）教派的米尔加尼（al-Mirghani）家族。② 当马吉德哈普在1883年初宣布接受马赫迪后，一些哈丹达瓦部落的谢赫也公开宣誓支持马赫迪和他指派的埃米尔迪克纳。这些谢赫们利用他们在柏柏尔-萨瓦金商道上的位置，阻断了红海沿岸和尼罗河流域之间的交通。③ 在接下来的两年里，迪克纳和支持他的贝贾人取得了许多决定性的胜利，接管了许多土-埃政府的要塞。到1885年夏天，埃及军队仅存的军事要塞就只有红海沿岸的萨瓦金港和阿基克港（'Aqiq）。④

为了应对马赫迪反叛在苏丹东部和红海山区的蔓延，在开罗的英国政治顾问和军官开始加强对当地的控制。起初，英国官员们试图协助苏丹东部和红海山区的土-埃政府打击迪克纳及其支持者，然而当地土-埃政府官员们却希望尽量减少英国对当地事务的干预，具体情形与边疆州类似。驻扎在红海沿岸的英国官员和当地土-埃政府官员之间冲突频仍，这导致英国方面决心取代土-埃政府，先是建立完全的英国政府，后来是英-埃联合政府。1883年11月，应驻埃及代表巴林的要求，皇家海军

---

① Paul, *A History of the Beja Tribes*, 103–106.
② Holt, *The Mahdist State in the Sudan*, 82.
③ Moncrieff to Baring, November 4, 1883 FO407/28/276, NA.
④ Holt, *The Mahdist State in the Sudan*, 166.

第三章 红海粮食市场及英国的苏丹东部战略（1883—1888）

命令在红海的高级军官威廉·赫维特（William Hewett）少将率领汽船停靠萨瓦金港，① 因为叛乱分子已经开始在港口附近发动小型突然袭击。② 苏莱曼·尼亚齐（Sulaiman Niyazi）是苏丹东部埃及军队的指挥官，他声称对辖区内的所有英国军事和海军人员拥有最高权力。③ 英国人对此提出抗议，赫迪夫在1884年初召回了尼亚齐。这一插曲让身在开罗和萨瓦金的英国官员们得出结论，土-埃地方政府既无力保护萨瓦金免受叛军的袭击，同时还是个靠不住的盟友。1884年2月8日，应巴林的另一项要求，英国外交部将萨瓦金的全部军事和民事权力移交给了在当地的英国官员。④ 1884年2月9日，赫维特少将从萨瓦金港登陆后宣布戒严，解散土-埃政府并辞退政府官员，接管财政部，在接下来的几天里任命英国领事官员和海军军官担任关键岗位，包括副州长、警察局长、卫生检查员、港务局长和机械主管等。但新成立的英国政府对萨瓦金港的管理只是暂时举措，官员们接到命令不得将萨瓦金港并入英国管辖，同时被告知他们是在为赫迪夫坚守这座城市。⑤

弗雷德里克·斯蒂芬森（Frederick Stephenson）将军是占领埃及的英军指挥官，为了加强赫维特新政府，他派遣杰拉尔德·格雷厄姆（Gerald Graham）少将率领三个营的英军去解救被围困在苏丹东部和红海山区的埃及军队。格雷厄姆的任务取

---

① Granville to Baring, November 22, 1883 FO407/28/293, NA.
② Wylde to Baring, December 4, 1883 FO407/28/400, NA.
③ Darwall to Hewett, December 10, 1883 FO407/28/449, NA.
④ Baring to Granville, February 8, 1884 FO407/60/282, NA.
⑤ Hewett to Baring, February 13, 1884 FO407/60/525, NA.

得了部分成功。三月初，英军在陶卡尔、塔迈（Tamai）和辛卡特击败了哈丹达瓦军队，迫使迪克纳和他的追随者从红海山区撤退，一些摇摆不定的谢赫进入萨瓦金并宣称效忠新政府。① 但迪克纳的追随者仍然占领柏柏尔-萨瓦金公路，继续围困卡萨拉。此外，格雷厄姆接到指示，他及部下不能离开要塞进驻内陆地区，这导致英军在撤退后无法阻止迪克纳及其追随者建立新的营地或重新占领旧营地。

当赫维特和格雷厄姆还在创建和维护萨瓦金的新一届英国政府时，在开罗和伦敦的英国官员们已经着手讨论萨瓦金港口的未来。有些人想把港口正式并入大英帝国，② 有人想把它归还给赫迪夫，③ 还有一些人想把它交给奥斯曼素丹。④ 同样，对于苏丹东部的政治前途也没有达成共识，有些人寻求让赫迪夫放弃该地区，另一些人则希望维持当地土-埃政府的统治。⑤ 在没有解决这场辩论的情况下，在开罗的英国官员们决定把萨瓦金的控制权移交给赫伯特·切姆赛德（Herbert Cherrmside），他是一名英国将军，在"阿拉比起义"后被调派到埃及军队。1884年3月，切姆赛德被赫迪夫正式任命为红海地区总督，以英-埃新政府取代萨瓦金赫维特的英国政府，类似于1888年沃德豪斯在边疆州建立的政府。在萨瓦金的英-埃新政府中，切姆赛德任命埃及军队中的英国军官出任所有重要的高级

---

① Baker to Granville, March 23, 1884 FO407/60/767, NA.
② Baker to Baring, January 8, 1884 FO407/60/219, NA.
③ Baring to Granville, December 22, 1883 FO407/28/411, NA.
④ Granville to Dufferin, March 8, 1884 FO407/60/626, NA.
⑤ *Memorandum by Lieutenant Colonel Sir C Wilson* [n.d. February 1884] FO407/60/468, NA.

第三章　红海粮食市场及英国的苏丹东部战略（1883—1888）

职位。

在接下来的几年里，伦敦的英国政界人士对英-埃政府实施的政策，就是将马赫迪反叛从当地民众与殖民政府之间的斗争转变为本土社会各阶层之间的内战。1884 年 3 月 21 日，英国外交大臣格兰维尔勋爵指示萨瓦金的英-埃政府"花一些钱在谢赫身上，以达到诱导别人跟进的目的"，"给他们必须留下这样的印象：打通通往柏柏尔公路的目标就是为了贸易和旅行畅通。这条路可以分成几段逐步开通，任何谢赫只要参与建设就会得到相应的补助"。①格兰维尔明确指示新成立的英-埃政府官员们，未来的所有军事战略都必须包括艾姆拉拉部落法德莱伯（Fadlab）部族谢赫马哈茂德·阿里（Mahmud 'Ali）。马哈茂德·阿里以前曾担任哈马德·马哈茂德（Hamad Mahmud）谢赫的瓦基尔（wakil，代理人），后者是艾姆拉拉部落的纳齐尔（nāẓir，谢赫首领），此前的土-埃政府承认他是柏柏尔-萨瓦金沿线的谢赫领袖。作为哈马德谢赫的瓦基尔，马哈茂德·阿里负责为商队安排骆驼，收取道路使用费，他的收入和个人财富直接与萨瓦金的英-埃政府和国际贸易息息相关。②

切姆赛德反对这一政策，他认为将谢赫作为盟友可能会阻止政府与运动组织者和解。③尽管如此，在 1884 年 3 月下旬，

---

① Granville to Baring, March 21, 1884 FO407/60/746, NA.

② *Memorandum by Major Chermside Respecting the Situation of Affairs at Suakin and the Proposed Measures to be Taken to Open the Berber Road*, March 29, 1884 FO407/61/61, NA.

③ Ashburnham to Egerton, May 9, 1884 FO407/61/282, NA. 198 Notes

切姆赛德还是与马哈茂德·阿里和一些谢赫同盟组成了一个防御联盟，共同抵御马赫迪军队的进攻。① 马哈茂德·阿里立即采取行动，以牺牲联盟为代价扩大他在当地的影响力，增加他对英-埃新政府的战略价值。1884年4月初，未经切姆赛德的许可和指示，马哈茂德·阿里召集了一支300人的民兵武装在陶卡尔袭击了迪克纳追随者的牛群。② 切姆赛德发现后命令归还牛群，并敦促伦敦和开罗允许解散马哈茂德·阿里的民兵武装。③ 外交大臣格兰维尔认为艾姆拉拉的民兵可以从马赫迪部队围困的喀土穆协助拯救戈登，因此他拒绝了切姆赛德的要求，并命令他继续支持马哈茂德·阿里。④ 第二年，英国外交部任命弗里曼特尔·亚瑟（Arthur Freemantle）少将出任萨瓦金的政治官员，命令他支援艾姆拉拉对迪克纳及其追随者的攻击行动。弗里曼特尔奉命向任何愿意征服和统治苏丹东部的艾姆拉拉谢赫提供军事援助、物资补给和现金津贴。⑤ 马哈茂德·阿里投桃报李，立即回应弗里曼特勒的提议，再次提议代表英-埃政府进行突袭，他的民兵组织于1885年4月12日发起了一系列得到英国外交部支持的袭击行动。⑥

对马哈茂德·阿里及其追随者来说，与英-埃政府保持良好关系对维持粮食进口至关重要。马赫迪反叛的爆发导致萨瓦金

---

① *Memorandum by Major Chermside Respecting the Situation of Affairs at Suakin and the Proposed Measures to be Taken to Open the Berber Road*, March 29,1884 FO407/61/61, NA.

② Ibid.

③ Egerton to Granville, May 20,1884 FO407/61/296, NA.

④ Granville to Egerton, May 22,1884 FO407/66/309, NA.

⑤ *Draft Instructions for Political Officer at Front* FO407/65/212, NA.

⑥ Graham to Hartington, April 22,1885 FO407/65/212, NA.

第三章 红海粮食市场及英国的苏丹东部战略(1883—1888)

和尼罗河流域商队贸易中断。1884年,苏丹通过萨瓦金出口的商品价值从之前的年均13万英镑降至约1万英镑。1885年,萨瓦金与苏丹内地的贸易完全停止。① 由于无法从贸易中获利,马哈茂德·阿里和他的追随者开始寻求发战争财。根据英国外交部的具体命令,英-埃行政当局付钱给马哈茂德·阿里,为其提供武器弹药以及包括进口粮食在内的物资补给,帮助后者维持民兵组织并攻击马赫迪军队营地。从1884年9月至1886年4月,英-埃政府付给马哈茂德·阿里及其追随者共计5 000英镑的薪金和津贴。② 马哈茂德·阿里的民兵武装继续从叛军营地掠夺财物从中获利。③ 在1885年4月12日的突袭之后,马哈茂德·阿里把几只羊、一峰骆驼和所有俘虏交给了英-埃政府,但保留了其余的战利品,包括一些被绑架的妇女。④

马赫迪军队也继续依赖进口粮食,他们绕过英-埃政府控制的区域建立贸易联系。尽管萨瓦金与苏丹内陆的直接贸易在1884年就已经停止,但马赫迪军队通过苏丹红海沿岸的众多天然港口继续进口印度粮食。1885年夏天,皇家海军格拉普勒号(Grappler)抓捕了赛义德·巴伊亚(Sayyid Bahia),英国官员们随即意识到马赫迪军队经常用苏丹奴隶交换粮食。巴伊亚是一名吉达商人,被抓捕时正在军队营地附近的希纳布(Shinab)卸载粮食。巴伊亚在法庭上承认当时正在向希纳布附近的马赫

---

① Consul Reports. Suakin. Commercial, No. 6, Part 3 (C4657, 1886), 215.
② Watson to Baring, April 16, 1886 FO407/68/141, NA.
③ Chermside to Wood, May 18, 1884 FO407/61/459, NA.
④ Graham to Hartington, April 22, 1885 FO407/65/212, NA.

迪军队出售 317 麻袋高粱,而他之前已经出售了 142 麻袋。① 对希纳布的检查发现了许多成堆的粮食和许多套度量器具,格拉普勒号船长断定希纳布已经成为一个主要的粮食市场。② 虽然英-埃政府官员们随即关闭了这个市场,驱离了马赫迪军队,但负责购买粮食的军队负责人奥努尔(Onur),仍然继续在附近的沿海地区寻找贸易机会。③

饿死叛乱

在发现叛军经常性地直接从吉达进口粮食后,英-埃政府官员们采取了一项军事战略,目标是在苏丹东部和红海山区引发粮食短缺,进而使萨瓦金市场成为当地唯一的粮食来源。这些官员们认为,这一战略将打破反叛团体和马赫迪国家的联盟。如果得不到粮食供应,苏丹东部的马赫迪军队将被迫撤退到萨瓦金以西 400 多千米的加什三角洲,当地民众则会面临两种选择:要么与英-埃政府达成协议,从政府控制的粮食储备中购买粮食,要么饿死。但这一战略违反了英国高级官员从伦敦发出的命令。1886 年,即赫伯特·基钦纳被任命为红海地区总督后不久,巴林就给他写了一封信,明确规定了政府行动的限制。巴林指示基钦纳不要重新征服苏丹东部那些失去的领土,要"确保(埃及政府)实际拥有边界的和平与安宁",在打击

---

① Deposition, August 25, 1885 FO407/66/191, NA.
② Cochran to Jones, September 10, 1885 FO407/67/16, NA.
③ Watson to Nubar, June 10, 1886 FO407/88/79, NA.

第三章 红海粮食市场及英国的苏丹东部战略（1883—1888）

奴隶贸易的同时鼓励合法贸易，尽可能减少政府支出。① 虽然英-埃政府官员们在制造粮食短缺的同时违抗命令，阻碍合法贸易，与大奴隶贩子结成正式联盟，抬升了相对和平时期的敌对行动，但他们非但没有因为违抗命令而受到惩罚，反而常常因为他们的行为而得到奖励。1888年，基钦纳在率军进攻苏丹东部内地的叛军营地时受伤，维多利亚女王（Queen Victoria）任命他为侍从武官，并将其晋升为荣誉上校（Brevet Colonel）。②

出于政治因素考量，英国政界人士并没有指责在苏丹的英-埃政府官员们，索尔兹伯里政府更是公开否认在苏丹事务中发挥过管理作用。在1885和1886年保守党赢得议会选举后，英国内阁的部长们宣称，以萨瓦金为基地的英-埃联合政府是埃及总督政府的一部分，只对埃及赫迪夫及其政府负责。詹姆斯·弗格森（James Ferguson）是外交事务副大臣，他在1888年12月15日回应下议院反对派的一系列问题时表示，红海地区总督是埃及总督的代理人，英国内阁不会直接联系埃及政府内部的英国官员们，包括在埃及军队和英-埃政府部门的英国官员们。③ 英国内阁的命令必须通过巴林传达给英-埃政府，而且只能像巴林所描述的那样是"半官方"。④ 但事实上，英国内阁部

---

① Baring to Kitchener, January 15, 1887 FO407/70/36, NA.
② George Cassar, *Kitchener: Architect of Victory* (London: William Kimber, 1977), 57-8.
③ 331 House of Commons Debates 3s., December 15, 1888, col. 341-345.
④ Baring to Salisbury, February 19, 1887 FO407/70/80, NA.

长们一直影响着英-埃政府的政策。①

在希纳布发现了马赫迪军队的巨大粮食市场后,英-埃政府官员们随即请求英国政府命令英国海军封锁从阿基克港到希纳布的粮食贸易。② 1885 年 10 月初,英国海军发布了有关粮食禁运的新命令,这些新命令在 1877 年公约的基础上增加了英国海军在红海上的行动权力,但就像长期以来禁止奴隶贸易的命令一样,只适用于海上行动。③ 在 1877 年英国和埃及签署的禁止奴隶贸易公约中,第六条赋予了英国海军许多权利,包括登船、搜索,抓捕在红海、亚丁湾以及沿着非洲东海岸从事奴隶贸易的埃及船只等。1885 年后,英国海军军官可以登上停泊在港口的船只,但仍被禁止在苏丹境内登陆。

为了提高海上封锁的有效性,英-埃政府官员们派出马哈茂德·阿里和他的民兵进行了多次远征,目的是限制叛军开展粮食贸易的能力。在其中一些突袭行动中,马哈茂德·阿里的民兵武装劫掠了大量的牛、骆驼和奴隶,减少了哈丹达瓦营地的财富。其他远征的重点是破坏哈丹达瓦叛军和吉达之间的粮食贸易。1886 年 5 月,查尔斯·沃森(Charles Watson)被任命为红海地区总督(只担任了几个月),他派遣马哈茂德·阿里的

---

① Baring to Kitchener, January 15, 1887 FO407/70/36, NA.

② "Convention between the British and Egyptian Government for the Suppression of the Slave Trade Signed August 4, 1877" reprinted in *Correspondence with British Representatives and Agents Abroad, and Reports from Naval Officers Relating to the Slave Trade* (C2319, 1878), 30-33.

③ Hay to Secretary of the Admiralty, October 13, 1885 FO407/67/56, NA.

第三章　红海粮食市场及英国的苏丹东部战略（1883—1888）

民兵去抓捕负责在北方沿海地区购买粮食的奥努尔。① 5月22日，民兵武装抓住了奥努尔，马哈茂德·阿里将他移交给政府，但截留了缴获的大量粮食和武器。②

1886年7月，基钦纳被任命为红海地区总督。因为深信必须采取更加强有力的前瞻性政策才能确保萨瓦金的安全，基钦纳试图将马哈茂德·阿里确立为红海山区的统治者。③ 第一步，基钦纳给马哈茂德·阿里的军队人员提供武器、弹药和粮食，派遣他们去进攻塔迈的叛军营地。1886年10月7日，马哈茂德·阿里的儿子艾哈迈德·马哈茂德（Ahmad Mahmud）率领部队占领了叛军营地。④ 作为奖励，基钦纳将萨瓦金叛军财产的契约交给艾哈迈德·马哈茂德，⑤ 同时奖励马哈茂德·阿里2000英镑，⑥ 允许其麾下民兵扣押俘获的170名奴隶。⑦ 战斗结束后，一些反叛的哈丹达瓦部落的谢赫来到萨瓦金中向英-埃政府投降。基钦纳劝说这些谢赫与盟友艾姆拉拉谢赫组建了谢赫联盟，承认马哈茂德·阿里是联盟的首领，承诺夺取和控制陶卡尔。⑧ 但这个计划没有实现。尽管谢赫联盟也为进攻陶卡尔做了初步准备，但很快就有谣言在萨瓦金传播，说数以千计

---

① Watson to Nubar, June 10, 1886 FO407/88/79, NA.
② C. M. Watson, Report No. 4, *Reports upon the State of the Eastern Sudan from May to August 1886*, WYL/Pam31. Wylde Family Papers, Durham University.
③ Kitchener to Baring, February 19, 1887 FO407/70/80, NA.
④ Wolff to Iddesleigh, October 7, 1886 FO407/69/102, NA.
⑤ Kitchener to Grenfell, October 15, 1886 FO407/69/138, NA.
⑥ Iddelsliegh to Wolff, October 9, 1886 FO407/69/111, NA.
⑦ Kitchener to Grenfell, October 15, 1886 FO407/69/138, NA.
⑧ Kitchener to Baring, February 19, 1887 FO407/70/80, NA.

的马赫迪士兵从内陆尼罗河流域被派往陶卡尔增援。谢赫联盟拒绝开展之前承诺的进攻,基钦纳的计划搁浅。①

阻止叛军从红海进口粮食的努力也遭遇了类似的失败,因为英国海军既没有能力也不愿意打击粮食贸易。事实证明,蒸汽船阻碍了而不是帮助了英国海军在苏丹海域的警务活动。早在1881年,在苏丹沿海的海军军官们就向他们的上级抱怨说,因为海岸线附近的障碍岛屿、珊瑚礁以及海风的模式,独桅帆船始终比蒸汽机船跑得快,他们的蒸汽机船不适合执行禁止红海奴隶贸易的任务。② 事实上,在整个1880年代,红海上的独桅帆船始终比英国的蒸汽机船跑得快。③ 在1885—1886年,英国海军有7艘船只在苏丹红海巡逻,但军官们报告说他们只捕获了两艘走私的独桅帆船。④ 虽然这些军官反复要求给红海舰队增加一队独桅帆船,希望能够赶上走私船只的速度,⑤ 但这项要求始终没有得到同意。

打击粮食贸易的命令一直持续到1887年4月,⑥ 导致粮食禁运命令停止执行的原因是英国海军和埃及内阁在1886年的争端。在封锁行动的早期阶段,赫迪夫和他的内阁声称,因为英国没有正式宣布封锁,埃及军队也就没有将粮食列为战时禁运品,监管红海粮食贸易不能被视为军事行动的一部分。与此同

① Clarke to Salisbury, June 8, 1887 FO407/70/200, NA.
② Secretary to the Admiralty to Lister, June 8, 1881 FO84/1597, NA.
③ Hartington to Wolseley, January 14, 1885 FO407/64/59, NA.
④ See FO407/69, FO407/70, FO407/71, FO84/1721, FO84/1770, and ADM193/16, NA.
⑤ Jones to Hay, October 20, 1885 FO407/67/165, NA.
⑥ Baring to Salisbury, April 29, 1887 FO407/70/147*, NA.

第三章　红海粮食市场及英国的苏丹东部战略（1883—1888）

时，由于在萨瓦金以外的港口进口粮食违反了埃及海关的相关章程，埃及方面声称英国海军是代表埃及海关在监管红海粮食贸易。对粮食禁运的这种解释意味着，如果英国海军出售捕获的走私单桅帆船及其运载的粮食，埃及财政部有权获得所得收益的一半。① 但另一方面，驻守红海的英国海军军官则认为，他们是在支援埃及政府的军事行动，因此有权获得这些走私粮食销售的全部收益。② 出于现实原因，英-埃政府官员们支持埃及内阁意见而反对英国海军的主张。来自萨瓦金的所有海关收入，包括出售扣押违禁品所产生的收入，都被计入了政府捉襟见肘的预算。③ 虽然公开宣布封锁红海粮食贸易有助于澄清这一问题，但出于对这一行动产生严重国际影响的恐惧，英国战争部和外交部的官员们都拒绝这样做，也拒绝支持英国海军的主张。从法律上讲，苏丹沿海仍然是埃及的领土，埃及已经同一些欧洲国家签署了更有利的贸易协定。④ 1886 年 4 月，在英国战争部和外交部的压力下，英国海军发布了新的指令，承认监管粮食贸易是给埃及海关部门提供服务，英国海军军官必须遵守埃及海关法规。⑤

在发布这些新指示后，英国海军实际上就停止了对粮食贸

---

① Egerton to Salisbury, December 27, 1885 FO407/67/203, NA.

② Hay to Secretary of the Admiralty, January 17, 1886 FO407/68/52, NA.

③ Hay to Secretary of the Admiralty, January 17, 1886 FO407/68/52, NA.

④ Thompson to Pauncefote, April 13, 1886 FO407/68/124, NA. Notes 199.

⑤ Secretary of the Admiralty to Pauncefote, April 26, 1886 FO407/68/143, NA.

易的监管。1886年4月以后，虽然没有记录显示英国海军扣押过企图卸载粮食的独桅帆船，但是有记录显示英国海军扣押过从事奴隶贸易的独桅帆船。① 不同的成功率反映了英国海军船长们考虑问题的优先次序，而这部分出于经济利益的考量：英国海军截获从事奴隶贸易的独桅帆船时可以扣留其全部的所得收益，而扣留走私粮食的独桅帆船时却只能获得出售走私货物的一半收益。但英国海军军官们这样做不仅是受利益驱使，他们还希望让英-埃政府难堪。在有关出售被扣押的独桅帆船的争议之后，英国海军官员们开始关注相关英-埃政府的高级官员们，包括基钦纳以及他们在红海奴隶贸易中的当地盟友。这些军官们最初试图在塔迈战争胜利后的几周内揭发这些政府官员，因为当时有传言说马哈茂德·阿里计划从萨瓦金港出口170名战俘奴隶，而这些奴隶是基钦纳允许他作为战利品而保存的。② 虽然基钦纳告诉英国海军这些谣言毫无根据，③ 然而在接下来的几个月里，英国皇家海军"小天鹅"号（Cygnet）的林赛（Lindesay）船长和"海豚"号（Dolphin）的兰布顿（Lambton）船长都集中精力查禁载有马哈茂德·阿里战俘奴隶的独桅帆船。④ 尽管这些独桅帆船从未被截获，但英国海军官员们继续致力于揭露英-埃政府在奴隶贸易中的共谋行为，并为此开始与一个得到废奴主义者支持的英国贸易公司合作。

---

① See FO407/69, FO407/70, FO407/71, FO407/72, FO407/73, FO84/1721, FO84/1770, FO84/1849, FO84/1903, and ADM193/16, NA.
② Simons to Iddesleigh, October 30, 1886 FO407/69/144, NA.
③ Lambton to the Duke of Edinburgh, December 1, 1886 FO84/1770, NA.
④ Simons to Iddesleigh, October 30, 1886 FO407/69/144, NA.

第三章　红海粮食市场及英国的苏丹东部战略（1883—1888）

英-埃政府在奴隶贸易中串通的暴露

苏丹贸易公司（STC）成立于1885年，由弗朗西斯·威廉·福克斯（Francis William Fox）和弗尼·卡梅伦（Verney Cameron）上尉共同建立。两人都坚信商业会从根本上带来和平，因为物质改善的前景必然会为交战双方提供合作的理由。对福克斯来说，这个想法来自他对贵格会（Quaker）信仰的坚定承诺。福克斯1841年出生于德文郡（Devon）的金斯布里奇（Kingsbridge），他的家庭是当地贵格会社区的望族。福克斯是包括原住民保护协会在内的一些人道主义组织的重要成员，倡导废除奴隶制、欧洲裁军和去中国传教等各种事业。① 福克斯是一名贸易工程师，他与合伙人共同创立阿特拉斯（Atlas）工程公司，为新斯科舍省（Nova Scotia）、爪哇岛（Java）、阿根廷、法国和意大利的铁路生产机车和蒸汽机。② 福克斯对苏丹的兴趣源于1884年，当时他前往开罗去履行一个工程合同，恰逢马赫迪军队围困喀土穆。福克斯在开罗花了很多时间向埃及官员们请愿，要求和平解决马赫迪反叛，回到英国后继续主张和平结束冲突。③

卡梅伦对苏丹的兴趣源于他与福克斯的关系。1880年代，卡梅伦是一名退休的英国海军上尉，是著名的探险家和非洲自

---

① For a full account of all of his varied humanitarian work see J. E. G. de Montmorency, *Francis William Fox* (Oxford: Oxford University Press, 1923).
② Montmorency, *Francis William Fox*, 7.
③ Montmorency, *Francis William Fox*, 43-45.

由贸易的积极倡导者。福克斯和卡梅伦在 1885 年相遇,当时卡梅伦联系原住民保护协会,希望为埃明（Emin）帕夏的赤道运动争取支持。在首次会面后的数周内,福克斯和卡梅伦精心制定了一项结束非洲奴隶贸易的计划,即通过发展铁路和轮船线路来连接非洲大湖区、刚果河（Congo）、尼罗河和赞比西河,最终形成通过红海连接大西洋和印度洋的合法贸易网络。考虑到让一个国家来承担如此庞大的殖民项目实在是太过繁重,福克斯和卡梅隆将该项目分成了两部分。他们随后与美国总统威廉·亨利·哈里森（William Henry Harrison）联系,讨论如何开发该网络的南方地区,并成立 STC 开发尼罗河至红海区段。①

早期的 STC 在英国得到了相当多的关注和支持。许多同行和自由派政治家迅速投资,包括自由派政治家和实业家威廉·爱德华·福雷斯特（William Edward Forester）、英国海军大臣诺斯布鲁克（Northbook）伯爵、加拿大前任总督洛恩侯爵（Lorne）和国会议员威莱尔·斯图尔特（Villers Stuart）（曾报道了阿拉比起义后的埃及情况）。② STC 后来的投资者还有威斯敏斯特（Westminster）公爵、里布斯代尔（Ribblesdale）勋爵和米尔敦（Milltown）伯爵。③ 那些公共宣传组织,包括伦敦商会、英国和外国反奴隶制组织等,也代表投资者和人道主义者的利益积极游说英国议会和白厅（政府）。④

---

① Montmorency, *Francis William Fox*, 46-50.
② Cameron and Fox to Salisbury, December 18, 1885 FO407/67/181, NA.
③ Lamprey to Salisbury, September 17, 1888 FO407/67/46, NA.
④ FO to London Chamber of Commerce, November 8, 1887 FO407/71/90* and The British and Foreign Anti-Slavery Society to Salisbury, March 8, 1888 FO407/72/88, NA.

第三章　红海粮食市场及英国的苏丹东部战略（1883—1888）

在1885年12月和1886年1月给外交部的系列信件中，福克斯和卡梅伦提出了STC的商业计划。STC最初的设想是成为一家特许公司，管理埃及在前苏丹领土的所有财产，包括达尔富尔、科尔多凡、加扎勒、栋古拉、喀土穆、森纳尔、柏柏尔、法绍达（Fashoda）、赤道州和卡萨拉等地，另外还包括萨瓦金、马萨瓦、巴巴拉（Barbara）和扎拉（Zaylaʻa）等红海港口。①作为对赫迪夫在奥斯曼帝国内自主统治权地位的认可，福克斯和卡梅伦提议STC的许可证由埃及政府授予，根据是1841年奥斯曼素丹承认埃及自治地位的敕令（firman），该敕令明确了埃及在奥斯曼帝国统治下的自治权。尽管要求在苏丹境内拥有完全主权，但福克斯和卡梅伦承诺STC将致力于"在得到女王陛下政府承认的情况下承认土耳其素丹陛下的王权"，②致力于"发展苏丹及其未来政府"，③致力于建立和平与公正的政府，反对奴隶贸易。此外，福克斯和卡梅伦还宣称，STC将向债权人支付利息，向包括英国政府在内的股东支付股息，并将剩余净利润的50%支付给奥斯曼素丹。④

福克斯和卡梅伦计划通过公私合营的方式为公司提供资金。他们告诉外交部，STC将从私募债券中筹集800万英镑，同时向英国政府申请200万英镑贷款。此外，福克斯和卡梅伦要求

---

① Cameron and Fox to Warren, January 9, 1886 FO407/68/27, NA.
② "Draft for a Soudan Charter" FO407/68/9, NA.
③ Cameron and Fox to Salisbury, December 18, 1885 FO407/67/181, NA.
④ "Draft for a Soudan Charter" FO407/68/9, NA.

英国财政部每年向STC提供资助：以24万英镑为基准，之后每5年减少4万。STC致力于扩大苏丹棉花的商业种植，建设连接柏柏尔和萨瓦金的铁路，将尼罗河舰队的蒸汽机船规模扩大到50艘，多渠道发展交通设施。此外，福克斯和卡梅伦还要求埃及和英国政府将所有在撤退期间丢弃的堡垒、建筑物、船舶以及其他政府财产授权给STC，甚至要求接管英-埃政府在尼罗河边界和红海沿岸地区的所有武器、弹药和仓库，与当地的谢赫签订条约，与马赫迪国家展开直接谈判。福克斯和卡梅伦相信，只要不断强化苏丹民众与埃及、阿拉伯和欧洲等外国市场的商业联系，让他们成为公司治理模式的直接受益者，无论他们曾经对马赫迪政权做过怎么样的承诺，STC都能够赢得苏丹人的忠诚。①

英国外交部认真地看待这一提议，并于1886年初将其转交给一些官员们征求意见。官员们对提案的可行性存在分歧。英国驻萨瓦金领事认为，与当前严厉的军事政策相比，STC的促进贸易政策更有可能成功地平息地区反叛。② 英国驻君士坦丁堡领事则认为，奥斯曼素丹不会同意这项提议。③ 布拉肯伯里（Brackenberry）少将是英国战争部的军事情报主任，1884年曾在苏丹参加过战斗，他以"天真"一词形容卡梅伦和福克斯，认为他们的提案充满了"模糊和晦涩的承诺"，并且指出埃及军

---

① Cameron Fox to Warren, January 9, 1886 FO407/68/27, NA. Cameron and Fox did not mention how company rule would directly improve the lives of the women of the Sudan.
② Baker to Salisbury, January 21, 1885 FO407/68/40, NA.
③ White to Salisbury, January 22, 1886 FO407/68/45, NA.

第三章　红海粮食市场及英国的苏丹东部战略（1883—1888）

队已经实现了二人提案中的一些关键指标，例如给谢赫们提供补助等。①

尽管布拉肯伯里提出了批评意见，福克斯和卡梅伦的提议还是十分接近伦敦、开罗两地的英国官员们对苏埃关系前景的看法。外交大臣格兰维尔和驻埃及总领事巴林都曾在1885年提议与苏丹境内的谢赫以及马赫迪国家开启谈判结束敌对状态。②在伦敦和开罗的英国官员们认为，没有理由必须等敌对行动结束后才开放贸易。③驻开罗的英国法律顾问认为，将苏丹移交给特许公司不会违反现有的条约和相关敕令，因此不需要奥斯曼素丹的批准。④然而在索尔兹伯里政府内部，英国外交部同意由英-埃政府的军官们具体决定英国与马赫迪国家在边界地区的战略。1886年3月，索尔兹伯里首相拒绝了福克斯和卡梅伦的计划。⑤

福克斯并没有放弃通过贸易和平解决苏丹问题的梦想。1886年11月，福克斯带着新的提案再次与外交部接触。根据新的业务计划，STC将其活动限制在增加苏丹东部和红海山区的交通设施，不再要求财政援助和特许经营，仅要求允许STC与当地的谢赫签订贸易协议。⑥由于整体上倾向于否定STC，英

---

① "Minute by Major-General Brackenberry on the Proposed Soudan Company," FO407/68/84, NA.
② Salisbury to Wolff, November 10, 1885 FO407/67/102, NA.
③ Egerton to Salisbury, July 27, 1885 FO407/66/68, NA.
④ Baring to Salisbury, December 30, 1888 FO407/87/24, NA.
⑤ Pauncefote to Cameron and Fox, March 19, 1886 FO407/68/89, NA.
⑥ Fox to Pauncefote, November 27, 1886 FO407/69/156a, NA.

国外交部在 12 月初拒绝了这项建议，也没有给出任何意见。① 福克斯没有退缩，他在 1887 年初前往开罗和萨瓦金，代表 STC 游说当地的英国官员代表。② 在萨瓦金，福克斯雇佣了威尔德（A. B. Wylde）作为 STC 在当地的代理商，威尔德的父亲威廉·亨利·威尔德（William Henry Wylde）是英国外交部商业、领事和奴隶贸易部门的前负责人。年轻的威尔德以前在吉达经商，担任过英国驻吉达副领事。③ 因为担心马赫迪反叛会使阿拉伯半岛对欧洲商人变得不安全，威尔德于 1885 年 11 月迁往萨瓦金。不幸的是，他在苏丹沿岸没有取得商业成功。福克斯和威尔德为 STC 制定了一份新的商业计划，重点是开展大规模进出口贸易，在陶卡尔种植棉花，开发拉瓦亚（Rawaya）盐场，在当地的其他港口和萨瓦基之间开通定期汽轮服务，运营拟议中的柏柏尔-萨瓦金铁路。④ 但这项新提案没有得到英国政府的支持。1887 年初，伦敦和开罗的英国官员们指派时任红海地区总督的基钦纳作为未来与 STC 打交道的关键人物。⑤ 1887 年 2 月，基钦纳给福克斯发电报说："在目前情况下，我认为这个项目不可行。"⑥ 3 月，基钦纳要求在伦敦和开罗的英国官员们不要支持 STC，声称这样做会干扰正在进行的

---

① Pauncefote to Fox, December 8, 1886 FO407/69/169, NA.
② Fox to Iddesleigh, December 27, 1886 FO407/69/205, NA.
③ Jones to Hay, October 20, 1885 FO407/67/165, NA.
④ "A Project for the Pacification of the Soudan," The Anti-Slavery Reporter Series 4, Volume 7, No. 3 (May and June 1887), 112 – 115.
⑤ Baring to Salisbury, February 3, 1887 FO407/70/52, NA.
⑥ Baring to Salisbury, February 5, 1887 FO407/70/54, NA.

第三章　红海粮食市场及英国的苏丹东部战略（1883—1888）

军事行动。①

威尔德回应了基钦纳阻止该公司活动的努力。他与英国海军合作，公开揭露英-埃政府在奴隶贸易中的共谋行为。1887年3月，威尔德向英国海军通报了蒂尔-尼尔号（Tir al-Nil）和萨顿号（S'adun）的动向。这两艘独桅帆船从事奴隶贸易，与英-埃政府在苏丹的重要盟友有联系。1887年3月23日，在马尔萨塔（Marsa'Ata'），英国海军"海豚"号抓捕了蒂尔-尼尔号运载的80名奴隶。该船从萨瓦金驶往吉达，航行文书的担保人赛扬（Sayyam）是马哈茂德·萨亚姆（Mahmud Shinawi）的女婿。② 萨亚姆是萨瓦金最富有的商人和萨瓦金商业法庭的成员，基钦纳在1887年3月初授予他开发拉瓦亚盐场的特许权，而此前一直有传言说萨亚姆使用这些偏远的港口向吉达运送奴隶。③ 就在"海豚"号拦截蒂尔-尼尔号的同一天，英国海军舰艇"阿巴克尔"（Albacore）号在谢赫巴克豪特（Shaykh Barqhut）拦截了载有33个奴隶的萨顿号。这些奴隶中有许多来自萨瓦金，其中至少有1名是马哈茂德·阿里在进攻塔迈时抓获的。萨顿号的航行文书担保人是阿什拉夫·比贾（Ashraf Bija）的纳基布（Nakib，商业政治代理人），而阿什拉夫·比贾是英-埃政府的盟友。④

萨瓦金的英国海军司令部随后逮捕了纳基布和赛扬，理由

---

① Baring to Salisbury, April 3, 1887 FO407/70/123, NA.
② Cameron to Baring, April 1, 1887 FO84/1878, NA.
③ Lambton to the Admiralty, March 9, 1887 FO407/70/120, NA.
④ Cameron to Baring, April 1, 1887 FO84/1878, NA.

是二人从事奴隶贸易。① 英国海军官员们声称,尽管纳基布和赛扬并不是独桅帆船的所有者,但作为独桅帆船的担保人,他们对独桅帆船的非法活动负有同样的责任。在当时,所有离开萨瓦金的船只都要求有航行文书,文书由驻留在萨瓦金的重要商人或知名精英担保。② 标准的保证信函内容如下:

> 这是对罚金和惩罚的保证,即:如果桑博克(sambouk)驶往另一个目的地并装载有违禁品,我个人对此责任,接受由总督评估的1~50英镑的可能罚款,接受法庭按照总督命令开展的进一步审判。如果桑博克在犯罪后逃脱,我有义务在政府认为足够的时间内将罪犯交给政府,否则将接受上述法庭对桑博克作出的任何判决。③

基钦纳试图减少盟友们的罪责,他给总领事巴林写信,称这些保函只是例行程序,只要求担保人证明独桅帆船的所有者,并不要求必须证明被担保人是否参与奴隶贸易。基钦纳还说,如果这些信件被视为共谋证据,那么任何独桅帆船都不可能找到担保人,包括那些从事合法商业活动的人。④ 巴林认可了基

---

① Cameron to Baring, April 1, 1887 FO84/1878, NA.
② Kitchener to Grenfell, April 1, 1887 FO84/1878, NA.
③ *Form of Guarantee Actually in Force* FO84/1878, NA. 200 Notes.
④ Kitchener to Grenfell, April 1, 1887 FO84/1878, NA.

第三章　红海粮食市场及英国的苏丹东部战略（1883—1888）

钦纳的解释，英国海军被迫撤回对纳基布和赛扬的指控。① 尽管如此，法庭指控奴隶经纪人、大副和帆船所有者从事奴隶贸易，判处他们 50 下鞭刑和 5 年的监禁。②

1890 年 5 月，威尔德和英国海军再次合作，揭露英-埃政府在奴隶贸易中的共谋。根据威尔德提供的情报，"无畏号"指挥官凯里·布雷顿（Carey Breton）拦截了两艘从事奴隶贸易的独桅帆船穆兹卡号（Muzika）和哈德拉号（Hadra），地点在萨瓦金以北英-埃政府统治下的小港口马哈茂德·古尔（Mahmud Qual）。在随后的军事法庭上，布雷顿和其他英国海军高级军官出示了三种证据，证明独桅帆船在从事非法贸易。首先，布雷顿断言，独桅帆船配备了贩奴活动所需的给养，包括多于船员所需的淡水和通常用于奴隶的手铐。其次，布雷顿从独桅帆船抓获了一些奴隶，已经查实他们是在何时何地沦为奴隶的。第三，布雷顿提供了证据，证明奴隶是在当地英-埃政府知情的情况下从马哈茂德·古尔逃跑的。其中一艘船的船员作证说，港口的副总督在独桅帆船的文件上签了字。"无畏号"舰艇的总工程师罗克（W. B. Rork）作证说，在一次对马哈茂德·古尔港的考察中，他发现当地人口众多，但港口没有人所共知的合法商业往来，这让他得出结论，这个港口一定是著名的奴隶仓库。当地的一位导游说，在马哈茂德·古尔，大家都知道副总督对每一个从港口上船的奴隶都收取一定的

---

① Baring to Salisbury, April 18, 1887 FO84/1878, NA.
② Wylde to the Chairman of the Anti-Slavery Society, March 31, 1887 reprinted in *The Anti-Slavery Reporter*, Series 4, Volume 7, No. 3 (May and June 1887), 110.

费用。

尽管英国海军在军事法庭上出示了证据,但独桅帆船船长还是被无罪释放。①不幸的是,这些军事法庭现存的唯一文件记录是向威尔德提供的证据摘要,其中没有提到判决理由。这份文件最后只是指出,判决的原因没有公布。英国外交部和海军部的记录都没有提到这次审判。尽管布雷顿担任公诉人,但法院的组成有利于英-埃政府。根据1877年的《奴隶贸易公约》,法院由埃及军方官员主持,②这些官员们不愿公开地将他们在英-埃政府的上级牵连到正在进行的红海奴隶贸易中去。

粮食战争的结束

尽管之前一直默默支持英-埃政府在苏丹东部和红海山区的军事行动,但到了1887年,在伦敦和开罗的英国官员们也开始承认马赫迪运动还没有结束,马赫迪军队继续控制着陶卡尔三角洲并且从阿拉伯半岛自由进口粮食;也越来越认为通过操控地区粮食供应来打击他们的战略注定会失败,担心贸易限制会将粮食贸易转移到意大利控制的马萨瓦(Massawa)。③更重要的是,这些官员们在理念上认同"政府对贸易的干预越少越

---

① [no title, undated May 22, 1890] WYL67/39－40. The Wylde Family Papers, Durham University.
② [no title, undated May 22, 1890] WYL67/39－40. The Wylde Family Papers, Durham University.
③ Portal to Salisbury, August 17, 1887 FO407/71/35, NA.

好",① 即总领事巴林在1887年5月写信给首相索尔兹伯里所阐述的观点,反对关闭萨瓦金和苏丹内地之间的贸易线路。尽管如此,这些官员们仍然不愿意阻挠积极的军事行动,而是一直等待英-埃政府官员们取消贸易限制并推动贸易完全自由化。1887年4月,基钦纳允许商人雇佣艾姆拉拉人做向导,从萨瓦金前往柏柏尔-萨瓦金道路以北的市场。② 这项特殊条款是对马哈茂德·阿里和其他一些艾姆拉拉族谢赫等盟友提供服务的奖励。在基钦纳颁布这项新规定的三天后,索尔兹伯里要求海军部撤销英国海军在红海执行埃及海关的法规,从而正式结束了粮食禁运。③ 巴林随即命令基钦纳取消贸易限制,只保留禁止向马赫迪军队出售武器和弹药外的条款。因为巴林的命令允许萨瓦金商人直接向马赫迪军队出售粮食,④ 基钦纳对巴林的这道命令视而不见。1887年9月下旬,索尔兹伯里重申了巴林废除现存贸易限制的命令,声称:"继续这些贸易限制并不能带来真正明显的好处。"⑤ 基钦纳尽管再次试图回避这一命令,但最终还是在1887年10月11日开放了贸易。⑥

基钦纳不愿放弃通过饥饿让马赫迪军队最终投降的策略,因而立即升级军事敌对行动以便有效阻止贸易正常化。在贸易开放后数日,基钦纳派遣100名马哈茂德·阿里的民兵进驻陶

---

① Baring to Salisbury, May 19, 1887 FO407/70/193, NA.
② Baring to Salisbury, April 26, 1887 FO407/70/146a, NA.
③ Baring to Salisbury, April 29, 1887 FO407/70/147*, NA.
④ Baring to Salisbury, May 19, 1887 FO407/70/193, NA.
⑤ Salisbury to Baring, September 30, 1887 FO407/71/53, NA.
⑥ *Proclamation by Colonel Kitchener*, October 11, 1887 FO407/71/81*, NA.

卡尔附近海岸,由英-埃政府提供给养和武器。在港口附近一艘埃及政府蒸汽船的保护下,这支部队多次袭击附近的马赫迪军队营地。① 数周后,基钦纳派遣马哈茂德·阿里的另一支民兵武装,进攻在塔迈重新组建的马赫迪军队营地。② 马赫迪军队则袭击艾姆拉拉部落在萨瓦金附近的营地。③ 为了因应不断加剧的不稳定局势,基钦纳在 12 月 19 日要求英国海军协助保卫,再次在港口停靠一艘武装蒸汽船。④ 虽然基钦纳得到了防御支援,但当地的敌对行动进一步升级。马哈茂德·阿里的民兵继续攻击马赫迪军队营地,劫掠奴隶、羊和骆驼,⑤ 不止一次地屠杀妇女。⑥ 马赫迪军队以袭击萨瓦金作为报复,包括 1888 年 1 月初向停泊在附近的"猎鹰号"(Falcon)军舰开火。⑦

尽管萨瓦金的领导人发生了变化,但当地的袭击和反袭击斗争在第二年几乎没有中断过。1888 年 1 月 17 日,基钦纳在率领马哈茂德·阿里民兵远征时脸部中弹,虽然没有生命危险,但仍被送往埃及接受治疗。⑧ 查尔斯·霍利德·史密斯(Charles Holled Smith)接替基钦纳担任红海地区总督,他延续了基钦纳的许多政策,包括派遣马哈茂德·阿里的民兵去袭击马赫迪军队营地等。唯一的真正战斗发生在 1888 年夏天,当时

---

① Cameron to Baring, December 4, 1887 FO407/72/2, NA.
② Cameron to Baring, December 12, 1887 FO407/71/107, NA.
③ Rooke to the Duke of Edinburgh, December 19, 1887 FO407/72/19, NA.
④ Salisbury to Baring, December 19, 1887 FO407/71/126, NA.
⑤ Cameron to Baring, December 30, 1887 FO407/72/11, NA.
⑥ Rooke to the Duke of Edinburgh, January 11, 1888 FO407/72/53, NA.
⑦ Rooke to the Duke of Edinburgh, January 25, 1888 FO407/72/64, NA.
⑧ Rooke to the Duke of Edinburgh, January 25, 1888 FO407/72/64, NA.

第三章 红海粮食市场及英国的苏丹东部战略(1883—1888)

的萨瓦金传言四起,称有5 000名马赫迪士兵受命前来增援迪克纳。英国海军以此为由再次撤走了驻扎萨瓦金港的船只,声称英国船只巡逻红海是查禁奴隶贸易而不是帮助埃及政府防御某个港口,海军军官声称埃及军队最适合这个任务。① 战争在1888年9月开始。迪克纳的部队在萨瓦金的外围防御线附近挖掘战壕,企图借此围攻萨瓦金。② 马哈茂德·阿里的民兵③和埃及士兵多次进攻叛军阵地,但均未成功。应埃及军队司令官弗朗西斯·格伦费尔(Francis Grenfell)的请求,英国内阁授权英军将马赫迪军队赶出战壕。④ 1888年12月20日,格伦费尔指挥英-埃联军成功突袭,战胜了壕堑中的马赫迪军队。这场战斗在当地被称为"朱马扎战役"(the Battle of al-Jummayza)。⑤

朱马扎战役导致英-埃政府官员们首次公开放弃埃及对苏丹东部和红海山区的主权主张。战斗结束后的第二天,总领事巴林指示格伦费尔发出公告:"非常清楚地说,埃及政府无意重申对苏丹内地的权力,但将继续占有萨瓦金","同时完全有决心击退任何攻击,(埃及和英国)政府的唯一目标就是与苏丹的民众和平共处,鼓励合法贸易。"⑥ 这则公告发布于1888年12月30日,宣布英-埃政府将不再"干预红海山区部落的自由",强调萨瓦金的英-埃政府此后将专注保卫萨瓦金、拉瓦亚和阿基克

---

① Portal to Salisbury, July 20, 1887 FO407/71/11, NA.
② Holt, *The Mahdist State in the Sudan*, 188
③ May to Baring, October 15, 1888 FO407/75/20, NA.
④ Salisbury to Baring, December 7, 1888 FO407/75/81, NA.
⑤ Baring to Salisbury, December 20, 1888 FO407/75/118, NA.
⑥ Baring to Grenfell, December 29, 1888 FO407/87/24, NA.

港免遭马赫迪军队袭击。①

为了确保英-埃政府官员们更专注于促进贸易,开罗的英国官员们授权重组萨瓦金的英-埃政府。在战斗之前,红海地区总督既是文官政府首脑,又是军队指挥官。在格伦费尔获胜后,这两项职能被分开。基钦纳回到萨瓦金协助清理战壕,重新领导埃及驻军,军事行动严格限制在保护萨瓦金水源供应的堡垒周边3千米范围内。② 霍利德·史密斯(Holled Smith)出任总督,被指定是政府与当地谢赫开展所有谈判的唯一负责人。虽然他的命令仍然是联合并支持那些愿意征服和统治苏丹东部和红海山区的谢赫,③ 但霍利德·史密斯很快就结束了政府对马哈茂德·阿里民兵武装的政治和军事依赖。

战争结束后,英-埃政府受到的限制为贝贾人社区开辟了新的经济可能性。尽管马赫迪国家的政策禁止商人在萨瓦金和尼罗河之间进行贸易,④ 但英-埃控制港口与苏丹东部和红海山区之间的贸易仍然在1889年初恢复。粮食再次成为主要的贸易商品。印度商人掌握着许多合法的粮食贸易,他们长期驻扎在吉达、亚丁和孟买。1880年代,这些印度商人在萨瓦金和阿基克港开设代理机构,为英-埃政府提供服务。⑤ 在1889年和1890

---

① *Proclamation by the Governor-General of the Red Sea Littoral to the Handab, Hadendowa, Amarar, Gambab, and Other Tribes*, December 30, 1888 FO407/87/55, NA.

② *Instructions Addressed to Colonel Kitchener* [n. d. January 1889] FO407/87/55, NA.

③ Baring to Salisbury, January 4, 1889 FO407/87/13, NA.

④ *Report for the Year 1888 on the Trade of Suakin*. Commercial No. 562 (C5618, 1889), 1.

⑤ Barnham to Baring, May 29, 1889 FO407/88/116, NA.

第三章 红海粮食市场及英国的苏丹东部战略（1883—1888）

年初，这些印度商人每月向萨瓦金出口的粮食超过 5 000 阿达布，约 36 万千克。① 虽然其中有些粮食被萨瓦金的城镇居民消费，但大部分粮食还是被再次出口到苏丹内地。从 1889 年 12 月 12 日到 1890 年 2 月 12 日，就有 6 000 阿达布（86.4 万千克）的粮食从萨瓦金运往苏丹其他市场。② 贝贾人通过各种渠道赚取购买粮食的费用，他们或者向当地商人提供骆驼和向导，或者在萨瓦金出售黄油、兽皮、牲畜等畜牧产品，供当地消费或再出口到吉达和苏伊士。

贝贾人从蓬勃发展的粮食和奴隶黑市贸易中获利。数不清的独桅帆船避开设在萨瓦金、拉瓦亚和阿基克港的埃及海关大楼，往返于苏丹红海沿岸的许多天然港口。在多重因素的激励下，很多商人在苏丹海岸和吉达之间从事走私贸易。首先，他们希望逃避英-埃政府控制港口征收的 8% 的进口关税。其次，他们经常接受以奴隶形式支付的粮食货款。奴隶贸易在英-埃控制区是非法的，萨瓦金就禁止公开出售或交换奴隶。此外，利用独桅帆船走私被抓住的风险很小。因为埃及海关当时只有两艘执法船，另一艘英国炮艇负责打击苏丹红海沿岸的奴隶贸易。根据英国军官的看法，一支舰队根本不足以制止当地的走私活动。③

---

① Barnham to Baring, February 21, 1890 FO407/99/58, NA.
② Wingate to Grenfell, February 12, 1890 FO407/99/58, NA.
③ See Summary of Events at Suakin from December 26, 1888 to January 8, 1889 FO407/87/93, NA, and Intelligence Department, Egyptian Army, Staff Diary and Intelligence Report, Suakin, No. 82 (April 30 to May 15, 1889), No. 83 (May 28 to June 11, 1889), No. 84 (June 11 to 26, 1889), and No. 88 (August 7 to 15, 1889), SAD. [165] Barnham to Baring, February 21, 1890 FO307/99/58, NA. Notes 201

朱马扎战役标志着英-埃政府不再尝试用饥饿使马赫迪军队投降。这一战略本身已经失败。1880年代末，驻扎在萨瓦金的英-埃政府官员们在政治上过于软弱，无力制造地区粮食短缺，他们不得不依赖一些有利益冲突的盟友，包括英国海军和当地的谢赫。谢赫们没有能力阻止叛军从当地获得粮食，他们只是谋求从无休止的战争中获利，始终未能夺取和控制陶卡尔。英国海军本来可以切断叛军与国际粮食贸易的联系，但他们不仅不愿意实施粮食禁运，还在STC的帮助下转而揭露英-埃政府在红海奴隶贸易中与奴隶贩子的共谋行为。与此同时，马赫迪军队则继续从陶卡尔和吉达获取粮食。随着1888年末的一系列政策改变，包括自由贸易和结束袭击等，萨瓦金商人重启与马赫迪军队的直接贸易往来，可以合法地向叛军出售粮食。不幸的是，粮食贸易的复苏不足以让贝贾人社区重新获得足够的资源，因而无法避免意外的粮食危机。1889年底，萨纳特-西塔饥荒不期而至。

第四章

萨纳特-西塔饥荒和贝贾人自治的衰落
1889—1904

第四章　萨纳特-西塔饥荒和贝贾人自治的衰落（1889—1904）

严重的萨纳特-西塔饥荒摧毁了达尔富尔、科尔多凡、栋古拉、马哈斯、苏库特、尼罗州和埃塞俄比亚的大部分地区，苏丹东部和红海山区也未能幸免。1889年夏天，普遍传言苏丹内陆地区的粮食危机即将蔓延到萨瓦金。① 在接下来的几个月里，大批贝贾牧民涌入萨瓦金寻找食物，而且是在谢赫的领导下整个部族（Diwáb）集体逃难。1889年12月11—23日有1 200名哈丹达瓦牧民到达萨瓦金，② 12月25日进入的人数有560名。③ 很多以前参与过马赫迪运动的谢赫，例如哈丹达瓦部落

---

① Barnham to Baring, March 5, 1890 FO407/99/83, NA.
② *Intelligence Department, Egyptian Army, Staff Diary and Intelligence Report*, Suakin, no. 97 (December 11 to 23, 1889), SAD.
③ *Intelligence Department, Egyptian Army, Staff Diary and Intelligence Report*, Suakin, no. 98 (December 24 to January 6, 1889), SAD.

的阿卜德·卡迪尔（'Abd al-Qadir）① 和哈米德·马哈茂德（Hamid Mahmud），哈丹达瓦部落前纳齐尔的孙子阿里·瓦拉德·苏莱曼（'Ali Walad Sulaiman）等，都在英-埃政府的保护下定居在萨瓦金附近。② 这些贝贾难民在萨瓦金城外防御区以北扎营，主要依靠市民的施舍救济维持生活。最初，正如英国驻萨瓦金领事亨利·巴纳姆（Henry Barnham）所报道的那样，这种移民并没有"在萨瓦金引起注意"，英-埃政府官员们也没有提供粮食援助。1890 年 1 月，巴纳姆报告说："大街上的乞丐数量激增，个个瘦骨嶙峋，面容憔悴。"尽管如此，英-埃政府官员们仍然不愿提供援助，结果导致每天都有许多难民死于饥饿，其中许多是儿童。巴纳姆注意到，当英-埃政府在 3 月初设立救济项目时，难民们已经被迫在城市的垃圾中寻找食物，在动物粪便中寻找未消化的粮食，甚至吃野猫。③

红海山区的情况同样很可怕，STC 的代理人威尔德就亲眼目睹了这场灾难。对于埃及军队 1888 年 12 月的宣言，威尔德解读为埃及打算放弃在苏丹东部和红海山区的所有主张，④ 随即决定前往这些地区与当地谢赫洽谈贸易、签署合同，⑤ 和陶卡尔三角洲的农民联系种植棉花事宜。⑥ 1890 年 5 月，《反对奴

---

① *Intelligence Department, Egyptian Army, Staff Diary and Intelligence Report*，Suakin, no. 104（March 18 to April 1, 1890），SAD.
② Barnham to Baring, March 5, 1890 FO407/99/83, NA.
③ Ibid.
④ Hardridge to Salisbury, July 16, 1891 FO407/107/10, NA.
⑤ Baring to Salisbury, December 20, 1889 FO407/90/48, NA.
⑥ *Intelligence Department, Egyptian Army, Staff Diary and Intelligence Report*，Suakin, no. 101（February 4 to 18, 1890），SAD.

第四章　萨纳特-西塔饥荒和贝贾人自治的衰落（1889—1904）

隶制报道》发表了一封威尔德的来信，他在信中概述了陶卡尔三角洲的破坏情况。他这样写道，整个三角洲只有富人才能获得粮食，而其余的人已经沦为赤贫的"活骷髅"。威尔德在信中写道，战乱导致的遗孀和孤儿们的境况最为凄惨，红海山区每天有50~100人死于饥饿。[1]

萨纳特-西塔饥荒为英-埃政府扩张在苏丹东部和红海山区的影响力奠定了基础。英-埃政府官员们利用粮食危机造成的经济和社会混乱征服了陶卡尔三角洲地区，严重削弱了马赫迪国家在红海山区的影响力。但饥荒本身并不是英-埃政府实施军事战略的结果，它是由厄立特里亚向北传播的牛瘟引起的。这场瘟疫使得贝贾人作为经济支柱的畜群大量死亡。饥荒平息后，粮食不足问题继续影响贝贾人社区和英-埃政府的关系。1890年代，一系列的自然灾害严重降低了当地的粮食产量，贝贾人社区继续依赖被萨瓦金当局控制的粮食进口，他们必须与英-埃政府合作，才能赚取购买生活所需的资金。贝贾人社区最初从与英-埃政府的这种新关系中获得经济利益，但后来英-埃政府实施的管理政策侵蚀了贝贾人区域的经济基础，使后者更难购买到粮食。

苏丹东部和红海山区的萨纳特-西塔饥荒

苏丹东部和红海山区的萨纳特-西塔饥荒发生在1889—

---

[1]　A. B. Wylde, "The Starving Soudanese and Our Responsibilities," *Anti-Slavery Reporter*, Series 4, Volume 10 (May and June 1890), 92.

1990耕作年，但它并不是因为当地可用粮食的供应减少引起的。1889年11月的蝗灾确实对陶卡尔三角洲的农作物造成了部分破坏，① 但这种破坏对可用粮食的总体数量影响很小，因为当地种植的粮食只占贝贾人粮食需求的一小部分。贝贾人的大部分粮食需求依赖进口，进口粮食在饥荒发生期间依然能够自由流入当地市场。在饥荒最严重的时候，每月从萨瓦金运出大约3000阿达布（43.2万千克）进口粮食供应当地市场。② 印度和伊拉克的粮食也从英-埃政府控制的拉瓦亚和阿基克港再出口到红海山区。③ 除了合法的粮食贸易外，许多粮食贩子为了逃避8%的进口关税，还接受以奴隶形式支付的粮食款项，这部分粮食就不经过英-埃政府控制的港口而从红海沿岸的其他港口流入当地市场。④ 也就是说，当地的粮食市场储备充足，粮食价格在整个饥荒期间几乎都保持稳定。粮食价格曾在1889年12月上半月短暂飙升，但那是由于当时萨瓦金附近的哈丹达瓦难民和陶卡尔附近的马赫迪军队之间爆发了袭扰和反袭扰的冲突，完全阻断了萨瓦金和苏丹内地之间的正常贸易。⑤ 这场冲突在1890年1月初停止，苏丹东部市场的高粱价格很快恢复到了正常水平，4.5千克的袋装高粱售价4个塔勒。这个价格在1890年

---

① *Intelligence Department, Egyptian Army, Staff Diary and Intelligence Report*, Suakin, no.97 (December 11 to 23, 1889), SAD.
② Wingate to Grenfell, February 12, 1890 FO407/99/58, NA.
③ Barnham to Baring, May 29, 1889 FO407/88/116, NA.
④ Barnham to Baring, February 21, 1890 FO307/99/58, NA.
⑤ Baring to Salisbury, December 20, 1889 FO407/90/84, NA.

第四章　萨纳特-西塔饥荒和贝贾人自治的衰落（1889—1904）

1—7月间始终保持相对稳定，① 略高于同期萨瓦金粮食自由进口的平均价格，② 与1888年11月饥荒暴发前的平均价格相当。③ 1890年2月，驻守萨瓦金的埃及陆军副助理指挥官詹姆斯·普林斯普（James F M Prinsep）指出，陶卡尔的"食物短缺就是由于阿拉伯人无力购买所致"。④ 换言之，虽然当地粮食仍然以正常价格出售，但贝贾牧民们却负担不起购买费用。

牲畜是贝贾牧民赖以为生的经济支柱，因牛瘟流行而大批死亡，贝贾人也就无力购买所需粮食。约翰·罗（John Rowe）和谢尔·霍德尼波（Kjell Hødnebø）认为，1887—1889年的牛瘟既然导致厄立特里亚和埃塞俄比亚的牛群损失了90%，苏丹东部和红海山区的牲畜也必然会受到影响。⑤ 罗和霍德尼波注意到，在1880年代末，从马萨瓦经卡萨拉州到恩图曼的贸易联系很紧密，这场牛瘟在1887年就通过马萨瓦传入了非洲内地。其他学者的研究也表明，厄立特里亚沿海的家畜流行病早在1888年9月就通过陆路贸易蔓延至埃塞俄比亚北方，然后沿着皮博尔（Pibor）和索巴特河（Sobat rivers）⑥传播到苏

---

① Banian Merchant at Suakin to Portal, September 2, 1890 FO407/101/31, NA.
② Hall to Hoskins, October 8, 1890 FO407/102/26, NA.
③ Baring to Salisbury, December 5, 1888 FO407/75/107, NA.
④ *Intelligence Department, Egyptian Army, Staff Diary and Intelligence Report*, Suakin, no. 100 (January 21 to February 4, 1890), SAD.
⑤ John Rowe and Kjell Hødnebø, "Rinderpest in the Sudan 1888 - 1890: The Mystery of the Missing Panzootic," *Sudanic Africa* 5(1994):149 - 179.
⑥ Richard Pankhurst and Douglas Johnson, "The Great Drought and Famine of 1888 - 92 in Northeast Africa," in *The Ecology of Survival: Case Studies from Northeast African History*, ed. Douglas Johnson and David Anderson (Colorado: Westview Press, 1988), 63.

丹南方。① 罗和霍德尼波断言，牛瘟可能是在正常贸易过程中从厄立特里亚和埃塞俄比亚北方的疫区传入苏丹东部；② 但他们也承认，在苏丹东部和红海山区几乎没有发现这种瘟疫流行病的书面证据。霍德尼波在喀土穆国家档案馆里没有发现马赫迪时期任何有关苏丹东部家畜流行病的记录，③伦敦国家档案馆和杜伦大学保存的英-埃政府时期档案也基本如此，仅有一份档案记录了这场牛瘟。在1899年的一份有关瘟疫的报告里，兽医中尉罗杰斯（L. Rogers）提到了萨瓦金附近十年前暴发的牛瘟，但他将牛瘟的暴发归因于从吉达进口了被感染的牛。④ 此外，对没有抗体的原始种群而言，牛瘟的致死率是90%，但1899年红海山区瘟疫流行时家畜的死亡率却为60%。既然从瘟疫中幸存的牲畜具有了免疫力，而且这种免疫力还能够部分地传递给后代。这就可以证明，1899年这次有充分记录的瘟疫暴发之前的十年中，红海山区肯定还暴发过一次瘟疫。

英国和埃及两国的官员们没有注意到1889年的这场瘟疫，可能有很多原因。首先，他们可能没有认识到瘟疫的严重性，也就没有报告。派驻红海地区的英国官员们没有报告过一起瘟疫。1879年11月，居住在吉达的威尔德在一封私人信件中指

---

① Bazett Annesley Lewis, *The Murle: Red Chiefs and Black Commoners* (Oxford: Clarendon Press, 1972).
② Rowe and Hødnebø, "*Rinderpest in the Sudan 1888-1890*," 173.
③ Ibid., 172-175.
④ "Notes on the Outbreak of Bovine Typhus at Suakin and in the Neighbouring Districts," in Intelligence Department, Egyptian Army, *Sudan Intelligence Report*, no. 62 (February 16 to April 30, 1899), 16, SAD.

第四章　萨纳特-西塔饥荒和贝贾人自治的衰落（1889—1904）

出，麦加和吉达因为瘟疫而死亡的马每天多达 50 匹。然而在当时同一地区的英国领事或英国海军官员们所发出的公务信函中，却没有人提到过这一疫情。①此外，官员们可能只是在萨瓦金市场的肉类供应下降时才意识到了疫情的暴发，他们此前很可能没有注意到大量牲畜正在死亡，因为牛瘟暴发只造成了骆驼的亚临床感染，②也没有扰乱萨瓦金附近的通讯联络。1889 年 9 月，英-埃政府官员们曾经指出牧民们在萨瓦金出售牲畜的数量在下降，但却将之归因于牧民们将牲畜赶往了其他多雨湿润的牧场。③事实上，即使这些英-埃政府官员们注意到了牲畜的死亡，他们对瘟疫引起饥荒的关注也很可能超越瘟疫本身。

仔细研究萨纳特-西塔饥荒的发展情况就会发现，苏丹东部牛瘟的流行有一个时间表。大批的哈丹达瓦牧民从 1889 年 11 月开始在萨瓦金附近定居，他们可能是为了应对从厄立特里亚向他们传统牧场传播的牛瘟。而随着牛群被感染并开始大量死亡，牧民们可能会极力维持他们的牛群规模，这就解释了 1889 年 12 月萨瓦金附近的劫掠牛群事件为什么会增多。1890 年初，红海地区 90%的牛都死于瘟疫。由于牧民们只能用牲畜财富来购买粮食，牲畜死亡带来的财富流失导致了大规模饥荒。1890 年初，

---

① Part of a letter from A. B. Wylde at Jidda, probably to his father [undated, November 1879] WYL/72/22. 202 Notes

② J. J. McGrane and A. J. Higgins, "Infectious Diseases of the Camel: Viruses, Bacteria and Fungi," *British Veterinary Journal* 141 no. 5 (September-October 1985):533–534.

③ Intelligence Department, *Egyptian Army, Staff Diary and Intelligence Report*, Suakin, no. 91 (September 17 to 30, 1889), SAD.

因为无法获得食物，贫困消瘦的饥荒难民开始往萨瓦金迁移。

牛瘟的暴发和随之而来的饥荒进一步破坏了马赫迪军队在苏丹东部和红海山区的生存。1887年后，哈丹达瓦叛军的不满情绪一直在增长。哈里发当时出任马赫迪国家领袖不到两年，他派遣来自科尔多凡的塔伊沙巴卡拉士兵援助东苏丹埃米尔迪克纳。朱马扎战役后，哈里发再次调解迪克纳与其他地区叛军领导人的政治纠纷，并借此干预叛乱地区的地方事务，许多哈丹达瓦谢赫在1889年上半年因此离开了迪克纳阵营。① 而随着叛军内部形势的进一步恶化，其中一些谢赫来到萨瓦金投靠英-埃政府，哈姆达布（Hamdab）族谢赫阿巴德·卡迪尔（'Abd al-Qadir）就是其中之一，他在1889年6月提议组建一支民兵武装，将迪克纳赶出陶卡尔。② 英-埃政府官员们意识到这是一个独特的机会，第一次组建了由哈丹达瓦谢赫们组成的军事联盟。在得到埃及军队长官格伦费尔的许可后，③ 英-埃政府官员们开始向卡迪尔和他的民兵提供武器和给养。④ 这项新战略取得了初步成功。1889年8月16日，根据英-埃政府的直接命令，⑤ 卡迪尔的民兵袭击并占领了叛军在辛卡特的营地。这次胜利增加了卡迪尔的声望，在接下来的几个星期里又吸引不少哈丹达瓦和艾姆拉拉部落的谢赫加入卡迪尔阵营。⑥ 由于卡迪

---

① Peter Malcolm Holt, *The Mahdist State in the Sudan, 1881 – 1898: A Study of the Origins, Development and Overthrow*, 2nd ed. (Oxford: Clarendon Press, 1970), 187 – 8.

② Barnham to Clarke, July 10, 1889 FO407/89/67, NA.

③ Ibid.

④ Ibid.

⑤ Holled Smith to Kitchener, September 15, 1889 FO407/90/2, NA.

⑥ Clarke to Salisbury, August 30, 1889 FO407/89/106, NA.

第四章　萨纳特-西塔饥荒和贝贾人自治的衰落（1889—1904）

尔没有兑现进军陶卡尔的承诺，格伦费尔在 1889 年 9 月 15 日命令英-埃政府停止支持卡迪尔和他的民兵。① 虽然英-埃政府官员们遵照命令停止了对卡迪尔民兵武装的支持，但他们后来同意向卡迪尔及其盟友提供补助，换取后者对柏柏尔-萨瓦金公路的通行安全保证。② 事实证明，在随后的饥荒中，这个财政支持至关重要。

尽管英-埃政府官员们资助了一些重要的谢赫盟友，但他们最初并没有努力救助在萨瓦金附近的数千名饥饿的贝贾难民。1890 年 2 月下旬，官员们开始给这些难民提供有限的援助。2 月 26 日，埃及财政部拨出大约 500 英镑给英-埃政府用于饥荒救济，③ 英-埃政府官员们随后成立了一个委员会来决定如何分配这笔资金。④ 委员会在萨瓦金外围防御线附近建造了两个加固的营地（zaribas），分别作为医疗救助点和食物分发点。⑤ 营地的医院向大约 100 名病人提供医疗服务，每天向他们供应掺杂牛奶和高粱的稀饭。另一个营地每天给 2 500 名难民提供高粱面包。根据总领事巴林的指示，委员会只直接救助寡妇、孤儿和那些因病无法工作的人。⑥ 有工作能力的男人要么在城里找到工作，要么参与政府救济工程。⑦ 已婚妇女和女孩应通过丈夫和父亲的工资间接获得援助。到 1890 年 3 月底，英-埃政

---

① Holled Smith to Kitchener, September 15, 1889 FO407/90/2, NA.
② *Intelligence Department, Egyptian Army, Staff Diary and Intelligence Report*, Suakin, no. 96 (November 27 to December 10, 1889), SAD.
③ Baring to Salisbury, March 2, 1890 FO407/99/70, NA.
④ Baring to Salisbury, February 27, 1890 FO407/99/55, NA.
⑤ Barnham to Baring, March 5, 1890 FO407/99/83, NA.
⑥ Barnham to Baring, March 19, 1890 FO407/100/5, NA.
⑦ Baring to Salisbury, March 2, 1890 FO407/99/70, NA.

府雇用了大约 200 名男子和男孩建设萨瓦金及其周边的简便道路工程,给他们支付双倍的口粮。①

STC 通过其在萨瓦金的代理人威尔德提供了饥荒救助,而这些救助推动 STC 进一步获取走进苏丹东部和红海山区肥沃农业区的机会。在饥荒期间,威尔德提供了资金和粮食援助,用以换取在陶卡尔三角洲及其支流巴拉卡河(Baraka)流域 21 年的土地租赁权。威尔德在政府设立饥荒救济计划之前就开始签署这些合同,到 1890 年 3 月初,他已经签署了超过 2 000 份的协议。②与英-埃政府不同,STC 并不要求被救助的人参加工作,因而是一个有吸引力的援助来源。1890 年,威尔德继续签署这些协议,并在 1891 年声称他有 1 万份租赁苏丹东部肥沃土地的合同。③

卡利斯特·莱加尼(Callisto Legani)是意大利驻萨瓦金的代理领事,他也认识到饥荒是扩大意大利在马萨瓦北方影响力的机会。1890 年初,莱加尼不仅和威尔德一样通过提供粮食援助换取在陶卡尔三角洲的土地租约,④ 还给那些住在萨瓦金或附近营地的谢赫提供资助,这些谢赫因此愿意组建民兵,并接受驻马萨瓦意大利军队的指挥。莱加尼向阿巴德·卡迪尔和马哈茂德·哈米德提出了这个提议,这两个人之前都曾与英-埃政府签订过保护柏柏尔-萨瓦金公路的协议。⑤ 此外,莱加尼还向阿里·瓦拉德·苏莱曼('Ali Walad Sulaiman)谢赫提出过类似

---

① Barnham to Baring, March 31, 1890 FO407/100/15, NA.
② Holled Smith to Baring, March 4, 1890 FO 407/100/84, NA.
③ Hardinge to Salisbury, July 26, 1891 FO 407/107/18, NA.
④ Holled Smith to Baring, March 4, 1890 FO407/99/84, NA.
⑤ *Intelligence Department, Egyptian Army, Staff Diary and Intelligence Report*, Suakin, no. 104 (March 18 to April 1, 1890), SAD.

第四章　萨纳特-西塔饥荒和贝贾人自治的衰落（1889—1904）

提议。瓦拉德·苏莱曼谢赫是哈丹达瓦部落前纳齐尔的孙子，英-埃政府官员们认可他继承其祖父的头衔。1889年11月，瓦拉德·苏莱曼和他的追随者为了寻求粮食补贴而移居萨瓦金。在英-埃政府官员们拒绝提供援助后，威尔德找到了瓦拉德·苏莱曼谢赫，愿意向他和他的追随者提供粮食，条件是换取在陶卡尔三角洲的租约。瓦拉德·苏莱曼拒绝了威尔德的提议。莱加尼随后向瓦拉德·苏莱曼提议每月补助200塔勒的薪水，后者负责为马萨瓦的意大利行政当局征募民兵。此外，莱加尼还提议向招募的民兵每月每人提供16个塔勒、1份黄油和1袋高粱。得知瓦拉德·苏莱曼接受了莱加尼的提议后，威尔德担心意大利势力扩张，于是为瓦拉德·苏莱曼安排了一笔更为有利的交易，这笔交易由英埃两国政府和STC共同出资，以确保他继续效忠英国。①

虽然饥荒使得一些以前反叛的哈丹达瓦谢赫选择与英-埃政府和英国利益联系在一起，但这场粮食危机也让英-埃政府的一些老盟友转变为马赫迪的代理人，其中之一就是贝贾人艾姆拉拉部族的法德莱伯部落。② 1889年12月22日，法德莱伯部落的谢赫马哈茂德·阿里（Mahmud 'Ali）去世。③ 阿里的儿子艾哈迈德·马哈茂德（Ahmad Mahmud）曾在1886年带领民兵进攻塔迈的迪克纳营地并取得胜利，他在父亲死后的几个星期前往恩图曼，接受哈里发的任命，④ 出任柏柏尔-萨瓦金道路的埃

---

① Barnham to Baring, March 5, 1890 FO 407/99/83, NA.
② *Intelligence Department, Egyptian Army, Staff Diary and Intelligence Report*, Suakin, no. 97 (December 11 to 23, 1889), SAD.
③ Ibid.
④ Holt, *The Mahdist State in the Sudan*, 187.

米尔,哈里发一直寻求限制迪克纳的影响力。① 为了反击这种背叛,霍利德·史密斯(Holled Smith)选择支持艾哈迈德·马哈茂德的弟弟哈马德·达利布·库提(Hamad Darib Karti),支持后者继承其父法德莱伯部落谢赫和艾姆拉拉族纳齐尔的位置。② 但艾哈迈德·马哈茂德的影响力很快就超过了达利布·库提。1890年1月,艾哈迈德·马哈茂德回到汉达布(Handub),宣布进入或离开萨瓦金的商人必须将商品价值的10%缴作关税。③ 到1890年3月中旬,征收的税款据报已经超过2 000塔勒,④ 其中大部分来自每月从萨瓦金出口到内陆的近5 000阿达布粮食。⑤ 汉达布很快就变成了一个巨大的粮食市场和另一个难民安置地,难民人数在1890年的头几个月迅速增加。⑥ 6月5日,艾哈迈德·马哈茂德禁止恩图曼和柏柏尔的商

---

① This was the second time that Ahmad Mahmud defected to the Mahdist side. The first time was in October 1888 during the early stages of Diqna's siege of Sawakin. Following his first defection, Ahmad Mahmud was sent by Diqna to besiege Rawaya. Ahmad Mahmud subsequently settled at the wells near Rawaya and cut off that Anglo-Egyptian outpost from its water supply. Mahmud 'Ali eventually negotiated Ahmad Mahmud's return into the Anglo-Egyptian fold. See Francis Reginald Wingate, *Mahdism and the Egyptian Sudan*, 2nd ed. (London: Frank Cass, 1968), 363 – 364 and 449 – 450.

② *Intelligence Department, Egyptian Army, Staff Diary and Intelligence Report*, Suakin, no. 100 (January 21 to February 4, 1890), SAD.

③ Ibid.

④ *Intelligence Department, Egyptian Army, Staff Diary and Intelligence Report*, Suakin, no. 103 (March 4 to 17, 1890), SAD.

⑤ Portal to Salisbury, July 22, 1890 FO407/101/13, NA. Notes 203

⑥ *Intelligence Department, Egyptian Army, Staff Diary and Intelligence Report*, Suakin, no. 105 (April 2 to 15, 1890), SAD.

第四章 萨纳特-西塔饥荒和贝贾人自治的衰落（1889—1904）

人前往萨瓦金，要求他们的商品只能在汉达布销售。① 汉达布作为主要粮食市场的重要性进一步增强，7 月份每天从萨瓦金进口 60～80 袋粮食。汉达布的崛起对英-埃政府构成了严重的军事威胁，因为艾哈迈德·马哈茂德利用自己的财富和威望鼓动埃及军队的士兵进入汉达布并使之投降。7 月中旬，已经有埃及士兵开始投奔马赫迪军队营地。②

控制汉达布的马赫迪军队营地

最初，英-埃政府官员们试图与汉达布的马赫迪军队建立和平关系。两者之间的第一次正式接触发生在 1890 年 2 月 10 日，汉达布的一支税务巡逻队逼近萨瓦金的外围防线，英-埃政府官员们当时选择谈判而不是开火。这些谈判商定了马赫迪军队巡逻时不得越过的界限，但这个协议很快就被打破。③ 1890 年 5 月，艾哈迈德·马哈茂德派遣的巡逻队向北方的谢赫们通报了汉达布粮食市场货源充足的情况，而且在杰西拉特·阿卜杜拉（Jazirat 'Abd Allah）附近袭击了一艘独桅帆船，杀死 1 人，抢劫了船上运输的高粱。④ 霍利德·史密斯报复了这次攻击，他

---

① *Intelligence Department, Egyptian Army, Staff Diary and Intelligence Report*, Suakin, no.110 (June 10 to 23, 1890), SAD.

② Portal to Salisbury, July 22, 1890 FO407/101/13, NA.

③ *Intelligence Department, Egyptian Army, Staff Diary and Intelligence Report*, Suakin, no.101 (February 4 to 18, 1890), SAD.

④ Barnham to Baring, May 26, 1890 FO407/100/52, NA.

禁止粮食从萨瓦金向汉达布出口。① 虽然艾哈迈德·马哈茂德此后逮捕了袭击小队的成员，但霍利德·史密斯拒绝取消出口限制，要求退还劫走的高粱并支付死者抚恤费用。艾哈迈德·马哈茂德回信挑衅，威胁说除非恢复粮食贸易，否则就袭击萨瓦金。② 其弟达利布·库提从中斡旋缓解不断升级的紧张状况，同意支付死者的抚恤金，但要求向从萨瓦金出口到汉达布的每1袋货物征收1/4塔勒的关税。③ 1890年5月29日，霍利德·史密斯重新开放粮食贸易。④

1890年7月，艾哈迈德·马哈茂德引诱达利布·库提和一些艾姆拉拉族谢赫离开萨瓦金进驻马赫迪军队营地，英-埃政府和汉达布马赫迪军队之间的紧张局势再次升级。⑤ 因为达利布·库提当时还从英-埃政府领取薪水，在如何应对达利布·库提叛逃的问题上，伦敦和开罗的英国官员与萨瓦金当局的英-埃政府官员之间存在分歧。包括英国驻萨瓦金领事亨利·巴纳姆（Henry Barnham）在内的一些官员们认为，达利布·库提是个无足轻重的领导人，他的叛变不值一提。⑥ 其他人虽然对具体应该采取的措施意见不一，但都认为应该尽快敦促达利布·库提返回萨瓦金。霍利德·史密斯当时正在休假，乔治·哈克

---

① *Intelligence Department, Egyptian Army, Staff Diary and Intelligence Report*, Suakin, no. 108 (May 13 to 26, 1890), SAD.
② Barnham to Baring, May 26, 1890 FO407/100/52, NA.
③ Barnham to Baring, May 30, 1890 FO407/100/52, NA.
④ *Intelligence Department, Egyptian Army, Staff Diary and Intelligence Report*, Suakin, no. 109 (May 27 to June 9, 1890), SAD.
⑤ Summary of News, July 22, 1890 FO407/101/21, NA.
⑥ Barnham to Salisbury, August 7, 1890 FO407/101/18, NA.

第四章　萨纳特-西塔饥荒和贝贾人自治的衰落（1889—1904）

特·佩恩（George Hackett Pain）是红海地区代理总督，他想用外交手段说服达利布·库提返回。基钦纳则希望向达利布·库提发出最后通牒，要求他返回萨瓦金，否则将停止向他发放工资，关闭萨瓦金与内地之间包括粮食贸易在内的所有贸易，禁止任何艾姆拉拉人进入萨瓦金。①

根据格伦费尔在1889年的指示，霍利德·史密斯是英-埃政府和当地谢赫之间的唯一联络人，但最终还是由基钦纳决定英-埃政府对达利布·库提叛逃的回应。1890年8月12日，霍利德·史密斯要求英国外交部阻止英-埃政府在他休假归来前对此事采取任何明确的行动。②然而在几天前，哈克特·佩恩已经要求基钦纳接管与达利布·库提的所有通信。③霍利德·史密斯对此提出了抗议，但英国外交部还是允许基钦纳在他缺席的情况下负责此事，附加的条件是基钦纳不能操纵粮食贸易来达到政治目的。④但基钦纳无视这些限制。1890年8月17日，也就是接管谈判事宜几天后，基钦纳就禁止从萨瓦金向苏丹东部内陆出口粮食。⑤

基钦纳向伦敦和开罗的英国官员们解释了他的行动，宣称这是为了防止已经影响到麦加的霍乱蔓延到萨瓦金而采取的公共卫生措施。⑥然而暂停粮食贸易并不能有效地预防霍乱，因为直到8月底，其他的货物和人员都可以自由地进出港口。

---

① Portal to Salisbury, August 4, 1890 FO407/101/15, NA.
② Holled Smith to Foreign Office, August 12, 1890 FO407/101/22, NA.
③ Portal to Salisbury, August 6, 1890 FO407/101/17, NA.
④ Salisbury to Portal, August 15, 1890 FO407/101/23, NA.
⑤ Portal to Salisbury, August 26, 1896 FO407/101/29, NA.
⑥ Ibid.

1890年8月31日，印度粮商抱怨这一限制就是在不恰当地针对他们，基钦纳的回应是进一步关闭萨瓦金和苏丹内陆之间的所有贸易，①继续允许不从事贸易的人员自由进出。②基钦纳在1890年9月的一份埃及军方机密函件中承认，实施这些限制措施的真正目的，就是挑起"汉达布阵营的分裂"，使"汉达布阵营认识到与政府保持良好关系的必要性"。③

除了在粮食危机期间限制粮食出口，基钦纳还策划杀死了数万名前反叛分子，这些人曾在萨瓦金外围防御区附近的难民营躲避萨纳特-西塔饥荒。1890年夏天，因为无法再从遭受饥荒的苏丹中部和北部获取补给，迪克纳的士兵和难民追随者在卡萨拉难以获得足够的给养。粮食供给短缺扰乱了迪克纳的部队，成千上万以妇女儿童为主的随军人员被迫外出寻找食物。④这些饥饿的难民先是前往陶卡尔，无法在当地获得食物后又辗转前往萨瓦金，于1890年7月开始陆续抵达。⑤这是涌入萨瓦金的第二波移民潮，当地难民营人数随即激增。

基钦纳在1890年9月实施的措施，并没有区分新近到达的难民和饥荒头几个月抵达萨瓦金的其他难民。9月18日，基钦纳向萨瓦金外围防线附近难民营的6 000名难民发放了为期4

---

① Banians and Indians at Suakin to Portal, August 29, 1890 FO407/101/30, NA.

② Mohamed Ibrahim to Portal, August 31, 1890 FO407/101/30, NA.

③ Herbert Kitchener, "Memorandum," in *Intelligence Department, Egyptian Army, Staff Diary and Intelligence Report*, Suakin, no. 116 (September 2 to 20, 1890), 2, SAD.

④ Portal to Salisbury, August 13, 1890 FO407/101/25, NA.

⑤ Intelligence Department, Egyptian Army, *Staff Diary and Intelligence Report*, Suakin, no. 112 (July 9 to 21, 1890), SAD.

第四章　萨纳特-西塔饥荒和贝贾人自治的衰落（1889—1904）

天的高粱口粮，然后派遣骑兵将营地内的所有难民驱赶到内地，并建立了一支警察队伍防止难民返回。① 那些因为病情太重而不能被驱离的难民，要么被用船送到埃及军队在阿基克港、拉瓦亚（Rawaya）或杰西拉特·阿卜杜拉的营地，要么被允许留在难民营地的医院。② 而那些被驱逐的难民因为没有得到预先警告，离开时被迫放弃的财产后来纷纷被萨瓦金居民所抢夺。③ 一些被驱逐的难民逃到了陶卡尔南方的山区，但大多数人在萨瓦金要塞外几千米处就受到马赫迪军队的攻击，身上的口粮也被抢走。④ 据报道，许多人在接下来的几天里死于饥饿。⑤

　　来自汉达布的马赫迪军队抢劫逃亡难民的口粮，因为他们也感受到了粮食危机的影响。1890年8月贸易中断后，红海山区粮食短缺，高粱的价格迅速上涨。1890年8—10月，袋装高粱的价格（4.5千克）在汉达布从4塔勒涨到了30塔勒，在陶卡尔则涨至50塔勒。⑥ 而在同一时期，萨瓦金的袋装高粱价格基本保持在3～4塔勒之间。因为受到了基钦纳的暂时限制，主导粮食贸易的印度公司无法参与黑市交易，萨瓦金市场的粮食供应缺口无法通过黑市交易加以弥补。在基钦纳暂停粮食交易的前几周，印度商人从萨瓦金运走了大量粮食，英-埃政府官员们甚至担心粮食库存不足以满足全城平民和军人的需求。⑦ 应

---

① Barnham to Baring, October 18, 1890 FO407/102/10, NA.
② Ibid.
③ Pain to Grenfell, September 22, 1890 FO407/102/10, NA.
④ *Intelligence Department, Egyptian Army, Staff Diary and Intelligence Report*, Suakin, no. 112 (July 9 to 21, 1890), SAD.
⑤ Hall to Haskins, October 8, 1890 FO407/102/26, NA.
⑥ Ibid.
⑦ Portal to Salisbury, August 13, 1890 FO407/101/25, NA.

英-埃政府行政当局的请求，印度商人在1890年8月初从孟买订购了大约四万袋4.5千克的高粱，粮食贸易暂停时这些公司的运粮船正处于从印度赶来的途中。①当这些粮食抵达萨瓦金时，粮食贸易禁令已全面实施，因而只能堆放在港口的仓库中任由它发霉腐烂。印度公司掌控着大批粮食，但贸易限制导致他们无法回收投资于粮食贸易的资本，也无法开展其他商业活动，包括重建非法的粮食黑市交易，红海山区的粮食库存严重不足。②11月，吉达宣布霍乱疫情结束，基钦纳随即被迫取消对贸易的限制，此前为了防范霍乱疫情传播而被禁止的跨红海粮食贸易也得以恢复。③在随后的几天里，萨瓦金的大量粮食立即出口到内地，苏丹内地的高粱价格很快恢复正常。④

粮食贸易的暂停并没有导致汉达布阵营的解散。1890年9月，达利布·库提回到了萨瓦金，但另一位法德莱伯部落谢赫并没有和他一起回来，其他一些艾姆拉拉部落的谢赫后来也切断了与汉达布阵营的联系。然而这一切与基钦纳的切断粮食贸易政策没有关系。1890年11月28日，艾哈迈德·马哈茂德去世，汉达布阵营内部爆发权力斗争。哈里发承认纳菲尔·伊本·马哈茂德（Nafir ibn Mahmud）为新埃米尔，他也是艾哈迈德·马哈茂德和达利布·库提的兄弟。因此，艾姆拉拉部落的一些谢赫选择离开汉达布，其中就包括曾和英-埃政府有过短暂

---

① Banians and Indians at Suakin to Portal, August 29, 1890 FO407/101/30, NA.

② Barnham to Baring, October 18, 1890 FO407/102/10, NA.

③ Barnham to Baring, November 5, 1890 FO407/102/23, NA.

④ *Intelligence Department, Egyptian Army, Staff Diary and Intelligence Report*, Suakin, no.122 (December 10 to 23, 1890), SAD.

第四章 萨纳特-西塔饥荒和贝贾人自治的衰落（1889—1904）

合作的库巴布族（Kurbab）谢赫阿里·哈马德（Ali Hamad）、阿利卜（Aliab）族谢赫侯赛因·贾布里勒（Husain·Jibril）。12月25日，这两位谢赫抓获了一支正押送59名奴隶从汉达布驶向海岸的卫队，他们将这支卫队交给了拉瓦亚①的政府哨所，英-埃政府官员们释放了这些奴隶。② 当纳菲尔·伊本·马哈茂德后来派巡逻队北上调查此事时，阿里·哈马德和侯赛因·贾布里勒又公开表示效忠马赫迪国家，结束了他们对英-埃政府的支持。③

英-埃政府对汉达布阵营政治动荡的反应是派出一支远征队，迫使纳菲尔·伊本·马哈茂德离开红海山区。1891年1月26日，汉达布的一支巡逻队突袭了萨瓦金附近的牛群。④ 第二天，霍利德·史密斯就突破了长期以来不在萨瓦金防御线之外开展军事行动的命令，率领队伍清剿汉达布。在随后的战斗中，纳菲尔·伊本·马哈茂德撤退，英-埃联军轻松占领汉达布。战斗结束后，霍利德·史密斯向开罗和伦敦报告了这次远征。外交部没有惩罚霍利德·史密斯违抗命令，允许他永久驻守汉达布，但告知后者在没有事先获得批准的情况下不得再向内陆推进。⑤

对纳菲尔·伊本·马哈茂德的轻松胜利改变了英国外交部

84

---

① *Intelligence Department, Egyptian Army, Staff Diary and Intelligence Report*, Suakin, no.123 (December 24, 1890 to January 6, 1891), SAD.
② Barnham to Baring, January 20, 1891 FO407/106/22, NA. 204 Notes
③ *Intelligence Department, Egyptian Army, Staff Diary and Intelligence Report*, Suakin, no.124 (January 7 to 21, 1891), SAD.
④ Holled Smith to Grenfell, January 26, 1891 FO407/106/20, NA.
⑤ Baring to Salisbury, January 29, 1891 FO407/106/14, NA.

对陶卡尔三角洲的立场。自 1885 年以来，英-埃政府官员们一直认为，要确保他们在红海沿岸的主导地位，就必须控制这片富饶的地区。在萨纳特-西塔饥荒之前，英-埃政府官员们只派出当地民兵远征三角洲的马赫迪军队营地。在饥荒期间，官员们开始向伦敦和开罗请愿，要求使用埃及军队清剿和控制陶卡尔三角洲。① 英国外交部此前一再拒绝这些要求，但在 1891 年 2 月 7 日，索尔兹伯里首相同意授权英-埃政府官员们向陶卡尔挺进。在随后的几天里，埃及军队击溃了当地的马赫迪军队，轻松占领因为饥荒而极度匮乏的陶卡尔三角洲。迪克纳的许多将领和 700 名追随者在战斗中被杀，② 他本人率领残余部队逃离战场，在阿特巴拉河（the Atbara River）上的阿达拉马（Adarama）重新安营扎寨。③

85 英-埃政府统治的好处

英-埃军队征服汉达布和陶卡尔后，苏丹内陆尼罗河流域和沿海之间自马赫迪运动以来就一直处于停滞状态的商队贸易得到了恢复。近如红海山区，远至加什三角洲和尼罗河流域，各地的谢赫纷纷前往萨瓦金，埃军指挥官格伦费尔会见并赦免了他们，换取了后者的公开宣誓效忠。④ 英-埃政府官员们随后与

---

① Salisbury to Baring, February 7, 1891 FO407/106/17, NA.
② Barnham to Baring, February 19, 1891 FO407/106/52, NA.
③ Holt, *The Mahdist State in the Sudan*, 192.
④ *Intelligence Department, Egyptian Army, Staff Diary and Intelligence Report*, Suakin, no. 127 (March 1 to 8, 1891), SAD.

第四章　萨纳特-西塔饥荒和贝贾人自治的衰落（1889—1904）

另一组谢赫签订新协定，再次以月度津贴换取后者确保柏柏尔-萨瓦金公路的安全。① 来自柏柏尔的商人很快进入萨瓦金开展贸易。埃及的军情报告显示，在征服陶卡尔后的两个月内，至少有34个商人从柏柏尔抵达萨瓦金，② 第一波商人在1889年3月23日到达。③ 从1891年3月底至12月底，至少有170个商人从苏丹内陆抵达萨瓦金。④ 这些报告通常并不列出商人所属的"部落"，也不记录他携带商品的价值以及所带金钱的数量，但偶有例外。一份涵盖1891年10月15—31日的报告就指出，10月29日，三名贾阿林（Ja'aliyyin）商人带着73峰运载树胶的骆驼和1 000塔勒来到萨瓦金。⑤ 一般情况下，商人们会带着金、银和一些用于交换进口商品的树胶来到萨瓦金，从萨瓦金出口到内陆的货物数量远超从内陆带出来的货物数量。在1891年3月23日至5月23日间，商人们从萨瓦金运走了814峰骆驼的货物到内陆，但只运来了75峰骆驼的货物。⑥

为了从再度兴起的商队贸易中获利，苏丹东部和红海山区

---

① Barnham to Baring, May 11, 1891 FO407/106/82, NA.

② See *Intelligence Department, Egyptian Army, Staff Diary and Intelligence Report*, Eastern Sudan, no. 2（March 23 to April 1, 1891）, no. 4（April 15 to 28, 1891）, no. 5（April 29 to May 12, 1891）, and no. 6（May 14 to 25, 1891）, SAD.

③ *Intelligence Department, Egyptian Army, Staff Diary and Intelligence Report*, Eastern Sudan, no. 2（March 23 to April 1, 1891）, SAD.

④ See *Intelligence Department, Egyptian Army, Staff Diary and Intelligence Report*, Eastern Sudan, no. 2（March 23 to April 1, 1891）to no. 22（December 1, 1891 to January 29, 1892）, SAD.

⑤ *Intelligence Department, Egyptian Army, Staff Diary and Intelligence Report*, Eastern Sudan, no. 16（October 15 to 31, 1891）, SAD.

⑥ *Intelligence Department, Egyptian Army, Staff Diary and Intelligence Report*, Eastern Sudan, no. 6（May 14 to 25, 1891）, SAD.

的牧民们迁移到萨瓦金并在其外围防御工事附近建立了新的营地。基钦纳在 1890 年 9 月暴力清除了类似的饥荒难民营地,但根据驻萨瓦金的英国领事巴纳姆(Barnham)1891 年 11 月的估计,新营地的人口约为 6 000 人,① 其中一些牧民出租他们的骆驼用于运输。1891 年上半年,因为商队贸易往来的不断扩大,也因为英-埃政府机构要迁往陶卡尔,当地对骆驼运输的需求量陡然加大。为了确保自身需求得到满足,英-埃政府官员们要求那些准备贩运货物到柏柏尔的驼队,首先必须往陶卡尔运送一次政府部门的货物,而且价格要优惠一半。② 政府的征用造成了骆驼极度短缺,推高了骆驼的出租价格。在马赫迪反叛之前,从萨瓦金到柏柏尔的骆驼租价是每峰 7 塔勒,③ 而 1891 年的价格涨到了 14 塔勒。④ 因此,在柏柏尔-萨瓦金公路上,每租用一峰骆驼来运送货物,骆驼的主人就能得到 21 塔勒,其中帮商人将货物运往柏柏尔可以得到 14 塔勒,帮政府将货物运到陶卡尔可以得到 7 塔勒。

骆驼的主人还通过服务规避萨瓦金海关的走私贸易中获利。从历史记录来看,这种走私贸易的发展程度尚不清楚,因为它没有被纳入官方的贸易统计数据,也因为它在某种程度上受到了奴隶贸易的推动。英-埃政府官员们意识到,征服汉达布和陶卡尔并不能结束跨红海的奴隶贸易。1891 年 4 月 26 日,埃及

---

① Barnham to Baring, November 7, 1891 FO407/107/94, NA.

② Barnham to Baring, April 29, 1891 FO407/106/78, NA.

③ Andrew Paul, *A History of the Beja Tribes of the Sudan*, 2nd ed. (London: Frank Cass, 1971), 106.

④ Barnham to Baring, April 29, 1891 FO407/106/78, NA.

第四章　萨纳特-西塔饥荒和贝贾人自治的衰落（1889—1904）

政府在海拉伊卜（Halaib）附近的 7 艘帆船中发现两艘装载有违禁品。被捕的船员后来承认，通过红海沿岸的众多天然港口，苏丹和汉志王国之间有着广泛的奴隶贸易。[1]

开放柏柏尔-萨瓦金公路的沿线贸易，为马赫迪国家和英-埃政府都带来了直接的经济收益。从内陆尼罗河流域来到萨瓦金的商人们带来了大量用于出口的树胶。树胶被尼罗河以西的马赫迪政府垄断收割，然后由财政部门卖给与萨瓦金做生意的商人。1891 年的贸易收益表明，商人们通过萨瓦金出口了大约 8 万塔勒的树胶。[2] 英-埃政府对运进萨瓦金的树胶收取 8％的关税，1891 年的政府财政收入因之增加了大约 6 400 塔勒。

新埃米尔纳菲尔·伊本·马哈茂德也试图通过贸易征税获得利润。1891 年 5 月，埃及军队征服了汉达布，纳菲尔带领残部沿着柏柏尔-萨瓦金道路逃跑，最后在距离萨瓦金大约 200 千米的库克拉布（Kukrab）水井附近建立了新营地。[3] 纳菲尔和他的追随者利用营地对过往商人征收 10％的税。[4] 虽然英-埃政府为了确保柏柏尔-萨瓦金沿线的贸易畅通资助了一些谢赫，但这些谢赫因为姻亲关系并不愿意清除库克拉布营地，其中之一的穆罕默德·奇尤尔（Muhammad Qiyur）谢赫就娶了纳菲尔的妹妹。[5]

---

[1] *Intelligence Department, Egyptian Army, Staff Diary and Intelligence Report*, Eastern Sudan, no. 4 (April 15 to 28, 1891), SAD.

[2] *Consular Report*, Suakin, no. 988 (C6550, 1892), 1.

[3] Barnham to Baring, May 11, 1891 FO407/106/82, NA.

[4] *Intelligence Department, Egyptian Army, Staff Diary and Intelligence Report*, Eastern Sudan, no. 7 (May 13 to June 8, 1891), SAD.

[5] Barnham to Baring, May 11, 1891 FO407/106/82, NA.

征服汉达布和陶卡尔后，苏丹当地社会的许多阶层都从英-埃政府的政策中受益，但 STC 的英国投资者在财务上蒙受了损失。事实上，英-埃政府官员们把陶卡尔三角洲看作是政府可以用来创收以抵消管理成本的关键资源，然而由于 STC 此前已经确立了对陶卡尔三角洲土地的权利，英-埃政府官员们在征服后就有意破坏 STC 的努力。① 1891 年 7 月，在标志着农业生产开始的泛滥季到来之前，霍利德·史密斯发布公告，宣布陶卡尔三角洲的所有土地为政府土地，借此废除了三角洲地区的所有其他权利，包括 STC 在萨纳特-西塔饥荒期间购买的那些权利。尽管霍利德·史密斯宣布政府将把土地以每费丹 40 比索的价格出租给当地民众，但他没有表明政府有向 STC 这样的外国企业出租土地的意向。②

STC 最初的反应是向伦敦和开罗的英国官员们施压，要求撤销霍利德·史密斯的公告。STC 董事会在给驻埃及总领事巴林和首相索尔兹伯里的信中称，STC 在三角洲地区的权利是基于善念而签订的，而且已经以粮食援助的形式投入了大量资金来确保这些合同，任何取消合同的行为都将给公司造成相当大的经济损失。董事会还声称，因为侵占了当地民众的土地权利，霍利德·史密斯的公告违反了格伦弗尔在 1888 年 12 月的宣言，英-埃政府在该宣言中承诺除了鼓励贸易外什么都不做。③ 当这些投诉信被转交给萨瓦金时，霍利德·史密斯答复说，由于未能将叛军从陶卡尔清除出去，当地民众既放弃了在三角洲的土

---

① Baring to Salisbury, February 3, 1890 FO407/106/15, NA.
② Hardinge to Salisbury, July 16, 1891 FO407/107/16, NA.
③ Hardinge to Salisbury, July 16, 1891 FO407/107/16, NA..

第四章 萨纳特-西塔饥荒和贝贾人自治的衰落（1889—1904）

地权利，也废除了 1888 年的宣言。① 英-埃政府官员们在开罗的支持下还对 STC 租赁合同的有效性提出了质疑。正如驻埃及代理总督阿瑟·哈定（Arthur Hardinge）1891 年 7 月对首相索尔兹伯里所言，官员们

> 公开质疑与 STC 签署合同的当地人在很多情况下是否具有立约能力，也质疑 STC 的代理人是否知道合同中提到的财产究竟在哪里。可以肯定的是，尽管 STC 抱怨目前埃及政府的重建违背了当初的宣言，但它确实无法执行与当地人签订的合同，也不能像它希望的那样在法庭上检验契约的效力。②

当索尔兹伯里拒绝代表公司进行干预时，STC 董事会指示威尔德忽略霍利德·史密斯最近的声明，就像合同仍然有效那样开始进行农业生产。1891 年 8 月初，威尔德安排在陶卡尔三角洲清理土地并开始种植棉花。③代理总督哈定命令 STC 停止在三角洲的所有行动。④ 作为折中方案，哈定后来提出以每费丹 45 比索的租赁费率给 STC 提供土地，这比向当地民众提供的费率高出 5 比索。⑤STC 董事会不愿放弃在该地区

---

① Hardinge to Salisbury, July 26, 1891 FO407/107/18, NA.
② Hardinge to Salisbury, July 26, 1891 FO407/107/18, NA.
③ Hardinge to Salisbury, August 10, 1891 FO407/107/25, NA.
④ Hardinge to Salisbury, August 16, 1891 FO407/107/36, NA.
⑤ Hardinge to Salisbury, August 15, 1891 FO407/107/31, NA.

的土地要求，拒绝了哈定的提议，① 并指示威尔德继续工作。8月31日，威尔德在陶卡尔的市场上张贴了一份由STC董事会撰写的通知，声明："陶卡尔的土地属于部落，不属于政府。"该通知进一步声称，英-埃政府无权干预STC的工作，并暗示英国政府将代表公司干预此事。英-埃政府官员们撤销了这一通知，并将STC的代理人驱逐出了三角洲地区。②此后不久，威尔德结束了与STC的关系，STC也悄然停止了运营。

苏丹东部和红海山区叛乱的结束

英-埃政府和马赫迪国家之间贸易的扩大并没有结束双方在苏丹东部和红海山区的军事冲突。英-埃政府官员们认为，叛乱分子在柏柏尔-萨瓦金公路上的收税行为对贸易和稳定构成了持续威胁，因而从1891年10月开始一再请求伦敦和开罗允许他们清剿纳菲尔·伊本·马哈茂德的营地。③ 1892年6月，在拒绝了此前的多次请求之后，英国外交部终于批准了这项军事远征，但明确禁止埃及军队在柏柏尔-萨瓦金沿线建立新的永久要塞，借此限制英-埃政府的领土野心。④ 获得授权几天后，一支

---

① Hardinge to Salisbury, August 16, 1891 FO407/107/36, NA.
② Hunter to Grenfell, September 1, 1891 FO407/107/58, NA.
③ *Intelligence Department, Egyptian Army, Staff Diary and Intelligence Report*, Eastern Sudan, no. 16 (October 15 to 31, 1891), SAD. Notes 205
④ Herbert Kitchener, "Memorandum on the Situation on the Eastern Frontier," *Intelligence Department, Egyptian Army, Intelligence Report*, Egypt, no. 7 (October 1892), 7, SAD.

第四章　萨纳特-西塔饥荒和贝贾人自治的衰落（1889—1904）

埃及部队就向库克拉布进发。经过一场小规模的战斗，埃军占领了叛军营地，埃米尔纳菲尔·伊本·马哈茂德仓惶逃脱。尽管有明确的禁令，红海地区的代理总督阿奇博尔德·亨特（Archibald Hunter）还是在柏柏尔-萨卡金深入内陆 80 千米处的乌希德（Ushid）建立了警察局和市场，会见当地的重要谢赫并承诺保护他们免受来自马赫迪国家的进攻。① 亨特随后还试图通过谈判迫使纳菲尔·伊本·马哈茂德投降，② 他认为这是让哈丹达瓦部落的卡迪尔成为总部在库克拉布的新谢赫领袖的第一步。③

亨特在 1892 年 10 月被迫放弃了他的计划。在英-埃政府征服陶卡尔三角洲后，埃米尔迪克纳就把他的营地从阿达拉马迁移到红海山区的伊尔库维特（Irkuwit），继续袭击萨瓦金附近的牧民及其牲畜，阻断营地附近的商贸往来。④1892 年 11 月，迪克纳派遣军队袭击了陶卡尔三角洲的边缘地区。⑤ 总领事巴林在 1892 年初被晋升为克罗默勋爵，他要求埃及军队集中力量保卫萨瓦金和陶卡尔三角洲，放弃其他控制地区。⑥ 基钦纳在格伦费尔退休时被提升为埃及军队总司令，他也命令亨特撤回所有的驻防部队。⑦ 但亨特拒绝执行这些命

---

① Cromer to Rosebery, December 12, 1892 FO407/114/92, NA.

② *Intelligence Department, Egyptian Army, Intelligence Report*, Egypt, no. 5 (August 1892), 10, SAD.

③ Ibid.

④ Hardinge to Roserbury, October 31, 1892 FO407/114/64, NA.

⑤ A. B. Wylde to W. H. Wylde, November 24, 1892 WYL73/64.

⑥ Cromer to Rosebery, December 12, 1892 FO407/114/92, NA.

⑦ Ibid.

令，他试图通过阻断迪克纳从当地获取供给来削弱其军事能力。与英-埃政府早前垄断粮食贸易的战略不同，亨特的计划是禁止在陶卡尔三角洲种植高粱。1892年11月，蝗灾摧毁了三角洲地区几乎所有的粮食作物，亨特还明确禁止萨瓦金出售粮食种子。亨特虽然也承认这种限制将"给最不能忍受它的阶级带来困难，如果出现饥荒就必须向他们提供救济"，但他认为这是阻止迪克纳从陶卡尔三角洲获得补给而必须付出的牺牲。①

亨特的措施并没有遏制迪克纳的侵略，在接下来的几个月里，迪克纳的军队袭击了当地许多英-埃政府的盟友。1893年1月，迪克纳先是袭击了汉达布附近一个谢赫的营地，杀死了9个男人和2个妇女，② 接着又派人烧毁了威尔德1891年离开STC后建立的一个小棉花种植园。袭击事件发生后，威尔德告诉温盖特（Wingate）他感觉在该地区居住很不适应，于是在几个月后离开了苏丹。③ 3月，迪克纳的部队先是袭击了汉达布的哈丹达瓦营地并囚禁其谢赫，随后又袭击了哈丹达瓦的卡里布（Qarib）部落和卡玛拉布（Qammalab）部落。④ 4月，迪克纳袭击了伊尔库维特（Qammalab）附近的阿尔塔加（Artaiga）和哈丹达瓦人营地，然后把营地搬到陶卡尔郊区，开始袭击三角

---

① *Intelligence Department, Egyptian Army, Intelligence Report*, Egypt, no. 8 (December 1892), 3, SAD.

② *Intelligence Department, Egyptian Army, Intelligence Report*, Egypt, no. 10 (January 1893), 2 - 3, SAD.

③ A. B. Wylde to W. H. Wylde, February 15, 1893 WYL72/73 - 75.

④ Barnham to Cromer, March 14, 1893 FO407/119/159, NA.

第四章 萨纳特-西塔饥荒和贝贾人自治的衰落（1889—1904）

洲地区。①

迪克纳的袭击在 1893 年 5 月突然结束。从柏柏尔来到萨瓦金的商人将这种紧张局势的降温归因于马赫迪国家内部的斗争。扎基·奥斯曼（Zaki'Uthman）是柏柏尔的埃米尔，他更倾向于鼓励与英-埃政府开展贸易，但迪克纳倾向于对红海山区的当地居民施加军事压力，孤立英-埃政府。商人们报告说，哈里发最终站在了扎基·奥斯曼一边，他在 1893 年中命令迪克纳撤离苏丹东部且不得干涉贸易活动。②

随后的贸易正常化有助于保护苏丹东部和红海山区的牧民社区免受后来影响该地区的一系列自然灾害。③ 在接下来的几年里，陶卡尔三角洲雨水稀少，洪水和蝗灾使得农作物减产。1893 年 7 月，能给陶卡尔三角洲带来肥沃土壤和灌溉用水的例行泛滥季没有发生，得到灌溉的土地大约只有 50 费丹，④ 远低于正常年份的 2.5 万～4 万费丹。⑤ 原本 12 月开始的雨季也没有来，红海山区的冬季作物完全绝收。⑥1894 年 7 月的泛滥季看

---

① Barnham to Cromer, April 11, 1893 FO407/119/171, NA.

② *Intelligence Department, Egyptian Army, Intelligence Report*, Egypt, no. 19 (October 1893), 2-3, SAD.

③ *Intelligence Department, Egyptian Army, Intelligence Report*, Egypt, no. 8 (December 1892), 3, SAD.

④ "Report and Map of Tokar Sub-District by Kaimkam Hick*m*an Bey, Commanding Tokar," in *Intelligence Department, Egyptian Army, Intelligence Report*, Egypt, no. 21 (December 1893), 5, SAD.

⑤ *Notes on Khor Baraka and Its Delta around Tokar Prepared by the Inspector General of the Sudan Irrigation Service*, January 1, 1913, SAD185/1/2-9.

⑥ Barnham to Cromer, February 14, 1894 FO407/126/77, NA.

似不错,① 但最后得到灌溉可以进行农业生产的土地也只有 6 000 费丹。② 第二年,严重蝗灾摧毁了三角洲地区的农作物,大约只有 5 000 费丹的土地有收成。③

尽管红海山区的粮食生产连续五年歉收,但没有关于饥饿、营养不良或粮食短缺的报道。当地粮食价格也没有飙升,因为从印度进口了大量的粮食。1894 年 2 月,当地冬季作物绝收,但粮价维持在每半阿达布 4 个塔勒的正常价位,牧民们继续通过为商队提供服务和销售畜牧产品来赚钱维持生计。④ 1892 年下半年,根据英-埃政府编制的贸易报表,从内地运入萨瓦金的货物价值 24 805 英镑,从萨瓦金运出的货物价值 44 572 英镑。这些贸易数据并不区分究竟是将政府库存的货物运送到各个行政部门,还是商人们组织运送的货物。1893 年初,迪克纳的部队还会偶尔出现在红海山区,但已经不能阻止货物进出萨瓦金。在 1893 年 2—4 月间,萨瓦金港运出的货物价值 7 625 英镑,运进的货物是 11 209 英镑。当迪克纳的部队撤退到阿特巴拉河时,这种贸易进一步加强。1893 年,萨瓦金从内陆的进口总额为 86 099 英镑,向内陆的出口总额是 44 153 英镑。1894 年的贸易额略有下降,英国官员们估算的进出口商品价值分别是

---

① Wingate to Maxwell, July 19, 1894 SAD257/1/663 – 666.

② *Report for the Year 1895 on the Trade of Suakin*. Commercial no. 1689 (C7918, 1896), 1 – 2.

③ *Report for the Year 1896 on the Trade of Suakin*. Commercial no. 1859 (C8277, 1897), 2.

④ "Notes on Trade between Suakin and Omdurman," in *Intelligence Department, Egyptian Army, Intelligence Report*, Egypt, no. 23 (February 1894), 5, SAD.

第四章　萨纳特-西塔饥荒和贝贾人自治的衰落（1889—1904）

48 507 英镑和 28 375 英镑。1895 年，商品贸易恢复到了 1893 年的水平，英国官员们记录的进出口额分别是 89 762 英镑和 35 973 英镑。①

牧民们也通过出售牲畜而获利。他们把牛肉卖给红海山区的军队和平民。在 1888—1894 年间，当地市场的牛肉价格几乎翻了一番，每欧卡（okka，大约 1.3 千克）牛肉的价格从 5 比索②增加到 10 比索。③ 1890 年初，进入萨瓦金的商人还一再报告说柏柏尔的骆驼严重短缺，而到了 1891 年 3 月，他们在柏柏尔用 20 英镑④就可以买到一峰骆驼。1892 年 11 月，商人们记录的骆驼价格继续维持着这一水平。⑤

马赫迪控制的内陆尼罗河流域和英-埃政府控制的红海山区之间的贸易继续进行，在 1895 年后几乎没有任何限制。纳菲尔·伊本·马哈茂德于 1894 年在库克拉布设立了收税站，⑥商人们在缴纳税款后就能沿着柏柏尔-萨瓦金公路自由往来。然而当迪克纳 1896 年初返回后，红海山区的局势开始恶化。1896 年 1 月，迪克纳派遣小分队进驻辛卡特（Sinkat）附近的营地，惩

---

① "Trade Returns, Frontier and Suakin, 1892 to 1898," in *Intelligence Department, Egyptian Army, Sudan Intelligence Report*, no. 60 (May 25 to December 31,1898), 139 – 147, SAD.

② Paget to Baring, December 5,1888 FO407/75/107, NA.

③ "Notes on Trade between Suakin and Omdurman," in *Intelligence Department, Egyptian Army, Intelligence Report*, Egypt, no. 23 (February 1894), 5, SAD.

④ *Intelligence Department, Egyptian Army, Staff Diary and Intelligence Report*, Eastern Sudan, no. 2 (March 23 to April 1,1891), SAD.

⑤ *Intelligence Department, Egyptian Army, Intelligence Report*, Egypt, no. 32 (November 1894), 9, SAD.

⑥ Wingate to Maxwell, July 30,1894 SAD257/1/732 – 739. 206 Notes

罚那些拒绝向他进贡的谢赫。到达辛卡特几天后,迪克纳的小分队在柏柏尔-萨瓦金公路上抢劫了一个骆驼商队。① 此后,迪克纳中止了与英-埃政府控制区的所有贸易往来,② 因为他准备对英-埃政府发动又一次远征。③ 4月7日,迪克纳的部队袭击了伊尔库维特(Irkuwit)的英-埃政府哨所,④ 但被埃及军队和当地游牧民兵联合击败。⑤ 远征失败后,迪克纳本人再次撤退到阿特巴拉河流域,⑥ 他的许多追随者开始叛逃,公开效忠英-埃政府。⑦

迪克纳的撤退暂时结束了苏丹东部和红海山区的军事敌对行动。1896年6月,基钦纳领导埃及军队开始沿着尼罗河向南进军,目的是征服栋古拉。随着尼罗河流域马赫迪国家的崩溃,尼罗河以东的不稳定局势愈演愈烈。1896年11月16日,迪克纳的军队在陶卡尔附近劫掠牛群,袭击行动重新开始。⑧ 1897年8月,英-埃军队占领柏柏尔后,为了缓解对恩图曼日益增长的威胁,哈里发命令迪克纳协助保卫北方尼罗河流域,苏丹东

---

① *Intelligence Department, Egyptian Army, Intelligence Report*, Egypt, no. 43 (January 1896), 4, SAD.

② Cromer to Salisbury, March 2, 1896 FO407/136/25, NA.

③ Cromer to Salisbury, March 31, 1896 FO407/136/168, NA.

④ *Intelligence Department, Egyptian Army, Intelligence Report*, Egypt, no. 45 (March 29 to April 12, 1896), 6, SAD.

⑤ *Intelligence Department, Egyptian Army, Intelligence Report*, Egypt, no. 46 (April 13 to 25, 1896), 4, SAD.

⑥ *Intelligence Department, Egyptian Army, Intelligence Report*, Egypt, no. 47 (April 26 to May 22, 1896), 3, SAD.

⑦ *Intelligence Department, Egyptian Army, Intelligence Report*, Egypt, no. 49 (June 22 to August 18, 1896), 5, SAD.

⑧ Lamb to Salisbury, December 19, 1896 FO407/142/6, NA.

第四章　萨纳特-西塔饥荒和贝贾人自治的衰落（1889—1904）

部的敌对行动随即结束。① 在接下来的数周内，苏丹东部几名参与叛乱活动的谢赫们来到柏柏尔，公开向英-埃联军投诚以换取全面赦免。② 1897 年 10 月中旬，一名没有军事人员护送的信使从柏柏尔沿着公路安全到达沿海地区，英-埃联军随即宣布通往萨瓦金的道路安全畅通。③ 1897 年 12 月下旬，英-埃联军从意大利人手中接管了卡萨拉的指挥权，后者为了扩大其厄立特里亚殖民地于 1894 年征服了这个城市。在随后的几个月中，英-埃联军清剿了苏丹东部残存的其他叛军营地。④

英-埃政府统治的代价

苏丹东部和红海山区叛乱的结束似乎为当地牧民带来了繁荣的新时代。尼罗河沿岸的英-埃驻军是苏丹东部牛肉的潜在市场。10 月初，基钦纳会见了一些谢赫，鼓励他们把牛驱赶到柏柏尔并向军队出售牛肉。⑤ 截至 1897 年，柏柏尔-萨瓦金沿线的商队贸易似乎恢复并有可能扩大。英-埃联军征服柏柏尔后的第一个商队于 1897 年 10 月启程前往萨瓦金。⑥ 几天后，基钦纳与另一批谢赫就沿途货物通行安全达成了一项新的协议。新

---

① Holt, *The Mahdist State in the Sudan*, 233 - 238.
② *Intelligence Department, Egyptian Army, Intelligence Report*, Egypt, no. 55 (July 18 to September 30, 1897), 7, SAD.
③ Cromer to Salisbury, October 4, 1897 FO407/144/67, NA.
④ Cromer to Salisbury, March 14, 1898 FO407/144/133, NA.
⑤ *Intelligence Department, Egyptian Army, Intelligence Report*, Egypt, no. 56 (October 6 to November 12, 1897), 6, SAD.
⑥ Ibid.

协议把柏柏尔-萨瓦金公路分成三段。哈马德·巴加什（Hamad Bakash）和艾哈迈德·穆萨（Ahmad Musa）负责柏柏尔至比尔马塔（Bi'ir Matar）之间的路段，二人都是哈丹达瓦部落的沙博地那布（Shaboidinab）族谢赫。阿布德·易卜拉欣（'Abd al-Qadir 'Umar Ibrahim）和雅各布（Ya'qub）是哈丹达瓦部落的哈姆达布（Hamdab Hadandawa）族谢赫，负责比尔马塔和迪西比尔（Disibil）之间的路段。达里布·卡蒂（Darib Karti）和艾哈迈德·巴德里（Ahmad Badri）负责从迪西比尔到萨瓦金的最后一段。政府承诺从离开柏柏尔或萨瓦金的商人那里按每峰骆驼11比索收税，其中政府保留5个比索，其余6个比索分配给谢赫们。①

尽管有这些安排措施，地区秩序也基本恢复，但期望中的商队贸易并未返回柏柏尔-萨瓦金公路。1897年，印度港口暴发瘟疫，英-埃政府随即关闭了萨瓦金和印度之间的贸易。由于印度商人在红海港口贸易中比重最大，这导致苏丹沿海贸易全面下降。② 1898年上半年，贸易持续低迷。根据萨瓦金海关的

---

① "Regulations Regarding Traffic on the Suakin-Berber Road," *Intelligence Department, Egyptian Army, Intelligence Report*, Egypt, no. 56 (October 6 to November 12, 1897), 16, SAD. In April 1902, Darib Karti died and Ahmad, his son, was selected by the Governor of Suakin Province to replace his father as nāẓir of the Amar'ar. After a few months of ineffectual leadership, Ahmad was dismissed and replaced by Muhammad Hamad Mahmud, who was not a Fadlab Amar'ar shaykh, like his predecessors. In 1903, the Governor dismissed Muhammad Hamad Mahmud for incompetence and, rather than appoint a new nāẓir, he eliminated the position. N. T. Borton, "Annual Report, Suakin Province, 1903," *RFACS*, 1903, Volume 4(1903), 91, SAD.

② *Report for the Year 1897 on the Trade of Suakin*. Commercial no. 1859 (C8648, 1898), 2.

第四章　萨纳特-西塔饥荒和贝贾人自治的衰落（1889—1904）

记录，在 1898 年 1 月 1 日至 5 月 23 日期间，经由萨瓦金进口到苏丹的货物价值仅为 17 383 埃镑，从萨瓦金出口的苏丹货物价值为 12 040 埃镑。1898 下半年进口贸易增长，进出口总值为 70 163 埃镑，但同期出口仅 3 412 埃镑。① 对外贸易在接下来的几年里有所下降。埃及军队修建了从瓦迪哈勒法到阿布哈迈德（Abu Hamad）的铁路，原本是给征服马赫迪国家的军队供应补给，但在马赫迪国家崩溃后开始商用，官员们还为特定商品设定了补贴价格，从而转移了原本经由萨瓦金-柏柏尔公路的商业运输。1901 年，这种贸易转移开始严重影响萨瓦金的经济，20 家印度公司在当年将其地区总部从萨瓦金迁至其他红海港口，例如吉达或马萨瓦等。② 1902 年，新设立的萨瓦金州包括了苏丹红海沿岸地区，州长普拉菲尔（N. F. Playfair）报告说，贸易路线转移使萨瓦金的民众变得更加贫困，糟糕的经济状况迫使萨瓦金许多以前从事贸易的人开始转行做雇佣劳工，这使当时的工资降至历史最低水平。③

在马赫迪国家崩溃后，苏丹东部和红海山区的牧民社区也经历了经济衰退。1898 年初的牛瘟削弱了他们利用牲畜增加收入的能力。1898 年 1 月 4 日至 3 月 6 日，萨瓦金以南地区有 702 头牛死亡。埃及检疫委员会下令暂停从萨瓦金出口

---

① "Notes on Trade between Suakin and Omdurman," in *Intelligence Department, Egyptian Army, Intelligence Report*, Egypt, No. 23（February 1894），5，SAD.

② Reports by His Majesty's Agent and Consul-General ... Soudan, 1901（Cmd1012，1902），70.

③ N. F. Playfair, "Annual Report, Suakin Province, 1902," *RFACS*, 1902, Volume 4(1902), 339, SAD.

活牛，防止牧民们继续向吉达和苏伊士等市场供应活牛而传播疫情。① 到1903年陶卡尔的兽医官宣布当地牛瘟疫情结束，这条禁令才得以废除。②

1891年征服陶卡尔后，英-埃政府实施的政策继续阻止贝贾牧民从商业性农业生产中获利。巴尼阿玛尔（Bani Amar）和哈丹达瓦两个部落对陶卡尔三角洲的土地拥有权利，③但部落民众拒绝按照政府的硬性安排从事生产，不愿意按照每年续租一次的方式耕种土地。④ 英-埃政府官员们还进一步限制了潜在租户的数量，他们决定只分配大片土地，而且只分配给那些重要的谢赫。⑤ 因为官员们相信，富裕的谢赫才有足够的资金从事生产，而获得大片土地的人为了第二年得到同样的分配会有更大的动力耕种土地。⑥ 但事实上，正是因为这样的政策，英-埃政府始终找不到足够数量的承租人，三角洲地区一些能够灌溉的土地在1890年代一直被闲置。

新的土地制度帮助了一些人政治崛起，主要是阿尔塔加和阿什拉夫（Ashraf）族的谢赫以及那些愿意服从政府分配规定的哈丹达瓦部族。⑦ 这些人在英-埃政府统治陶卡尔早期就获得了一些土地，此后虽然当地人也逐渐对租赁土地感兴趣，但英-

---

① Rogers, "Notes on the Outbreak of Bovine Typhus at Suakin and in the Neighbouring Districts," 16 – 19.

② Intelligence Department, Egyptian Army, *Sudan Intelligence Report*, no. 103 (February 1 to 28, 1903), 2, SAD.

③ Hardinge to Salisbury, July 16, 1891 FO407/107/10, NA.

④ Arbuthnot to Governor Kassala, October 18, 1942 SAD849/7/19 – 28.

⑤ Robin E. H. Baily, The Baraka Delta, SAD989/7/1 – 22. Notes 207

⑥ Arbuthnot to Governor Kassala, October 18, 1942 SAD849/7/19 – 28.

⑦ Baily, *The Baraka Delta*, 1 – 22.

第四章　萨纳特-西塔饥荒和贝贾人自治的衰落（1889—1904）

埃政府官员们不愿意为了增加承租人数量而减少已分配的土地的规模，他们每年都将同样大小的地块重新分配给这些谢赫。另一方面，拥有大片租约土地的谢赫们认识到，耕地需求的增加本身就是一种经济机会，他们可以将拥有的土地细分成小块转租给其他人，租金相当于土地作物产量的一半。① 英-埃政府官员们不仅没有限制这样的做法，反而邀请这些谢赫参加分配委员会，这进一步增加了这些谢赫的重要性。谢赫们充分利用他们在委员会的地位，不仅确保分配给他们的土地数额不会减少，还确保这些土地在他们死后继续分配给他的继承人。②

陶卡尔地区谢赫们影响力的上升，表明当地社会的一些阶层已经从英-埃政府的扩张中获得政治和经济收益，但这些收益是以牺牲苏丹社会其他阶层的利益为代价。马赫迪反叛限制了苏丹东部和红海山区牧民社区获得经济机遇。在反叛之前的几十年里，贝贾牧民社区在市场的刺激下放弃了商业性农业生产，集中精力为商队贸易服务并发展他们的畜牧财富。反叛初期的战斗阻碍了当地的贸易，增加了牧民社区对其畜群的经济依赖。1880 年代末，牲畜的大量死亡导致了致命的萨纳特-西塔饥荒，牧民社区别无选择，只能与不断壮大的英-埃政府合作。许多牧民从英-埃联军征服陶卡尔过程中带来的贸易复兴中获益，但这些收益未能持久。马赫迪国家崩溃后引入苏丹社会的经济制度创新，使当地社会的许多阶层更加贫困，并最终导致了饥荒和粮食危机的持续循环。

---

① Arbuthnot to Governor Kassala, October 18, 1942 SAD849/7/19-28.
② Baily, *The Baraka Delta*, 1-22.

第五章

奴隶制、英-埃政府统治与粮食市场的发展（1896—1913）

第五章　奴隶制、英-埃政府统治与粮食市场的发展（1896—1913）

与边疆州和红海沿岸的英-埃政府一样，马赫迪国家也从1880年代末困扰苏丹的粮食危机中获益。在萨纳特-西塔饥荒导致的混乱和社会失序中，马赫迪国家颁布了一系列政策，控制了主要的肥沃产粮区，例如杰济拉、加达里夫（Qadarif）和加拉巴特（Qallabat）等。饥荒期间，马赫迪国家官员们强行征用了这些地区生产的粮食，用以供应首都恩图曼①和忠于哈里发的部队。② 当这些政策导致饥荒蔓延到埃塞俄比亚边境时，哈里发决定远征南方的希卢克人（Shilluk）和丁卡人（Dinka），

---

① Peter Malcolm Holt, *The Mahdist State in the Sudan, 1881 – 1898: A Study of the Origins, Development and Overthrow*. 2nd ed. (Oxford: Clarendon Press, 1970), 195.

② Rudolph von Slatin, *Fire and Sword in the Sudan: A Personal Narrative of Fighting and Serving the Dervishes, 1879 – 1895*, trans. Francis Reginald Wingate. (London: Edward Arnold, 1896), 456.

但后者成功地保卫自己免受马赫迪国家的统治。① 严重的粮食危机平息后,马赫迪国家征用了首都恩图曼周边的大片土地,主要是南方和东南方的粮食产区,既奖励重要盟友,同时也惩罚叛乱的社区。1891 年 11 月,由于不满被要求继续向国家提供大量粮食,杰济拉的农民开始反抗政府。②哈里发于是将叛乱者拥有的土地转交给他的私人奴隶军队杰哈迪亚（Jihādiyya）,③ 允许后者向临近的私人土地征收高达粮食产量 2/3 的税款。④ 加达里夫和加拉巴特附近的农民也被要求交出他们的大部分收益,作为粮食税上交哈里发的同族支持者——塔伊沙巴卡拉牧民。⑤

马赫迪国家的盟友们也从这些政策中获益,他们甚至损害了其他社会阶层的利益。失去了土地的民众普遍贫困,而贫困导致杰济拉、加达里夫和加拉巴特等地的人口数量和耕地面积下降。当英-埃政府官员们在 1898 年和 1899 年重新占领这些地区时,许多村庄已经被长期遗弃,荒芜的农田里长满了阿拉伯胶树。⑥ 但另一方面,在 1890 年代早期,杰哈迪亚士兵和塔伊

---

① Richard Pankhurst and Douglas Johnson, "The Great Drought and Famine of 1888 – 92 in Northeast Africa," in *The Ecology of Survival: Case Studies from Northeast African History*, ed. Douglas Johnson and David Anderson (Colorado: Westview Press, 1988), 63.

② Holt, *The Mahdist State in the Sudan*, 199.

③ *Intelligence Department, Egyptian Army, Intelligence Report*, Egypt no. 6 (September 1892), 2, SAD.

④ Babikr Badri, *The Memoirs of Babikr Bedri*, trans. George Scott (London: Oxford University Press, 1969), 222.

⑤ *Intelligence Department, Egyptian Army, Sudan Intelligence Report* no. 62 (February 16 to April 30, 1899), 5, SAD.

⑥ E. Mackinnon, "Kassala Province," in *Agriculture in the Sudan*, John Douglas Tothill, ed. (London: Oxford University Press, 1948), 729.

第五章 奴隶制、英-埃政府统治与粮食市场的发展（1896—1913）

沙巴卡拉牧民们不仅利用占有的肥沃土地成为了重要的粮食商人，而且与其他需要从农民手中购买粮食的商人不同，他们以税收的形式获得粮食，付出的成本比较低。正因为如此，他们能够将私人粮商赶出尼罗河市场，并有效垄断粮食贸易。①

尽管萨纳特-西塔饥荒使马赫迪国家加强了对粮食生产和销售的控制，但却仍然无法防止饥荒的再次发生。尼罗河流域的又一次粮食危机始于1896年，当时因英-埃军队征服了栋古拉而导致局势不稳定，粮食供应无法到达马赫迪国家的各大行政中心和驻军城镇。粮食市场的匮乏引发了首都恩图曼的饥荒，既削弱了马赫迪国家的能力，使得向南进发的英-埃军队迅速征服领土，也减少了当地民众对新建立的英-埃政府的抵制。

英-埃政府官员们并不是这场战争的唯一受益者，一些苏丹农民也在饥荒中找到了自身的经济定位，从而限制了英-埃政府的势力范围。在1898年9月攻占恩图曼后，英-埃政府官员们认识到，如果没有当地农民的积极支持，他们就无法确保首都粮食的稳定供应。然而，政府官员和农民对国家及其重点项目，包括稳定和扩大粮食市场方面有着严重分歧。官员们希望通过建立新的土地所有权法律框架来鼓励本地粮食生产，当地农民却寻求限制政府干预当地的土地所有权制度，认为扩大粮食生产的主要障碍是劳动力供应不足，更愿意通过购买男性奴隶来投资农业生产。在发现当地农民拒绝遵守土地登记程序后，英-埃政府官员们改变思路，与北方尼罗河流域的农民合作，重建了在土-埃政府统治时期得到允许的奴隶制度，大力开展商业化

---

① Badri, *The Memoirs of Babikr Bedri*, 203.

粮食生产。

饥荒和马赫迪国家的崩溃

在 1889 年努朱米军事冒险失败后的几年里，管理边疆州的英-埃政府官员们认为他们无法阻止马赫迪军队对埃及的再次进攻，埃及军队的英国高级军官们因而一再请求英国外交部批准征服马赫迪国家。1893 年 7 月，马赫迪军队袭击了位于阿斯旺以北埃及西部沙漠的一片绿洲后，军官们认识到了问题的严重性。埃及陆军军事情报总监雷金纳德·温盖特（Reginald Wingate）汇报说："最近的调查表明，西部沙漠中存在大量的水，构筑完整的防御地带是件相当困难的事情。"[①] 虽然埃及军队事后往尼罗河边界地区增派了快速反应部队，[②] 一支大约 300 人的马赫迪远征队还是在 1895 年 1 月攻占了埃及军队的一个哨所，该哨所位于瓦迪哈勒法以西约 160 千米的阿尔沙布（al-Shabb）绿洲。[③] 高级军官们对这次的军事失败反应强烈，请求允许对马赫迪国家发动大规模进攻，促使其迅速崩溃。[④]

埃及政府中越来越多的英国官员也与这些军官们一样呼吁

---

① Francis Reginald Wingate, Active Operations in the Sudan, March 1, 1894 SAD257/1/229–235.

② Francis Reginald Wingate, Active Operations in the Sudan, March 1, 1894 SAD257/1/229–235.

③ Cromer to Kimberly, January 12, 1895 FO407/131/16, NA.

④ Reginald Wingate, Memorandum, February 24, 1895 SAD258/1/608 These officials wanted to overwhelm the Mahdist forces by launching simultaneous advances on Dunqula from Wadi Halfa, Abu Hamad from Kurusku and Barbar from Sawakin.

第五章 奴隶制、英-埃政府统治与粮食市场的发展（1896—1913）

征服苏丹，其中呼声最高的是埃及公共工程部工作的官员们。1890年代初，公共工程部官员们开始将马赫迪国家视为埃及经济发展的障碍。泰尔耶·特维特（Terje Tvedt）认为，这些官员们试图通过用永久灌溉取代泛滥的洪水来扩大埃及的棉花种植，这一变化要求在瓦迪哈勒法以南的尼罗河段修建水利控制工程。特维特说，这些官员们不仅从1894年就开始在第二瀑布以南的马赫迪控制区规划水坝和水利枢纽工程，还说服驻埃及的其他英国高级官员们相信，有必要将尼罗河及其支流的水置于埃及的管理之下，而这将需要重新征服上溯至非洲内部源头的整条尼罗河。①

在开罗的英国官员们不允许赫迪夫及其内阁成员实质性参与关于征服苏丹的讨论，因为他们在1895年就已经剥夺了赫迪夫政府对埃及的全部主权。1890年，克罗默（Cromer）成功地让赫迪夫陶菲格（Tawfiq）撤换了那些继续抵制行政改革的内阁部长。② 阿巴斯二世（'Abbas Ⅱ）在1892年陶菲格去世后顺利继位，③ 克罗默对埃及政府的控制被暂时削弱。1894年，阿巴斯二世公开批评英国控制埃及军队，克罗默利用随后发生的外交事件大做文章，阿巴斯二世的权力被严重削弱，其政治影响力趋于消失。④ 此后，开罗和伦敦的英国官员们就认为在

---

① Terje Tvedt, *The River Nile in the Age of the British: Political Ecology and the Quest for Economic Power*, (London, I.B. Tauris, 2004), 19-54.
② Owen, 239-240.
③ Owen, 265-268.
④ Roger Owen has characterized "Abbas as being forced to occupy 'a junior role' within the Egyptian Government in the wake of this incident." Owen, *Lord Cromer*, 273.

起草重大政策时没有必要与他们的下级埃及伙伴协商。

伦敦的英国官员们最初并不相信开罗方面要求征服苏丹的说辞,但随着地缘政治因素的转变,他们开始同意对马赫迪国家控制区发动有限的军事攻击。1894年7月中旬,派驻厄立特里亚的意大利军队征服了卡萨拉,吞并了苏丹部分领土,将厄立特里亚边界向北延伸到苏丹境内,阻止马赫迪军队以此为基地袭击附近的阿科达特(Agordat)。① 然而由于和驻守提格雷(Tigray)的埃塞俄比亚军队的敌对情绪加剧,意大利这样做并没有使在厄立特里亚境内的意大利人更安全,其军事地位反而被削弱。1895年1月,意大利官员要求英国外交部在苏丹北方开展军事行动,既阻止马赫迪军队向卡萨拉推进,又向埃塞俄比亚展示意大利和英国之间的战略安全合作。② 埃及军队中的英国军官把这一请求当作推动全面征服苏丹的机会,③ 但索尔兹伯里首相拒绝了来自阿斯马拉(Asmara)和开罗的请愿,他排除了征服苏丹的可能性,并决定只有在马赫迪军队实际攻击卡萨拉的情况下才能在北方开展军事行动。④ 1896年2月,马赫迪军队进攻卡萨拉,但索尔兹伯里仍然拒绝批准相关军事行动。1896年3月1日,因为在与埃塞俄比亚的阿杜瓦(Adwa)战役中遭遇惨败,意大利再次呼吁英国在苏丹北方开展军事行动。⑤ 索尔兹伯里首相开始改变立场,他虽然没有像驻开罗的

---

① Signor Crispi's Speech to the Senate [n. d. July 1894] FO407/127/29, NA. 208 Notes
② Kimberly to Cromer January 10, 1895 FO407/131/14, NA.
③ Cromer to Salisbury January 13, 1896 FO407/136/2, NA.
④ Salisbury to Cromer January 14, 1896 FO407/136/4, NA.
⑤ Salisbury to Cromer March 12, 1896 FO407/136/33, NA.

第五章 奴隶制、英-埃政府统治与粮食市场的发展（1896—1913）

英国军事官员们所希望的那样下令重新征服苏丹，但准许将埃及的边疆州界线向南延伸到栋古拉的乌尔迪。①

一旦获准进入马赫迪国家境内，埃及军队中的英国高级军官们就可以利用他们身处前线的地位来确定具体的军事推进步伐。接到新的命令后，埃及军队指挥官基钦纳命令英-埃联军征服马哈斯和苏库特，到1896年6月初已经占领了尼罗河第三瀑布地区。② 在进入栋古拉之前，基钦纳写信告诉总领事克罗默勋爵，首相索尔兹伯里的命令是不准超越乌尔迪，但这样做非但不利于确立稳固的南方边境，还将危及部队安全并可能导致整个局面不稳定。克罗默回应说，如果实际条件允许，可以将边界线再往上游延伸到德巴（al-Dabba）地区。③ 基钦纳随后请求允许征服尼罗河第四瀑布，将栋古拉完全置于英-埃政府控制之下。④ 几天后，温盖特以基钦纳的名义写信给索尔兹伯里和克罗默，请求允许他们前往尼罗河第五瀑布。索尔兹伯里拒绝了温盖特的要求，但授权基钦纳征服整个栋古拉。⑤ 8月下旬，英-埃联军进入了栋古拉地区，在马哈斯和苏库特临时驻扎，等待从瓦迪哈勒法到第三瀑布以南的铁路完工。基钦纳下令修建这条铁路的目的就是确保对前线部队的供给。⑥ 在接下来的几个月里，英-埃联军基本没有遭遇太大的战斗就顺利占领了栋古拉。马赫迪国家的官员们和驻扎在该地区的士兵要么投降，例

---

① Gleichen to Wingate, March 16, 1896 SAD261/1/252, NA.
② Holt, *The Mahdist State in the Sudan*, 230.
③ Cromer to Kitchener, June 23, 1896 FO407/138/13, NA.
④ Kitchener to Cromer, July 4, 1896 FO407/138/27, NA.
⑤ Salisbury to Rodd, July 31, 1896 FO407/138/34, NA.
⑥ Holt, *The Mahdist State in the Sudan*, 230.

如在乌尔迪;① 要么撤退,驻守凯尔迈(Karma)和哈菲尔(al-Hafir)的军队在英-埃联军到达之前就望风而逃。② 英-埃联军迅速占领了马赫迪军队丢弃的阵地,1996年10月21日,基钦纳宣布英-埃联军完全征服了栋古拉。③

面对英国领导的军事进攻,马赫迪军队在第四和第六瀑布间集中防御,这种对峙局面导致柏柏尔贾阿林(Ja'aliyyin)社区民众叛乱,引发了最终导致马赫迪国家崩溃的粮食危机。1897年6月,哈里发任命此前曾在达尔富尔指挥作战的马哈茂德·艾哈迈德(Mahmud Ahmad)出任柏柏尔的埃米尔,后者将司令部设在贾阿林人的传统首府马塔玛(al-Matamma)。哈里发向来不信任贾阿林人,所以当他命令马塔玛的居民撤退到尼罗河东岸居住时,贾阿林人的首领阿卜杜拉·赛义德·法拉赫('Abd Allah Said Farah)谢赫就带领部下叛乱。④ 马哈茂德·艾哈迈德暴力镇压了叛乱者,贾阿林难民在1897年7月逃往了英-埃控制区。⑤ 虽然不清楚被杀的贾阿林人的具体数量,但叛乱明显导致当地人口迅速减少。平息叛乱后,马赫迪官员们强迫至少3.5万名贾阿林人搬迁到恩图曼,他们在那里一直呆到英-埃军队到达。⑥ 柏柏尔的农业生产主要依赖萨奇亚灌溉,

---

① Rodd to Salisbury, September 23, 1896 FO407/138/63, NA.
② Rodd to Salisbury, September 20, 1896 FO407/138/56, NA.
③ Cromer to Salisbury, October 2, 1896 FO407/139/1, NA.
④ Holt, *The Mahdist State in the Sudan*, 232.
⑤ Intelligence Department, Egyptian Army, *Sudan Intelligence Report* no. 54 (June 1 to July 17, 1897), 2, SAD.
⑥ "Approximate Number of Jaalin and Shaigia Who Were Taken in Omdurman after the Massacre of Abdulla Wad Sad in Metemma and Who Were Found in Omdurman after the Battle of 2nd September 1898," in Intelligence (转下页)

第五章　奴隶制、英-埃政府统治与粮食市场的发展（1896—1913）

需要大量的劳动力，人口的减少导致柏柏尔能够正常运转的萨奇亚数量减少。1898年4月，柏柏尔地区只有70座萨奇亚能够运作，远低于1885年的3 000座。① 留守柏柏尔继续耕作的农民连自己都无法养活，更别说供给驻扎在当地的1.6万名马赫迪士兵了。②

当马哈茂德·艾哈迈德在柏柏尔镇压叛乱时，基钦纳正在准备另一次进攻。基钦纳不愿意仅仅停留在栋古拉防御马赫迪军队的进攻，他请求征服整个马赫迪国家并在1897年2月获得了批准。③在法绍达（Fashoda）危机背景下，英-埃政府担心法国可能占领苏丹，发表对白尼罗河和苏丹南部的主权声明，但这个主权声明对于英国政府授权进攻马赫迪国家的决定没有影响。英国官员们直到1898年1月才知道马赫迪国家的南方边境上还有另一支"白人"军队，此时距基钦纳接到向尼罗河上游推进命令已近一年，允许征服马赫迪王国的命令主要是基于基钦纳对前线情况的判断而不是其他。④事实上，即便接到了前进的命令，基钦纳仍然控制着征服的步伐。他不仅没有立即命令部队向上游推进，相反还将对柏柏尔的进攻推迟到1897年的尼罗河泛滥季，因为埃及军队的轮船只有在这个时期才能够通过第四瀑布。1897年8月，阿奇博尔德·亨特指挥

（接上页）Department，Egyptian Army，*Sudan Intelligence Report* no. 60（May 25 to December 31, 1898），49, SAD.

① Report on the Finances, Administration and Condition of Egypt, and the Progress of Reforms, 1898, (Cmd9231, 1899), 6.
② Cromer to Salisbury, July 12, 1897 FO407/144/4, NA.
③ Cromer to Salisbury, February 17, 1897 FO407/142/62, NA.
④ Cromer to Salisbury, January 14, 1898 FO407/146/35, NA.

的先遣部队越过第四瀑布，迅速占领了阿布哈迈德。① 因为埃军巡逻队迅速占领了马赫迪军队的主要粮仓，英-埃联军对柏柏尔的进攻进一步加剧了马赫迪军队已然露头的供应危机。9月初，亨特收到了马赫迪士兵大量脱逃的情报，② 他迅速派兵占领了柏柏尔，夺取了一个大型粮仓。③ 接下来的一个月，沿柏柏尔-萨瓦金公路巡逻的部队在库克拉布附近又缴获了迪克纳军队的一个大粮仓。④ 英-埃政府官员们将缴获的粮食分发给越来越多来自马赫迪控制区的难民。⑤ 马赫迪军队的粮食供应消耗殆尽，从1897年10月开始，粮草不济的马赫迪士兵开始大量脱逃。⑥

到1897年底，马赫迪军队已经不能从苏丹其他地方获得粮食供应，柏柏尔的粮食短缺演变成了饥荒。1897年11月，马哈茂德·艾哈迈德与哈里发的分歧阻滞了急需物资的运送。马哈茂德·艾哈迈德请求哈里发派送粮食补给保卫柏柏尔的部队，但哈里发不仅拒绝了这一要求，还命令马哈茂德·艾哈迈德将部队撤回第六瀑布附近协防恩图曼。⑦ 马哈茂德·艾哈迈德无视哈里发的撤军命令，派出队伍从滞留当地的民众那里征用粮食。粮食被没收的民众或者逃往尼罗河下游的英-埃控制区，或

---

① De Salis to Salisbury, August 9, 1897 FO407/144/22, NA.
② Holt, *The Mahdist State in the Sudan*, 235.
③ Rodd to Salisbury, September 7, 1897 FO407/144/38, NA.
④ Intelligence Department, Egyptian Army, *Sudan Intelligence Report* no. 66 (October 6 to November 12, 1897), 6, SAD.
⑤ Slatin to Wingate, November 19, 1897 SAD267/1/62-63.
⑥ Holt, *The Mahdist State in the Sudan*, 236.
⑦ Cromer to Salisbury, November 28, 1897 FO407/144/107, NA.

第五章 奴隶制、英-埃政府统治与粮食市场的发展（1896—1913）

者啸聚尼罗河岛屿保护自己不受征粮队伍的攻击。① 11 月底，难民报告说马塔玛附近发生了广泛的饥荒。② 哈里发很快就转变态度，同意协助马哈茂德·艾哈迈德保卫柏柏尔，但此时埃及军队的舰艇已经在第六瀑布附近巡逻，阻止了马赫迪船只向北航行，补给无法送达柏柏尔的部队。③ 尽管柏柏尔的粮食危机不断加深，哈里发还是命令迪克纳和他的部下增援马塔玛。迪克纳的军队来到尼罗河流域，增加了对日益减少的粮食供应的需求，这进一步加剧了饥荒。严重的粮食危机导致数百名马赫迪士兵逃离营地，④ 其中许多逃兵抵达英-埃控制领土，饥肠辘辘，面容憔悴。⑤

恩图曼也遭遇了由英-埃联军进攻导致的粮食危机。1896年9月，随着栋古拉的陷落，马赫迪国家首都的富裕居民担心即将到来的英-埃联军围攻，开始大量囤积粮食。突然飙升的需求推高了市场粮价。在此之前，塔伊沙巴卡拉牧民和杰哈迪亚军人共同控制着恩图曼的粮食市场，他们人为地将高粱价格保持在 25 比索/阿达布的低位。1897 年 2 月，高粱的价格升至约 120 比索/阿达布，很快又达到 240 比索/阿达布。在 1898 年初，粮食需求的增加超过了供应，恩图曼市场不再有粮食供应，黑市的高粱售价大约是 720 比索/阿达布。⑥

---

① Intelligence Department, Egyptian Army, *Sudan Intelligence Report* no. 66 (October 6 to November 12, 1897), 8, SAD.
② Cromer to Salisbury, November 28, 1897 FO407/144/107, NA.
③ Holt, *The Mahdist State in the Sudan*, 237.
④ Cromer to Salisbury, March 24, 1898 FO407/146/132, NA.
⑤ Holt, *The Mahdist State in the Sudan*, 238.
⑥ Badri, *The Memoirs of Babikr Bedri*, 228.

柏柏尔和栋古拉的英-埃联军没有遭遇类似的危机,他们有来自埃及的稳定粮食供应。1897年5月,基钦纳下令修建从瓦迪哈勒法到阿布哈迈德的铁路,用于从上埃及给前方军队提供给养。①1897年11月,修筑的铁路线已经穿过沙漠到达尼罗河第四瀑布附近,②与1897年初完成的瓦迪哈勒法-凯尔迈线贯通。从1897年11月开始,英-埃联军的粮食供给已经超过了士兵的需求。1898年2月,军官们同意将多余的粮食出售给当地民众。由于粮食来源稳定,当时有成千上万的饥荒难民从马赫迪控制区蜂拥而至,栋古拉和柏柏尔的粮食价格却基本没有上涨。③

在接下来的几个月里,英-埃联军整体上已经超过了驻防尼罗河流域的马赫迪军队。1898年4月,阿特巴拉战役爆发,马哈茂德·艾哈迈德的部队被装备精良的英-埃联军轻松击败,超过3 000名士兵战死,4 000多人受伤。④数千名马赫迪士兵在逃离战场后死亡,或者是因为缺乏食物和水,或者是在沙漠中被协助英-埃联军的贾阿林民兵武装杀死。⑤阿特巴拉战役是英-埃联军军事战略的转折点,因为这是英-埃联军第一次在战场上击败了大规模的马赫迪军队,而且与正在发生的饥荒有关。⑥马赫迪

---

① Holt, *The Mahdist State in the Sudan*, 232.

② Richard Hill, *Sudan Transport: A History of Railway, Marine and River Service in the Republic of the Sudan*, (London: Oxford University Press, 1965),25.

③ Talbot to Wingate, February 4,1898 SAD266/2/13-15.

④ Cromer to Salisbury, April 9,1898 FO407/146/159, NA. Notes 209

⑤ Bennet Burleigh, *Sirdar and Khalifa or the Re-Conquest of the Soudan 1898* (London: George Bell, 1898),253-254.

⑥ "An Officer," *Sudan Campaign 1896-1899* (London: Chapman and Hall, 1899),157-158.

第五章　奴隶制、英-埃政府统治与粮食市场的发展（1896—1913）

军队的防御工事很坚固，装备了大量的步枪、弹药、剑和矛，但粮食供应严重不足，在战斗前数周就因为疾病和饥饿而导致军队严重减员。① 为了防止士兵因为食物匮乏而开小差，马哈茂德·艾哈迈德用锁链把许多士兵固定在阵地的战壕中，这不仅使士兵们无法对英-埃军队的进攻做出有效反应，也让他们无法很好地保护自己，因之死亡的士兵大约有 2 000 人。②

阿特巴拉战役后，第六瀑布以北地区的马赫迪军队就基本被清剿干净，但基钦纳并没有立即向恩图曼发起进攻。他命令部下坚守阵地，等待尼罗河泛滥季的到来，以便让满载人员和补给的轮船能够轻易通过第六瀑布。③ 1898 年 8 月底，英-埃军队穿过第六瀑布向恩图曼挺进。9 月 2 日，英-埃联军和马赫迪军队在首都恩图曼以北大约 10 千米的卡拉里（Karari）平原开战。来自首都恩图曼的数千名非正规人员被补充进马赫迪部队，其中的许多人正遭受着严重的饥荒影响。在当天的战斗中，英-埃联军杀死了大约 11 000 人，打伤 16 000 人，④ 俘虏了 38 000 人。⑤ 英-埃联军占领了恩图曼，哈里发带领忠实的追随者仓惶逃跑。⑥

---

① Burleigh, *Sirdar and Khalifa*, 254–259.
② Henry Alford and William Sword. *The Egyptian Soudan: Its loss and Recovery* (London: Macmillan, 1898), 225.
③ Cromer to Salisbury, April 16, 1898 FO407/146/165, NA.
④ General Officer Commanding Egypt to the Secretary of State for War, September 7, 1898 FO407/147/50, NA.
⑤ "Dervish Prisoners in Omdurman," in Intelligence Department, Egyptian Army, *Sudan Intelligence Report* no. 60 (May 25 to December 31, 1898), 76, SAD.
⑥ Holt, *The Mahdist State in the Sudan*, 240.

在卡拉里战役胜利后，基钦纳进驻被遗弃的马赫迪王宫，新的英-埃政府立即着手解决恩图曼正在发生的粮食危机。在进入城市几小时后，基钦纳向饥饿的恩图曼居民宣布，允许他们从哈里发的仓库拿走粮食。那天晚上，几乎全城的人都在排队领取粮食。著名回忆录作家巴比克尔·巴德利当时就在恩图曼，他回忆说：

> 一些我熟悉的人很幸运，他们就住在粮仓旁边，他们所要做的，就是打破他们房间与粮仓之间的墙壁，然后把粮食堆满整个房间。他们因变卖粮食而发财。①

在接下来的几天里，来自哈里发仓库的粮食充斥着恩图曼市场，高粱价格下跌到每阿达布 120 比索。② 但这批粮食很快耗尽，高粱价格又回到了每阿达布 400 比索。③

恩图曼的高粱价格仍然很高。英-埃政府官员们在 1898 年 11 月报告说，尽管当年的尼罗河洪水超过平均水平，首都恩图曼仍然遭受了饥荒。④ 首先，马赫迪政权的突然坍塌打破了哈里发支持者对粮食的垄断，但私人商人并没有立即介入，收获的新粮食没有进入恩图曼市场。其次，英-埃政府的新政

---

① Badri, *The Memoirs of Babikr Bedri*, 240.
② Badri, *The Memoirs of Babikr Bedri*, 240.
③ "Extracts from Reports of the Mudirs in Charge of Districts in the Soudan," in Report on the Finances ... Reforms, 1899, 58.
④ Talbot to Wingate, November 2, 1898 SAD266/11/4.

第五章 奴隶制、英-埃政府统治与粮食市场的发展（1896—1913）

策导致此前为恩图曼供应粮食的主要农田无法再生产粮食。马赫迪在1885年1月征服喀土穆后就将其摧毁，然后在废墟上种庄稼，这种状况一直持续到马赫迪政权坍塌。在马赫迪统治结束之前，恩图曼城内出售的粮食就产自喀土穆的废墟，所获利润归马赫迪国家的战争部门。①基钦纳在征服恩图曼后，下令将喀土穆重建为新的英-埃政府首都，将原来的生产性农场变成建筑用地、道路、总督府、戈登纪念学院和教堂。

尽管曾经推动了饥荒的形成和延续，但1898年底的英-埃政府官员们决心解决正在发生的粮食危机，因为他们必须提供粮食给恩图曼的数万民众。首先，官员们必须给从埃及来的军队以及数千名在1898年底加入埃及军队苏丹营的前马赫迪士兵提供给养，这是基钦纳在占领马赫迪首都前宣布的大赦计划的一部分。②其次，官员们还必须给卡拉里战役中的大约3.8万名战俘以及他们的妻子和孩子提供食物，对在卡拉里战役中丧生的1.1万名叛军以及与哈里发一起逃离的4 000名叛军的家属负责。③但是，英-埃政府官员们并不愿意向大量依赖救济的平民提供免费的粮食补贴，而是从1898年12月开始派遣这些饥饿的战俘及其家人参加工作：在喀土穆清除瓦砾和铺设新街

---

① Intelligence Department, Egyptian Army, *General Report on the Egyptian Soudan*, March 1895, Compiled from Statements Made by Slatin Pasha (March 1895), 8, SAD.
② Cromer to Salisbury, April 16, 1898 FO407/146/165, NA.
③ "Dervish Prisoners in Omdurman," in Intelligence Department, Egyptian Army, *Sudan Intelligence Report* no. 60 (May 25 to December 31, 1898), 76, SAD.

道，烧制砖块用于建造戈登纪念学院、总督府、军营以及英-埃政府的高级官员住所。①

通过铁路从埃及进口的粮食暂时缓解了恩图曼的食物匮乏痛苦。卡拉里战役后，经过16个月的建设，铁路线在1899年12月31日从喀土穆穿过青尼罗河到达了计划的终点哈法亚（Halfaya）。英-埃政府官员们虽然可以通过铁路、轮船联运将粮食辗转运到恩图曼，②但数量并不多，仍然无法稳定粮食市场价格。③恩图曼的高粱价格在1899年2月暂时下降到160比索/阿达布，5月份又涨到240比索/阿达布，④均比苏丹其他市场的同期价格高出很多。1899年2月的高粱价格，加达里夫是22比索/阿达布，卡萨拉是48比索/阿达布。⑤不幸的是，恩图曼无法从这些地方获得粮食供应，因为通常用于贩运粮食的骆驼会被征用于喀土穆的建设。⑥

为了缓解当地的粮食供应压力，英-埃政府官员们一再鼓励恩图曼民众外迁。1899年1月，大量塔伊沙巴卡拉牧民开始重返他们在科尔多凡的传统家园。⑦其他群体也同样被动员迁往

---

① Edward Warren Caulfeild Sandes, *The Royal Engineers in Egypt and the Sudan* (Chatham: Institute of Royal Engineers, 1937), 473-474.

② Hill, *Sudan Transport*, 26-27.

③ Note—*The Price of Grain in Omdurman and Eastern Sudan* SAD269/2/47-48.

④ Maxwell to Cromer, May 4, 1899 FO407/151/56, NA.

⑤ Note—*The Price of Grain in Omdurman and Eastern Sudan* SAD269/2/47-48.

⑥ Martin Daly, *Empire on the Nile: The Anglo-Egyptian Sudan, 1898-1934* (Cambridge: Cambridge University Press, 1986), 29.

⑦ Intelligence Department, Egyptian Army, *Sudan Intelligence Report* no. 61 (January 1 to February 15, 1899), 2, SAD.

第五章 奴隶制、英-埃政府统治与粮食市场的发展（1896—1913）

粮食储备充足的卡萨拉①和加达里夫②等地重新安家。官员们还试图推动其他地方的移民，在1899年2月施压没有耕地的恩图曼民众去耕种杰济拉地区的闲置土地，③几个月后又免费运送民众前往粮食更便宜的加达里夫、柏柏尔或森纳尔等地。④然而很少有人接受这些提议，移民们更愿意搬迁到他们自己选择的地方。1899年，因为很多人以埃塞俄比亚和厄立特里亚边境为迁徙目的地，青尼罗河和丁德尔（Dinder）河沿岸出现了许多新的村庄。⑤

马赫迪统治的结束和高粱的持续高价，使得许多农民回到他们在柏柏尔和栋古拉的农场从事商品化粮食种植。1899年，许多曾经被强迫迁移的贾阿林农民返回家园并重新建设萨奇亚。英-埃政府官员们估计，在1898—1899年间，柏柏尔的农田耕种面积增加了10倍。⑥栋古拉的官员们报告说当地农田面积增长不多，农民们从财政部门和州长希克曼上校那里总共获得了1 000埃镑的贷款，建造了60个新的萨奇亚并配套购买了57头牛，只增加了大约400费丹的耕地。另外，返回栋古拉的难民

---

① I Intelligence Department, Egyptian Army, *Sudan Intelligence Report* no. 61 (January 1 to February 15, 1899), 2, SAD.

② Intelligence Department, Egyptian Army, *Sudan Intelligence Report* no. 62 (February 16 to April 30, 1899), 4, SAD.

③ ntelligence Department, Egyptian Army, *Sudan Intelligence Report* no. 62 (February 16 to April 30, 1899), 3, SAD.

④ Maxwell to Cromer, May 4, 1899 FO407/151/56, NA.

⑤ "Extracts from Reports of the Mudirs in Charge of Districts in the Soudan," in *Report on the Finances ... Reforms*, 1899, 58.

⑥ "Extracts from Reports of the Mudirs in Charge of Districts in the Soudan," in *Report on the Finances ... Reforms*, 1899, 58.

饥饿与国家

还利用他们自己的资金另外建造了 300 座萨奇亚。柏柏尔和栋古拉的多余粮食开始进入恩图曼市场,这有助于抵消 1899 年尼罗河水位下降导致的负面影响。① 事实上,尽管英-埃政府官员们担心粮食价格会在随后一年内保持高位,② 但恩图曼的高粱价格在 1900 年初就下降到了 90 比索/阿达布,③ 第二年更下跌到 34 比索/阿达布的低点。④

抵抗与土地所有权的界定

马赫迪政权垮台后,英-埃政府仅受到英埃两国政府中相应官员的松散监督。1899 年 1 月签署的《英-埃共管协议》限制了埃及的监督权,英-埃苏丹总督不需要就其民事政策向赫迪夫及其部长报告,在军费开支方面也不需要事先申请批准,但他必须向埃及战争部长通报军费开支情况,因为埃及军队的总司令(Sirdār)同时也兼任苏丹军队的总司令。⑤ 来自伦敦的监督同样有限。只需事先获得英国政府的批准授权,英-埃政府就可以具体地划定边界、开展大规模军事行动以及与外国签订条约。⑥ 同样,在开罗的英国政治顾问对苏丹政策制定影响也很

---

① "Extracts from Reports of the Mudirs in Charge of Districts in the Soudan," in *Report on the Finances . . . Reforms*, 1899, 61 - 62.
② Rodd to Salisbury, August 20, 1899 FO407/152/18, NA. 210 Notes
③ Maxwell to Wingate, January 19, 1900 SAD270/1/69 - 78.
④ "Market Prices," Sudan Gazette no. 18 (December 1, 1900).
⑤ Gabriel Warburg, *The Sudan under Wingate: Administration in the AngloEgyptian Sudan, 1899 - 1916* (London: Frank Cass, 1971), 16 - 17.
⑥ Gabriel Warburg, *The Sudan under Wingate: Administration in the AngloEgyptian Sudan, 1899 - 1916* (London: Frank Cass, 1971), 22 - 23.

第五章　奴隶制、英-埃政府统治与粮食市场的发展（1896—1913）

有限。在马赫迪政府垮台后的几年里，苏丹政府的预算缺口一直由埃及财政部提供补助，在苏丹的英-埃政府官员们虽然最初必须向英国驻开罗领事提交其年度预算，但很快就被允许可以自行调整预算而无需专门通知，条件是这些预算变化不会增加埃及的财政负债。①

英-埃政府从一开始就羸弱不堪，官员们的具体施政依赖于治下当地社区的合作。1901年，在第二任总督雷金纳德·温盖特（Reginald Wingate）的指导下，一个新的永久性文官政府得以建立，埃及军官的文职行政职务最终被取消。② 新的文官政府分工明显，高级职位由英国官员担任，初级职位由埃及官员担任，英国人在政府职员中的占比非常低。1914年初，英-埃政府中只有大约300名英国官员。③ 埃及的初级官员们虽然没有制定政策的权力，但他们带来了关于阿拉伯文化、艺术和民族主义的新观念，有助于改造苏丹的精英阶层和城市文化。④ 实际上，在英-埃政府统治的头几十年里，官员们只是不定期地进入当地的农村社区，后者必须独立制定自己的战略以便参与新国家的政策。

---

① Gabriel Warburg, *The Sudan under Wingate: Administration in the AngloEgyptian Sudan, 1899 – 1916* (London: Frank Cass, 1971), 2.

② Anthony Kirk-Greene, *Britain's Imperial Administrators, 1858 – 1966* (New York: St Martin's Press, 2000), 164.

③ See Anglo-Egyptian Sudan, *Monthly Return of Senior Officials, Sudan Government, and British Officers Temporarily Employed in Sudan Government Service, Showing Appointments and Stations on the 1st March, 1914 and Probable Moves during the Month* (March 1914), SAD.

④ Heather Sharkey, *Living with Colonialism: Nationalism and Culture in the Anglo-Egyptian Sudan* (Berkeley: University of California Press, 2003), 6.

20世纪初，导致马赫迪王国崩溃的饥荒继续发生，粮食危机迫使英-埃政府的高级官员们重新考虑相关政策。在征服之前，高级官员们计划将土地使用权改革作为重建的核心部分，希望借此恢复马赫迪运动之前的社会秩序。在征服过程中，因为尼罗河流域遭遇了严重的粮食危机，英-埃政府官员们被迫重新进行土地使用权改革，鼓励当地农民加强商品化粮食种植。在接下来的十五年间，当地的土地所有者成功阻止了英-埃政府对传统土地制度的干涉，并迫使高级官员们承认当地社区有权确定土地所有权。

　　早在基钦纳部队进驻马赫迪控制区之前的1896年8月下旬，埃及军队情报部门的英国军官就开始规划英-埃政府的战后土地政策。① 考虑到这些初步计划的性质，1896年9月初，埃及财政部副部长克林顿·道金斯（Clinton Dawkins）写信给当时的埃及军队军事情报主管雷金纳德·温盖特，建议新征服地区的土地政策应该包括：(1) 禁止土地所有者转让土地，防止产生大批无土地阶层；(2) 帮助在埃及的苏丹难民迅速返回。② 当时，开罗有近1万名登记在册的苏丹难民，③ 瓦迪哈勒法附近的难民营有数千人，④ 居住在上埃及的苏丹人更是数不胜数。道金斯负责削减埃及政府的开支，他认为难民中

---

① Dawkins to Wingate, September 4, 1896 SAD263/1/21-22.
② Dawkins to Wingate, September 6, 1896 SAD263/1/28.
③ "Resume of the Sukkot, Mahass, and Dongola Refugees in Cairo," in Intelligence Department, Egyptian Army, *Sudan Intelligence Report* no. 49 (June 22 to August 18, 1896), 37, SAD.
④ Intelligence Department, Egyptian Army, *Staff Diary and Intelligence Report*, Frontier Field Force no. 201 (September 22 to 28, 1889), SAD.

第五章 奴隶制、英-埃政府统治与粮食市场的发展（1896—1913）

的许多人已经得到了政府补助，因而希望鼓励难民返回家园。①

道金斯建议新英-埃政府重新确立马哈斯、苏库特和栋古拉的土地所有权，因为这种所有权在 1885 年土-埃政权撤退前就已经存在了。为了实现这一目的，他建议政府应该根据 1885 年的埃及税册和埃及军队在撤退期间签发的土地所有权设立土地登记处。道金斯其实已经认识到，根据这些文件确立 1885 年时期的土地权利存在着两个主要问题。首先，土-埃政府对萨奇亚征税而不是对土地征税，税务登记也只是列出了拥有萨奇亚的业主姓名和所属区域，没有标明所占有土地的具体地理位置。第二，许多难民由于各种原因没有收到这些土地所有权证书，这些证书因之仅仅代表了部分（而不是全部）被遗弃土地的所有权状况。尽管如此，道金斯还是要求英-埃政府承认税务登记和颁发的证书是土地所有权的原始证据，并规定：如若产生争议，能取代原始证据的只能是通过出售或继承方式实现土地转让的书面证据。此外，道金斯还建议说，在英-埃联军征服时被发现耕种土地的人不能被承认为所耕种土地的所有者，除非他们能够提供土地所有权的原始证据；没有土地所有权原始证据的耕种者可以获得土地的临时所有权，将来一旦有人拿出了土地所有权的原始证据就撤销这种临时所有权。②

---

① *Memorandum by Mr. Dawkins on the Conditions of the Dongola Province* [n. d. March 1897] FO407/142/80, NA.
② Dawkins to Wingate, September 4, 1896 SAD263/1/21 - 22.

尽管最初接受了道金斯的建议，在登记土地所有权时优先考虑难民而非实际耕作的农民，[①]但这些官员们其实在1899年初就认识到，恩图曼以北尼罗河流域的农民是当地粮食市场的主要提供者，确保他们的土地权利是确保喀土穆粮食安全的必要条件。这种认识促成了1899年《土地所有权条例》的出台。该条例是英-埃政府颁布的首批法案之一，授权各州成立土地委员会，甄别土地是私人持有还是政府所有，裁定对土地权利的要求，建立和维护土地所有权登记。《土地所有权条例》规定，土地委员会必须由三名埃及军官和两名受尊敬的当地知名人士组成，承认土地所有权的"绝对要求"是在委员会成立之前连续五年耕种某块土地，其次是马赫迪运动前拥有的土地所有权证据。委员会只承认和登记个人对土地的自由持有权利，不承认使用权或公共权利等任何其他的土地权利，并认为这是尼罗河沿岸地区以及杰济拉和科尔多凡等多雨土地的所有权的性质。[②]土地权利一旦得到确认，土地所有人都必须在州级委员会处进行登记。登记完成后，土地所有人还必须向州政府上报有关的土地转让情况，以便登记员准确维护。[③]

1899年，喀土穆、柏柏尔、卡萨拉[④]和森纳尔[⑤]等地都设

---

① Extract from the Egyptian "*Journal Officiel*" of 3 April 1897 FO407/143/8, NA.

② A. R. C. Bolton, "Land Tenure in Agricultural Land in the Sudan," in *Agriculture in the Sudan*, ed. John Douglas Tothill (London: Oxford University Press, 1948), 191.

③ "The Title of Lands Ordinance," *Sudan Gazette* no. 2 (March 27, 1899): 4–6.

④ "Notice," *Sudan Gazette* no. 10 (April 1, 1900).

⑤ "Notice," *Sudan Gazette* no. 11 (May 1, 1900).

第五章　奴隶制、英-埃政府统治与粮食市场的发展（1896—1913）

立了土地委员会。在接下来的几年里，官员们发现土地委员会制度不可行，各地州长们因之解散和重组了土地委员会。土地委员会制度有两个根本缺陷。首先，当地的土地拥有者拒绝服从土地委员会的规则和裁决。赫伯特·圣皮科克（Herbert St. Peacock）是苏丹的民事法官兼土地结算干事，他认为一些当地农民之所以不愿意向委员会提出对土地的权利主张，是因为有传言称土地登记是征收更高税收或没收土地的前奏。① 一些土地拥有者故意破坏登记程序，要么不划定他们的土地界线，要么与邻居们串通将几个相邻的小块土地登记为单个人的大块土地。② 也有一些人认为土地登记是一个机会，他们对不曾拥有和没有耕种过的土地提出要求，试图借此来增加他们的财产。③ 甚至那些遵守登记程序的土地拥有者，也被报告说经常无视土地委员会的裁决。④

　　土地登记程序的第二个缺陷，就是"条例"确定的土地所有权定义与当地人对土地所有权的概念不一致。尽管土地委员会界定了可转让的个人土地所有权，但土地拥有者们提出了其他类型的土地使用权证据。卡萨拉州土地委员会的成员在1900年报告说，他们收到的证据表明，加达里夫附近的土地是集体所有，当地民众也不承认个人土地所有权。⑤ 1903年，英-埃政

---

① Herbert St. Peacock, *The Anglo-Egyptian Sudan: A Report of the Land Settlement of the Gezira* (London: Darling, 1913), 21.
② Peacock, *The Anglo-Egyptian Sudan*, 23.
③ Edgar Bonham Carter, "Annual Report, Legal Secretary, 1904," in *RFACS*, 1904, Vol.3(1904), 59, SAD.
④ *Reports by His Majesty's Agent and Consul-General ... Soudan*, 1900 (Cd441, 1901), 83.
⑤ Ibid.

府法律秘书埃德加·博纳姆·卡特（Edgar Bonham Carter）写道，在喀土穆以北的尼罗河沿岸社区，民众尽管能够接受耕地年度租约期间的个人所有权，但他们更认可村社/部族基于传统惯例而对那些能够得到定期灌溉土地的集体使用和收益权，无论这种土地状况的形成是由于超常规的降雨还是尼罗河涨水。博纳姆·卡特建议政府建立法律机制来处理这两种所有权。① 1904 年成立的一个委员会负责制定政府出售土地的相关法律条款，它也认为喀土穆北方那些得不到定期灌溉的土地，更可能是"归属于村庄或部落，然后再通过体面的方式划归个人。……这种土地权利基本上不能转让"。②

官员们还担心，承认个人土地所有权可转让将允许外国人通过购买手段进行土地投机，这不仅会造成大量的无土地阶层，还可能导致大量土地无人耕种。为了防止这种投机行为，1900 年 4 月 1 日，英-埃政府颁布了一项公告，要求所有的土地交易必须事先上报州长，州长有权取消出售或修改其条款。③ 1905 年，官员们发现土地所有者无视这项公告，大片可耕地正落入外国投机者手中，有人正以每费丹 8 比索的价格购买杰济拉的土地。④ 与此同时，柏柏尔的土地清算官员们发现，一些当地农民向土地委员会提出虚假要求以确保土地出售给外国

---

① Edgar Bonham Carter, "Annual Report, Legal Secretary, 1903," in *RFACS*, 1903, Vol. 3(1903), 78 – 79, SAD.

② *Report of the Committee with Reference to the Sale of Government Lands in the Sudan* (Cairo: Printed by Order of the Governor-General of the Sudan, 1904), 6.

③ "Proclamation of April 1900," *Sudan Gazette* no. 10 (April 1, 1900).

④ Phipps to Wingate June 12, 1905 SAD276/6/22 – 23. Notes 211

第五章 奴隶制、英-埃政府统治与粮食市场的发展（1896—1913）

人。① 为了制止这种投机行为，政府在 1905 年 7 月发布了另一项公告，宣布：

> 无论是否同意，苏丹本地人都不得出售、转让、抵押或以其他方式处置土地或其上的任何权利或权益，除非获得土地所在地区州州长的书面同意。

该公告同时还废除了所有未经州长批准而进行的土地交易，因无效销售而支付的款项也无法收回。②

虽然土地登记已经在栋古拉、柏柏尔、喀土穆、卡萨拉、科尔多凡、森纳尔和萨瓦金等地根据土地条例展开，③ 但英-埃政府官员们还是在 1905 年 8 月放弃了这一程序，建立了一套新的土地使用权登记制度。根据《土地结算条例》的描述，新制度规定土地所有权由结算官员而非土地委员会评估。结算官员有权承认四种类型的土地所有权：（1）完全的个人所有权；（2）所有权之外的其他土地权利，即耕种权、放牧权和林产品收获权；（3）徒步或水渠穿越土地的权利；（4）与当地人无关的政府所有权。④ 为了保证新条例得到落实，官员们设置了六个步骤完成新的土地登记。首先，清算官员走访社区，解释土

---

① Cromer to Wingate February 2, 1906 SAD278/2/2 – 3.
② "Proclamation of July 1905," *Sudan Gazette* no. 78 (July 1, 1905).
③ Edgar Bonham Carter, "Annual Report, Legal Department," in *RFACS*, 1905, Vol. 3, (1903), 82, SAD.
④ "The Land Settlement Ordinance, 1905," *Sudan Gazette* no. 80 (August 24, 1905).

地清算的目的和程序。第二，州长命令本地区的土地所有者划定他们的土地界线。第三，划界官员走访社区，编制土地纠纷清单。第四，解决这些争议，确定所有地块的所有权性质。第五，调查部绘制本地区的产权地图。最后，登记官员将每块土地的位置和所有权性质登记在册。① 完成登记后，土地所有人之后的任何土地转让信息都必须上报政府，以便修订登记册。②

事实证明，由于当地民众拒绝遵守登记程序，新制度与旧制度一样不可行。土地所有者通常都会向安置官员谎称他们持有土地的范围，同时拒绝划定土地界线。③ 登记完成后，土地所有者拒绝向州级主管部门上报其后的土地转让信息。结果，注册管理迅速过时，官员们很快就意识到了注册信息不准确。1909年11月，博纳姆·卡特（Bonham Carter）宣布喀土穆的土地登记册不再是土地所有权的可靠记录，因为土地所有者没有登记土地出售信息。④ 在1920年代，未登记的土地转让现象非常普遍，官员们甚至担心强制执行登记要求会导致广泛的社会动荡，因为这样做就要求政府取消大量未登记的土地出售。随后，法院停止执行许多与土地登记和土地使用有关的政府法令。⑤

---

① Edgar Bonham Carter, "Annual Report, Legal Department, 1908," in *RFACS*, 1908(1908), 199, SAD.

② Legal Department, Sudan Government. Report of the Land Registration Committee (1929), 4 REPORTS4/11/10, NRO.

③ Peacock, *The Anglo-Egyptian Sudan*, 23.

④ Edgar Bonham Carter, "Annual Report, Legal Department, 1910," in *RFACS*, 1910(1910), 606, SAD.

⑤ Legal Department, Sudan Government. *Report of the Land Registration Committee* (1929), 4 REPORTS4/11/10, NRO.

第五章 奴隶制、英-埃政府统治与粮食市场的发展（1896—1913）

合作与奴隶制的重建

尽管普遍拒绝土地登记，但当地社区并没有抵制所有的政府项目，而是选择性地支持政府计划中符合他们利益的方案并具体实施，例如通过提高粮食产量来解决持续的粮食危机等。当地社区与英-埃政府官员们合作稳定粮食市场的一种办法，就是重建苏丹北方尼罗河流域农业生产中的奴隶制度，该制度在马赫迪反叛期间被废除。在马赫迪国家垮台后，英-埃政府官员们与当地农民协商建立了一套确保奴隶主权利的法律制度，同时设立一套程序将男性奴隶与其主人捆绑在一起。在政府的支持下，农民们反过来又将粮食销售获得的利润用于扩大再生产，从苏丹其他地方输入了多达 8 万名男性奴隶。

英-埃政府时期苏丹北方尼罗河流域奴隶所有权的历史变迁，只能从殖民档案中间接推断出来，因为官员们故意做了误导性记录，掩盖他们在苏丹内部奴隶贸易中的共谋事实。下级官员们得到了上级的明确指示，不得在任何官方通信中使用"奴隶"一词。当下级官员在 1912 年的一份报告中明确地将一名奴隶称为"奴隶"时，高级督查鲁道夫·冯·斯拉丁（Rudolph von Slatin）曾经这样向温盖特总督描述他的态度："如果让我在官方文件再次发现他称呼苏丹仆人为奴隶，就切断他右手的一根手指（原文如此）。"① 为了避免使用"奴隶"一词，管理人员将"奴隶"称为"仆人"，或者更频繁地称为"苏丹人"，并

---

① Slatin to Wingate, December 2, 1912 SAD183/3/16 - 17.

将这些奴隶在苏丹北方的主人称为"当地人"或"阿拉伯人"。当然,英-埃政府官员们私下里承认苏丹实际上有奴隶,称他们为"仆人"是故意混淆他们的身份。例如,雷金纳德·戴维斯(Reginald Davies)当时是科尔多凡州的一名巡视员,他在给父母亲的私人信件中写道:

> 今天早上我要审理一个复杂的奴隶案件。有一个苏丹人因为债权问题而要沦为两个人的奴隶,我刚刚阅读完来自该州各地的大量虚假证据。……当然,在官方层面,苏丹没有奴隶制这样的东西,所以请不要给基尔·哈迪(Keir Hardie)展示这一点——在信件中,我们把这种事儿称为"苏丹事件",使用"仆人"而非"奴隶"。①

除了管理下属讨论奴隶制的方式外,高级官员们还试图监管不隶属英-埃政府的其他官员们对苏丹奴隶制的描述,他们尤其担心克罗默勋爵会无意中引起人们对苏丹奴隶制和奴隶贸易的持续关注。1909年7月,温盖特和斯拉丁讨论了克罗默即将完成的专著《现代埃及》,希望影响克罗默对苏丹奴隶制的描述方式。通过他们的来往信件,斯莱丁和温盖特不仅构建了一个适当的、关于奴隶制已经结束的虚构叙述,而且希望克罗默能

---

① Davies to His Father, Mother, and Family, January 18, 1912 SAD882/8/3.

第五章　奴隶制、英-埃政府统治与粮食市场的发展（1896—1913）

够在他的书中阐明这一点。在二人的虚假陈述中，英-埃政府在1898年就从法律上废除了奴隶制，许多被解放的奴隶自由选择是否继续为他们以前的主人工作。① 1913年，为了给《观察家报》撰写一篇关于非洲葡语国家奴隶制的文章，克罗默要求温盖特提供有关英-埃政府打击奴隶制的信息。② 在收到这个请求后，英-埃政府的高级官员们希望再次设法影响克罗默。温盖特私下写信给斯莱丁说，他想这样告诉克罗默：

> 当他处理葡语国家的奴隶制问题时，不要把苏丹牵扯进来。但我不能直接对他这样说，所以接下来最好让他保持好状态不要跑偏。③

温盖特指示斯莱丁让一些高级官员们通过简短的备忘录来引导克罗默撰写文章，④ 随后还请当时在伦敦的博纳姆·卡特会见克罗默，并说服他在文章中不要提及苏丹。⑤ 当博纳姆报告说他已经成功完成了任务时，温盖特的回应是他认为"对英-埃政府的奴隶制政策说得越少越好"。⑥

英-埃政府的高级官员们有充分的理由隐瞒他们的活动，因为在他们的监督下，每年有数以万计的奴隶被进口到苏丹北方

---

① Slatin to Wingate, July 31, 1909 SAD288/2/94 - 95. This narrative made its way into the published version of Cromer's work. Earl of Cromer (Evelyn Baring), *Modern Egypt*. 2 Vols (New York: Macmillan Company, 1908).
② Cromer to Wingate, July 25, 1913 SAD187/1/197.
③ Wingate to Slatin, July 26, 1913 SAD187/1/228 - 230.
④ Ibid.
⑤ Bonham Carter to Wingate, August 1, 1913 SAD187/2/1.
⑥ Wingate to Bonham Carter, August 3, 1913 SAD187/2/25.

的尼罗河流域。尽管这段时期英-埃政府的文件故意掩盖了苏丹奴隶贸易的强度，但根据特定时期内萨奇亚的数量就可以粗略估计奴隶人口。一个正常运作的萨奇亚需要 8~10 名全职劳动力。① 在英-埃政府统治的第一个十年里，官员们经常声称这种劳动是由男性奴隶提供。1908 年，农业局局长欧内斯特·博努斯（Ernest Bonus）报告说，"奴隶逃跑引发的劳动力缺乏"导致了萨奇亚数量的轻微下降。② 在接下来的几年里，栋古拉、③ 喀土穆④和柏柏尔的州长们也提出了类似的看法。⑤ 1922 年，栋古拉州州长报告说，奴隶为该州的萨奇亚灌溉提供了全部劳动力。⑥ 当地农民也承认奴隶们在为他们的萨奇亚工作。1924 年，柏柏尔的达马里（Darmali）民众说，因为地方官员们向奴隶们发放人身自由的文件，他们的萨奇亚都被迫闲置了。⑦ 因此，通过分析能够正常运作的萨奇亚的数量变化，就可以大致估算男性农业奴隶的贸易程度。

在英-埃政府统治苏丹的头 15 年间，萨奇亚的数量急剧增

---

① *Memorandum by Mr. Dawkins on the Conditions of the Dongola Province* [n.d. March 1897] FO407/142/80, NA.

② Ernest Bonus, "Annual Report, Agriculture and Lands Department, 1908," in *RFACS*, 1908(1908), 35, SAD.

③ Herbert William Jackson, "Annual Report, Dongola Province, 1908," in *RFACS*, 1908(1908), 503, SAD.

④ Edward Alexander Stanton, "Annual Report, Khartoum Province, 1908,"' in *RFACS*, 1908(1908), 554, SAD.

⑤ C. H. Townsend, "Annual Report, Berber Province, 1910," in *RFACS*, 1910(1910), 193, SAD.

⑥ Extract from Dongola Annual Province Report, 1922 CIVSEC60/1/1, NRO.

⑦ Petition of People of Darmali, 1924 CIVSEC60/1/2, NRO

第五章 奴隶制、英-埃政府统治与粮食市场的发展（1896—1913）

加，奴隶数量也随之急剧增加。在1897—1912年间，栋古拉的萨奇亚数量从1 450座①增加到4 953座，②柏柏尔和喀土穆的萨奇亚数量也从大约70座③增加到3 307座。④1912年，在栋古拉、柏柏尔、喀土穆和哈勒法，依靠奴隶运作的萨奇亚将近1万座，比刚征服时增加了大约8 000座。⑤如果每座萨奇亚需要10名男性奴隶，那么1912年该地区从事农业生产的男性奴隶就多达10万人。奴隶人口增长最显著的是栋古拉。1897年的人口普查显示，栋古拉的总人口超过5万人，但只有不到2 000名男性"苏丹人"，也就是奴隶。1912年，栋古拉的4 953座萨奇亚需要近5万名男性奴隶工作。1913年逐户进行的人口普查显示栋古拉河流两岸的民众共有141 621人，⑥这意味着，在第一次世界大战前，男性奴隶大约占栋古拉总人口的1/3。

在英-埃联军征服后，被带到栋古拉的奴隶并不是由返回的难民带来的，因为1885年逃往埃及的难民的奴隶在马赫迪反叛初期已经被英国军官解放了。此外，档案记录中也没有提到马赫迪政权崩溃后有从埃及或苏丹其他地方带着奴隶返回的难民。1912年，栋古拉地区为萨奇亚工作的大约5万名男性奴隶，几

---

① *Memorandum by Mr. Dawkins on the Conditions of the Dongola Province* [n. d. March 1897] FO407/142/80, NA.

② E. B. Wilkinson, "Annual Report, Department of Agriculture and Forests, 1912," in *RFACS*, 1912 Vol. 2(1912), 155, SAD.

③ *Report on the Finances ... Reforms*, 1899, 6.

④ E. B. Wilkinson, "Annual Report, Department of Agriculture and Forests, 1912," in *RFACS*, 1912 Volume 2(1912), 155, SAD.

⑤ Ibid.

⑥ Herbert William Jackson, "Annual Report, Dongola Province, 1913," in *RFACS*, 1913 Vol. 2(1913), 70, SAD. 212 Notes

乎都是通过奴隶贩子买来的。在英-埃联军征服后的十年里，包括马哈斯和苏库特在内的瓦迪哈勒法州建立了大约1 500座萨奇亚，同样不能用难民的回归解释当地奴隶劳动的突然增加，因为这些难民的奴隶也随着土-埃政府的撤离已经被解放了。①

柏柏尔和喀土穆的农民同样必须购买男性奴隶来为他们新建的萨奇亚提供所需的劳动力。罗伯特·柯林斯（Robert Collins）已经证明，在马赫迪国家时期，很少有男性奴隶从事农业劳作。在1890年代，奴隶占了恩图曼人口的一半，但大多数被征募编入杰巴迪亚奴隶军或哈里发的私人卫队。在这些奴隶士兵中，一些人是逃离了他们的主人而加入马赫迪军队，另一些则来自对南方的劫掠或者从奴隶贩子处购买。在马赫迪国家时期，国家垄断了男性奴隶的购买，农民因之无法填补奴隶逃跑造成的劳动力空缺。② 马赫迪国家崩溃后，许多奴隶士兵被并入了埃及军队，奴隶人口进一步减少。在1898年4月进军恩图曼时，基钦纳宣布对所有愿意加入英-埃联军的马赫迪奴隶士兵实行大赦，③ 随后的几个月里，数千名马赫迪军队士兵叛逃加入了埃及军队的苏丹营。在占领恩图曼后的几天里，埃及军队的苏丹士兵挨家挨户地带走民众家里的奴隶。这些士兵经常与女奴结婚，强迫男奴入伍。④

---

① Ernest Bonus, "Annual Report, Agriculture and Lands Department, 1908," in *RFACS*, 1908(1908), 19, SAD.

② Robert Collins, "Slavery in the Sudan in History," *Slavery and Abolition* 20 no. 3(1999):79.

③ Cromer to Salisbury, April 16, 1898 FO407/146/165, NA.

④ Petition by Sixty-Eight Notables of Omdurman to Kitchener, October 1898 SAD430/6/4.

第五章 奴隶制、英-埃政府统治与粮食市场的发展（1896—1913）

在英-埃政府统治的最初几年，因为传言说英-埃政府不承认奴隶地位，苏丹北方尼罗河流域的奴隶人数进一步减少。1900年，温盖特总督报告说解放了大量奴隶。这些曾经的奴隶有一些加入了埃及军队，一些人试图在尼罗河沿岸的恩图曼等城镇以自由人身份生活。①还有一些奴隶前往埃塞俄比亚和厄立特里亚边境人口稀少的雨林地带，②或者迁往青尼罗河沿岸的城镇。③

一旦这些被解放的黑奴社区达到了一定规模，苏丹的阿拉伯牧民们就开始袭击他们，并把劫掠到的奴隶在北方的奴隶市场上重新出售。栋古拉州州长在1899年报告说："卡巴比什人（Kabbabish Arabs）持续地劫掠黑人奴隶，他们在恩图曼抢劫男孩和女人，然后把劫掠到的奴隶带到栋古拉和汗达克（Khandak）出售。"④ 卡萨拉州州长在1904年报告说，哈达丹瓦人经常从卡萨拉附近的城镇袭击绑架获释的奴隶。⑤ 同年，禁止奴隶贸易部逮捕了易卜拉欣·瓦德·马哈茂德（Ibrahim Wad Mahmud），他是苏丹东部一个绑架团伙的头目，经常把劫掠绑架的奴隶卖给栋古拉州和吉达。⑥ 尽管逮捕了一些奴隶贩

---

① *Reports by His Majesty's Agent and Consul-General . . . Soudan*, 1900, 79.

② *Reports by His Majesty's Agent and Consul-General . . . Soudan*, 1901, 73.

③ George Frederick Goringe, "Annual Report, Sennar Province, 1902," in *RFACS*, 1902, Vol.3(1902), 232, SAD.

④ Quoted in *Reports by His Majesty's . . . Egypt and the Soudan in 1899* (Cd95, 1900), 62.

⑤ E. B. Wilkinson, "Annual Report, Kassala Province, 1904," in *RFACS*, 1904(1904), 77, SAD.

⑥ Francis Reginald Wingate, "Memorandum by the Governor-General," in *RFACS*, 1904(1904), 35, SAD.

子,但卡萨拉州州长报告说,劫掠黑奴事件在随后几年内仍然会继续发生。① 事实上,在英-埃政府统治苏丹的前 15 年,在达尔富尔②、加扎勒河③、南科尔多凡④以及埃塞俄比亚边境⑤等传统的贩奴地区,劫掠奴隶的事件一直层出不穷。

英-埃政府官员们确实没有严厉打击苏丹国内的奴隶贸易,因为他们相信当地农民的观点,即没有足够的男性奴隶劳动力就无法扩大商业化粮食种植。正如埃及军队的英国军官米洛·乔治·塔尔博特(Milo George Talbot)所说,英-埃政府官员们通过马赫迪反叛期间与边疆州有奴隶的难民们的接触认识到,苏丹北方尼罗河流域的土地拥有者"从来就不是土地上的实际耕种者",⑥ 他们完全依赖黑人奴隶的劳动。马赫迪国家垮台后,恩图曼的精英阶层们也证实了这一观点。1898 年 10 月,恩图曼的 68 位名人给基钦纳提交了一份签名请愿书,抱怨他们的许多男性奴隶加入了埃及军队,导致他们的萨奇亚无法正常运作,也无法生产生活物资并参加经济重建。⑦ 基钦纳立即对这一请求做出回应,指示英-埃及官员们不要干涉主人和奴隶之间的关系,除非奴隶受到"残酷对待"。⑧

---

① C. M. G. MacEwen, "Annual Report, Kassala Province, 1908," in *RFACS*, 1908(1908),549, SAD.

② Wingate to Kitchener, January 16,1911 SAD300/1/63.

③ Wingate to Kitchener, January 24,1911 SAD300/1/77.

④ Wingate to Hamilton, December 9,1908 SAD284/5/8-9.

⑤ Cromer to Wingate, January 1,1906 SAD278/1/2.

⑥ Talbot to Wingate, February 10,1899 SAD269/2/35-36.

⑦ *Petition by Sixty-Eight Notables of Omdurman to Kitchener*, October 1898 SAD430/6/4.

⑧ "Memorandum to Mudirs," in *Report on the Finances … Reforms*, 1898,56.

第五章　奴隶制、英-埃政府统治与粮食市场的发展（1896—1913）

英-埃政府官员们很快就停止了这些举动，转而干预苏丹国内的奴隶贸易。打击奴隶贸易是埃及禁止奴隶贸易部门（禁奴贸易部）的职责。禁奴贸易部由赫迪夫创建，目的是遵守1877年的《英埃奴隶贸易条约》，该条约要求埃及在其苏丹领土内打击奴隶贸易。在马赫迪反叛期间，禁奴贸易部的工作重点是向埃及的自由奴隶提供援助，协助埃及军队维护边疆州的治安。马赫迪政权垮台后，禁奴贸易部恢复了在苏丹的行动，但它仍然是埃及政府的一部分，其工作人员对埃及内阁负责而不是对英-埃政府负责。在20世纪的头几年，英-埃政府的高级官员们成功地限制了禁奴贸易部的权力。起初，官员们集中精力向禁奴贸易部部长麦克默多（A. M. McMurdo）施压，要求他限制下属们的警务活动，或者安排工作人员参与其他活动。1905年，温盖特总督说服麦克默多下令喀土穆警察局协助抗击牛瘟。① 1908年，禁奴贸易部试图将工作范围从打击奴隶贸易扩大到废除苏丹的奴隶制，② 斯莱丁会见麦克默多，成功说服后者发布命令禁止下属干涉奴隶与其主人之间的关系。③ 英-埃政府的高级官员们随后密谋废除禁奴贸易部。1910年，温盖特总督先是说服埃及政府将禁奴贸易部归他直接指挥，④ 然后将该部门的预算削减了近一半，解雇了1/4员工。⑤ 三年后，温盖

---

① Francis Reginald Wingate, "Memorandum by the Governor-General," in *RFACS*, 1905, Vol. 2(1905), 58, SAD.
② Slatin to Wingate, March 22, 1908 SAD2 - 82/3/126 - 128.
③ Slatin to Wingate, April 2, 1908 SAD282/4/6 - 9.
④ Wingate to Gorst, April 13, 1910 SAD296/1/116.
⑤ "Repression of the Slave Trade Department, Annual Report, 1911," in *RFACS*, 1911, Vol. 2(1911), 563, SAD.

特关闭了禁奴贸易部,工作人员并入州级警察部队。①

然而,英-埃政府官员们仍然采取措施阻止将苏丹奴隶出口到埃及和阿拉伯半岛。1902年,栋古拉州州长报告说,贝贾牧民们经常劫掠尼罗河两岸的民众并将其卖给红海沿岸的吉达商人。② 英-埃政府的高级官员们对此做出回应,下令在州级部门登记苏丹北方的所有奴隶,③ 规定被劫掠的奴隶必须归还其原来的主人,希望借此阻止掠奴事件的发生。为确保奴隶登记不妨碍输入新的农业奴隶,奴隶登记一直保持开放并允许登记新购买的奴隶。④ 此外,英-埃政府的高级官员们还希望通过监管,阻止红海沿岸向阿拉伯半岛出口奴隶。1899年,埃及政府将萨瓦金移交给新的英-埃政府,埃及海军的帆船也从苏丹水域撤出,苏丹红海海岸也就没有了适当的海岸警卫队。1904年,红海州州长承认,当地警察部队无法阻止向阿拉伯半岛出口奴隶,⑤ 温盖特随后批准建立了一支新的苏丹海岸警卫队。⑥

英-埃政府的高级官员们还与当地农民合作建立了保护奴隶主利益的法律体系。在英国基本法和基于种族的习惯法的指导下,英-埃政府官员们主持创立了一套分开的民事法律制

---

① Wingate to Ravenscroft, July 1, 1914 SAD191/1/7-8.

② Herbert William Jackson, "Annual Report. Dongola Province, 1903," in *RFACS*, 1903, Vol. 4(1903), 27, SAD.

③ Henry Cecil Jackson, *Behind the Modern Sudan* (London: MacMillan, 1955), 94.

④ Bonham-Carter to Wingate, August 1, 1913 SAD187/2/1.

⑤ Francis Reginald Wingate, "Memorandum by the Governor-General, 1904," in *RFACS*, 1904, Vol. 2(1904), 35, SAD.

⑥ Francis Reginald Wingate, "Memorandum by the Governor-General," in *RFACS*, 1906, Vol. 2(1906), 39, SAD.

第五章 奴隶制、英-埃政府统治与粮食市场的发展（1896—1913）

度，男奴和女奴因而接受两种不同法律制度的管辖。伊斯兰教法法庭由埃及法学家组成，专门针对穆斯林执行伊斯兰法律，主要涉及婚姻和继承等个人身份问题。尽管苏丹的大多数穆斯林都遵循伊斯兰法学的马立克（Mālikī）学派，但这些伊斯兰法庭却遵循哈乃斐（Ḥanafī）学派。20世纪初，女性奴隶的主人们说服了英-埃政府：女性奴隶属于特殊的婚姻案例，涉及女性奴隶的案件很大程度上应该由伊斯兰教法法庭解决。①

涉及男性奴隶的案件由英-埃政府官员们处理，他们制定了一套法律程序和行政规程，目的就是让男性奴隶继续在土地上工作。1902年1月，高级官员们起草了第10号"机密"通知备忘录，指导基层官员们裁决与男性奴隶有关的事项。在该备忘录的指导下，基层官员们采取他们认为的必要措施来防止男性奴隶从奴隶市场或者城镇逃跑，并尽一切努力将这些寻求自我解放的奴隶归还给他们的主人。② 此外，高级官员们还拒绝向获得自由的奴隶提供援助，以避免鼓励更多的奴隶寻求自我解放。1906年12月，埃及财政部提出给英-埃政府每年300埃镑的补助金，为苏丹已经获得自由的奴隶们提供服务。③ 但正如温盖特后来所说，英-埃政府的高级官员们相信，"建立一个政府机构作为逃亡奴隶的避难所"是轻率的，因此拒绝了这一

---

① Ahmad Alawad Sikainga, "Shari'a Courts and the Manumission of Female Slaves in the Sudan, 1898 – 1939," *The International Journal of African Historical Studies* 28 no.1(1995): 12 – 15. Notes 213

② Jackson, *Behind the Modern Sudan*, 94.

③ McMurdo to Wingate, December 5, 1906 SAD279/6/16 – 17.

提议。① 次月，高级官员们起草第 22 号"机密"通知备忘录以取代 1902 年的早期备忘录。新的备忘录要求基层官员们根据 1905 年的《流浪汉条例》，将生活在城镇和市场中心却没有谋生手段的自由奴隶视为"闲人"，并且告知这些逃跑的奴隶，如果他们继续找不到工作或没有返回主人身边就将被监禁一年。基层官员们也被要求告诉那些为自由而请愿的奴隶，即便他们能够找到自由人的工作也将同样被监禁。②

1909 年，为了进一步监督获得自由的奴隶们的活动，高级官员们成立了劳工局，并公开声称该局的成立是为了确保足够的廉价劳动力供应以满足政府需求。③ 然而，官员们私下承认，正如 1918 年的一份内部报告所指出的那样，该局的成立是为了：（一）阻止苏丹奴隶在没有充分理由的情况下离开他们的主人；（二）获得个人所从事工作的记录，借此区分奴隶的工作意愿和工作能力。④

英-埃政府官员们甚至不愿意把已经有固定工作的前奴隶看作自由人。1911 年，两个奴隶男孩从位于杰济拉的村庄徒步到青尼罗河沿岸的瓦德迈达尼（Wad Madani），然后乘火车到达喀土穆，在那里他们应征加入了埃及军队。男孩们的主人发现他们离开后立即追到喀土穆，点明了二人的奴隶身份。英-埃政府官员们既没有承认男孩是自由人，也没有否认其主人的说法，而是

---

① Wingate to McMurdo, December 16, 1906 SAD279/6/80 - 82.
② Sudan Government "Confidential" *Circular Memorandum* No. 22 CIVSEC60/1/1, NRO.
③ Francis Reginald Wingate, "Memorandum by the Governor-General, 1905," in *RFACS*, 1905, Vol.2(1905), 29 - 30, SAD.
④ The Labour Bureau [n.d. c1918] CIVSEC60/1/1, NRO.

第五章 奴隶制、英-埃政府统治与粮食市场的发展（1896—1913）

要求男孩与主人和解，无限期地每月给主人汇款50比索。①

英-埃政府官员们建立法律框架保护奴隶主的权利，这为当地农民大量投资萨奇亚提供了必要的安全保障。在马赫迪国家崩溃后的15年里，哈勒法、栋古拉、柏柏尔和喀土穆的农民建立了大约8000座萨奇亚，购买了多达8万名奴隶，耕种土地8万费丹。扩大萨奇亚灌溉种植是一项可观的资本投资，其规模只能从相关的文献记录中估算得知。1897年，根据克林顿·道金斯（Clinton Dawkins）在他关于马哈斯、苏库特和栋古拉经济报告中的估计，建造一座萨奇亚的成本为11埃镑。②假设该价格在1913年之前一直保持不变，这些萨奇亚的建设就代表着一项高达8.8万埃镑的投资。同样地，对奴隶的投资也只能估算，因为档案记录中没有苏丹奴隶内部贸易中的价格波动。事实上，这段时期的官方记录中只提到了一个男性奴隶的价格。温盖特总督在1903年的一份报告中指出，在埃塞俄比亚边境地区用12埃镑就可以购买"一个强壮的男孩"。③根据这个价格，购买8万名男性奴隶的总成本为96万埃镑。建造萨奇亚和购买相关奴隶的总成本约为104.8万埃镑。

增加萨奇亚灌溉种植还需要农民迅速扩大其畜群规模。由于每座萨奇亚最多可能需要10头牛，④20世纪初建造的8000

---

① "Repression of the Slave Trade Department, Annual Report, 1911," in *RFACS*, 1911, Vol.2(1911), 568, SAD.

② *Reports on the Province of Dongola*, 2.

③ *Reports by His Majesty's Agent and Consul-General ... Soudan*, 1903 (Cd1951,1904), 91.

④ Herbert William Jackson "Annual Report, Dongola Province, 1904," in *RFACS*, 1904, Vol.4(1904), 29, SAD.

座萨奇亚就可能需要8万头牛,这项投资成本很难从历史记录中估算出来,因为在第一次世界大战前,一直没有关于瓦迪哈勒法、栋古拉、柏柏尔和喀土穆等地牲畜市场的统计数据。1913年,尼罗州的牲畜市场从科尔多凡的欧拜伊德获得了部分供应,那里每头牛的平均价格为2.958埃镑。① 根据这个价格计算,8万头牛的大致成本为24万埃镑。但这个数字仅是扩大萨奇亚灌溉所需的牲畜总投资的一部分,还有大量的牛死于不时暴发的瘟疫。1900年,牛瘟从埃塞俄比亚边境沿青尼罗河蔓延到了喀土穆和柏柏尔,② 感染的牛群中大约有2/3死亡。③ 在接下来的15年间,虽然牛瘟在苏丹北方的尼罗河流域反复肆虐,但由于幸存的牛具备了免疫力,牛群的死亡率较低。在1911和1913年,死亡率仅为所有感染病例的1/4。④ 柏柏尔在1905年⑤、1907年⑥、1911年⑦和1913年⑧都暴发了疫情,栋

---

① Director Veterinary Department to Director Commercial Intelligence Branch of the Central Economic Board, October 22, 1926 CIVSEC64/3/13. NRO.

② *Reports by His Majesty's Agent and Consul-General . . . Soudan*, 1900, 77.

③ *Reports by His Majesty's Agent and Consul-General . . . Soudan*, 1901, 68.

④ Frederick Ulysses Carr, "Annual Report, Veterinary Department, 1913," in *RFACS*, 1913, Vol.2(1913), 560. SAD.

⑤ Francis Reginald Wingate, "Memorandum by the Governor-General," in *RFACS*, 1905, Vol.2(1905), 127, SAD.

⑥ Frank Burges, "Annual Report, Berber Province, 1907," in *RFACS*, 1907, Vol.3(1907), 203, SAD.

⑦ C. H. Townsend, "Annual Report, Berber Province, 1912," in *RFACS*, 1912, Vol.1(1912), 41, SAD.

⑧ Arthur Huddleston, "Annual Report, Berber Province, 1913," in *RFACS*, 1913, Vol.1(1913), 46, SAD.

第五章 奴隶制、英-埃政府统治与粮食市场的发展(1896—1913)

古拉①和喀土穆在1912年也暴发了疫情。②

如果将牛群的替换成本计算在内,用于建造萨奇亚、购买奴隶和维持牲畜数量的总支出估计约为150万埃镑。虽然对于饱受战争和饥荒蹂躏地区的农民来说这是一笔不可思议的巨额投资,但这笔投资实际上在若干年内就分摊到了大量的投资者手中。栋古拉地区有关于这方面投资的完整统计数据,1897—1913年间,栋古拉的农民建立了3 644座萨奇亚,几乎占所有新建萨奇亚的一半,而建造萨奇亚、购买约3.4万名奴隶和3.4万头牛的投资成本约为55万埃镑,平均每年为3.7万埃镑。然而,在1897—1904年间,栋古拉正从英-埃的征服中恢复,建造了450座萨奇亚,结合当时购买奴隶和牲畜的价格,这笔投资大约有7万埃镑,平均每年8 750埃镑。而在1905—1908年间,栋古拉地区大约建造了2 500座萨奇亚,总投资约为40万埃镑,每年平均10万埃镑。在1909—1913年间,栋古拉仅建造了500座萨奇亚,总投资约为8万埃镑,每年平均1.6万埃镑。

农民们在建设萨奇亚时不需要一次性购买全部所需的奴隶和牛,他可以用较长的时间逐步购置必要的牲畜和奴隶,在建设期间减轻萨奇亚的使用强度。此外,这项支出还可以分摊给多个投资者。在20世纪初,农业生产的基础是产量分成,土地所有者、奴隶、牛和萨奇亚各占一份。通常情况下,土地所有人获得1/6

---

① Herbert William Jackson, "Annual Report, Dongola Province, 1912," in *RFACS*, 1912, Vol.1(1912), 67, SAD.

② Frederick Ulysses Carr, "Annual Report, Veterinary Department, 1913," in *RFACS*, 1913, Vol.2(1913), 560, SAD.

的收益，萨奇亚所有人获得 1/5 的总收益，再减去税收和营销成本的剩余部分在奴隶主人和牲畜所有人之间进行分配。① 在这种产品分成制度下，任何人只要拿出至少 3 埃镑，也就是相当于一头牛的价格，就可以投资当地的农业扩大再生产。

补充畜群、建造萨奇亚和扩大耕种所需的部分资金直接来自政府。1899 年，英-埃政府向栋古拉和喀土穆的当地农民发放贷款，用于购买牲畜和建造萨奇亚。② 几年后，英-埃政府成立了一家农业银行，专门向农民发放贷款，帮助他们扩大耕地面积。③ 1906 年，英-埃政府向当地农民提供的未偿贷款已经超过了 1 万埃镑。④

农民们自己也采取了一些办法弥补扩大农业生产所需的资金缺口。栋古拉的农民通过向埃及军队出售小麦积累了资金。20 世纪之前，小麦在苏丹还不是主要作物，大多数人更喜欢吃高粱。作为口粮供应的一部分，埃及士兵每隔一天就会有小麦面包供应。⑤ 因此，在英-埃联军征服后，栋古拉的农民就开始种植小麦专门满足埃及军队的这个需求。尽管英-埃政府官员们指出栋古拉在 1897 年并没有重大的对外贸易，⑥ 但埃及军队对

---

① William Nichols, "The Sakia in Dongola Province," *Sudan Notes and Records* 1 no. 1 (January 1918): 23 – 24.

② "Extracts from Reports of the Mudirs in Charge of Districts in the Soudan," in *Report on the Finances . . . Reforms*, 1899, 58 – 62.

③ Francis Reginald Wingate, "Memorandum by the Governor-General," in *RFACS*, 1902, Vol. 1(1902), 44, SAD.

④ Francis Reginald Wingate, "Memorandum by the Governor-General," in *RFACS*, 1906, Vol. 2(1906), 47, SAD.

⑤ Cromer to Salisbury, April 1, 1898 FO407/146/142, NA.

⑥ Cromer to Salisbury, February 27, 1898 FO407/146/116, NA.

第五章 奴隶制、英-埃政府统治与粮食市场的发展（1896—1913）

粮食的持续需求依然使得栋古拉与上埃及和苏丹尼罗河流域的驻军市场中心之间建立了贸易联系。1898年征服马赫迪国家后，由于无法从当地购买足够的粮食，前首都恩图曼的粮食危机持续了很长一段时间，埃及军队开始向首都输送粮食，而栋古拉是埃及军队在苏丹获得小麦供应的唯一地点。[1] 1903年，埃及军队在栋古拉购买了1.2万阿达布的小麦，[2] 1904年又购买了1.1万阿达布。[3] 因为供给有限，苏丹市场上的小麦价格也始终居高不下。1901年，恩图曼的小麦价格达到峰值，约为每阿达布2埃镑，[4] 而当年栋古拉小麦市场的平均价格约为1埃镑。[5] 20世纪初，苏丹灌溉土地的小麦平均产量为每费丹4~4.5阿达布，[6] 一座萨奇亚灌溉的土地如果全部种植小麦，每个生长季的总收益可能是80埃镑。

随着私营企业开始介入与埃及军队的贸易联系，栋古拉的小麦种植迅速增加，很快就成为了喀土穆日益扩大的欧洲人社区的主要小麦供应方。小麦是栋古拉当时出口量最大的产品，在1907—1911年间向苏丹和埃及市场的供应总量翻了一番，从

---

[1] Herbert William Jackson, "Annual Report, Dongola Province, 1902," in *RFACS*, 1902, Vol.4(1902), 262-263, SAD.

[2] J. H. Neville, "Annual Report, Agriculture and Lands Department, 1903," in *RFACS*, 1903, Vol.3(1903), 172, SAD. 214 Notes

[3] Herbert William Jackson, "Annual Report, Dongola Province, 1904," in *RFACS*, 1904, Vol.4(1904), 30, SAD.

[4] "Market Prices," *Sudan Gazette* no. 27 (September 1, 1901).

[5] Herbert William Jackson, "Annual Report, Dongola Province," in *RFACS*, 1905, Vol.4(1905), 51, SAD.

[6] W. A. Davies, *The Cultivated Crops of the Sudan Including Cotton* (1924), SAD602/8/3-38.

大约 2.6 万阿达布增加到大约 5.4 万阿达布。① 同时，对栋古拉小麦的需求不断增加，这导致了小麦价格上涨。1905 年，栋古拉市场上小麦的平均价格为每阿达布 1 埃镑。② 到了 1908 年，1 埃镑只是小麦在收获时期的最低价格，③ 几年内的平均价格已接近 2 埃镑。④

与栋古拉的农民只专注于生产出口小麦不同，柏柏尔的农民采取了多种经济战略。除了向埃及军队提供一些小麦外，⑤ 柏柏尔的农民还从事其他一些生产劳动，包括用当地种植的棉花纺织布匹。⑥ 20 世纪初，由于栋古拉州只能生产少量棉布供当地消费，卡萨拉生产的棉布又出口到厄立特里亚，⑦ 更由于英-埃政府官员们认可柏柏尔生产的布料质量，船运部门的官员们大量购买柏柏尔的棉布为政府船只生产船帆。与此同时，用柏柏尔棉布制作的西装开始在喀土穆居住的欧洲人中流行，⑧ 柏柏

---

① Herbert William Jackson, "Annual Report, Dongola Province, 1911," in *RFACS*, 1911, Vol. 2(1911), 71, SAD.

② Herbert William Jackson, "Annual Report, Dongola Province, 1905," in *RFACS*, 1905, Vol. 4(1905), 51, SAD.

③ Herbert William Jackson, "Annual Report, Dongola Province, 1908," in *RFACS*, 1908(1908), 509-510, SAD.

④ *Annual Report of the Director, Commercial Intelligence Branch, Central Economic Board*, 1914(1914), 152, SAD.

⑤ H. B. Hill, "Annual Report, Berber Province, 1904," in *RFACS*, 1904, Vol. 4(1904), 13, SAD.

⑥ J. H. Neville, "Annual Report. Agriculture and Lands Department, 1903," in *RFACS*, 1903, Vol. 3(1903), 177, SAD.

⑦ E. B. Wilkinson, "Annual Report, Berber Province, 1907," in *RFACS*, 1907, Vol. 3(1907), 276, SAD.

⑧ H. B. Hill "Annual Report, Berber Province, 1904," in *RFACS*, 1904, Vol. 4(1904), 19, SAD.

第五章 奴隶制、英-埃政府统治与粮食市场的发展（1896—1913）

尔生产的棉布从 1906 年起开始被英国商人销售至英国，① 市场对柏柏尔手工棉布的需求量很大。此外，柏柏尔州的农民还生产垫子和篮子，主要在青尼罗河沿岸和苏丹东部的市场上出售。② 柏柏尔人饲养的绵羊和山羊出口至埃及。1907 年，柏柏尔每月向埃及出口 800 只绵羊，每只售价高达 80 比索。③ 柏柏尔州的年轻人通常为英-埃政府工作，把工资寄回家投资萨奇亚灌溉的农业生产。④

在英-埃政府统治的最初十年里，喀土穆的农民也通过实施一系列经济战略扩大了萨奇亚灌溉生产，⑤ 包括为市场生产粮食、生产土特产品、买卖牲畜和为政府工作。⑥ 然而从 1906 年开始，喀土穆人停止投资萨奇亚农业生产。1906 年，喀土穆的萨奇亚数量达到了 589 座的高峰，⑦ 但在接下来的几年里开始下降，到 1912 年时只有 527 座萨奇亚在运作。⑧

瓦迪哈勒法民众用于扩大萨奇亚灌溉种植的资金，主要来

---

① Edward Alexander Stanton, "Annual Report, Khartoum Province, 1906," in *RFACS*, 1906, Vol. 4(1906), 672, SAD.

② E. B. Wilkinson, "Annual Report, Berber Province, 1908," in *RFACS*, 1908(1908), 474, SAD.

③ Frank Burges, "Annual Report, Berber Province, 1907," in *RFACS*, 1907, Vol. 3(1907), 189 – 191, SAD.

④ H. B. Hill, "Annual Report, Berber Province," in *RFACS*, 1905, Vol. 4(1905), 12, SAD.

⑤ Claude Julian Hawker, "Annual Report, Red Sea Province, 1906," in *RFACS*, 1906, Vol. 4(1906), 724, SAD.

⑥ Phipps to Wingate, August 27, 1905 SAD277/2/67 – 69.

⑦ Edward Alexander Stanton, "Annual Report, Khartoum Province, 1906," in *RFACS*, 1906, Vol. 4(1906), 674, SAD.

⑧ E. B. Wilkinson, "Annual Report, Department of Agriculture and Forests, 1912," in *RFACS*, 1912 Vol. 2(1912), 155, SAD.

自家人外出从事家佣工作的汇款，而不是出售产品。英-埃政府的高级官员们更喜欢雇佣苏库特人作为他们的私仆。20 世纪初，总督温盖特（Wingate）的所有家庭工作人员都是苏库特人，包括总督府的侍者、厨房工作人员、总督的私人洗衣工和温盖特夫人的执伞者。① 瓦迪哈勒法的男子在埃及担任家庭佣人，这种做法可以追溯到 18 世纪。② 在国外工作的瓦迪哈勒法人寄回家的汇款，通常被用于扩大萨奇亚灌溉规模，但不幸的是，这种投资回报率很低。③ 一些高级官员因而指出，尽管一直在投资农业生产，但瓦迪哈勒法的一些社区在 1910 年还是"生活在贫困状态"，1911 年的物质条件"与邻近的栋古拉州相形见绌"。④

栋古拉的农民因为种植小麦而变得富裕，他们与英-埃政府官员们积极合作，进一步增加苏丹北方尼罗河流域市场的小麦供应。1908 年，负责促进苏丹经济发展的中央经济委员会建议在当地农民已经很熟习小麦种植的栋古拉制定一项政府灌溉计划，实现苏丹小麦自给自足。⑤ 根据该委员会的建议，苏丹灌溉服务工程师格里夫（J. H. Grieve）提议政府用机械化水泵代

---

① Hassan Dafalla, The Nubian Exodus (London: C. Hurst, 1975), 63 - 65.

② *Reports by His Majesty's Agent and Consul-General ... Soudan*, 1901, 70.

③ George Ehret Iles, "Annual Report, Halfa Province, 1905," in *RFACS*, 1905, Vol. 4(1905), 66, SAD.

④ C. Percival, "Annual Report, Halfa Province, 1911," in *RFACS*, 1911, Vol. 2(1911), 76, SAD.

⑤ Ernest Bonus, "Annual Report, Agriculture and Lands Department, 1908," in *RFACS*, 1908(1908), 34, SAD.

第五章　奴隶制、英-埃政府统治与粮食市场的发展（1896—1913）

替栋古拉的萨奇亚，以便快速增加种植面积。机械化水泵所需的劳动力比萨奇亚少很多，可以在不需要快速增加劳动力的情况下种植更多的土地，①但埃及政府对尼罗河水的使用限制妨碍了苏丹使用机械化水泵灌溉的土地数量。1899年的英-埃共管协议没有确立埃及对尼罗河水的绝对使用权利，但英国控制的埃及公共工程部在1901年宣布，苏丹农民如果使用发动机驱动的水泵等现代灌溉技术，在尼罗河枯水期最多只能灌溉1万费丹土地。但公共工程部对使用传统灌溉技术没有限制，例如小运河和萨奇亚等。②1903年，英-埃政府的高级官员们做出规定，如果未经英-埃政府和埃及公共工程部事先同意，苏丹民众不得使用机械化水泵灌溉。③

尽管高级官员们拒绝了格里夫的最初提议，但却采取了他随后提出的建议，即利用重力原理自流灌溉栋古拉政府拥有的全部荒地。格里夫认为，由运河和盆地组成的网络可以灌溉凯尔迈附近15万费丹的平原土地，每费丹土地可以生产5阿达布小麦。④1909年初，人们就开始研究凯尔迈盆地计划，并在当年的尼罗河洪水到来前切断了一条4700米长的运河，修筑了防

---

① Herbert William Jackson, "Annual Report, Dongola Province, 1908," in *RFACS*, 1908(1908), 509 – 510, SAD. Notes 215

② *Report of the Committee with Reference to the Sale of Government Lands in the Sudan* (Cairo: Printed by Order of the Governor-General of the Sudan, 1904), 13.

③ "The Erection of Pumps and Engines in the Sudan," Sudan Gazette no. 52 (October 1, 1903).

④ Grieve to the Secretary of the Central Economic Board, March 2, 1910 SAD112/1/6 – 11.

洪堤。① 在1909年的泛滥季，这项工程使得2万费丹的土地得到灌溉，尽管只有3000费丹土地获得了足够的水源可以让农民从事农业生产。② 这部分土地以10～15费丹为单位专门分配给当地农民，每费丹土地的租金是30比索。官员们在分配之前向佃户们保证说，如果农作物部分或全部歉收就减免他们的租金。③ 在1909—1910年的耕作年，佃户们在分配的土地上种植小麦，产量超过官方预期。栋古拉的小麦供应增加，价格被抑制在每阿达布72比索，而上一年的最高价格是每阿达布132比索。④ 在接下来的几年里，凯尔迈盆地计划中的土地供应无法满足当地农民日益增长的耕种需求。1910年洪水期间，当地农民的耕种申请是2.4万费丹，但洪水结束时只有4500费丹的土地得到了足够种植的灌溉水源。尽管如此，1910—1911年凯尔迈盆地的粮食总产量约为3万阿达布。⑤ 在随后的洪水季节，当地农民的耕种申请是6万费丹，⑥ 但依然只有4500费丹获得了足够的灌溉，生产小麦4万阿达布。⑦

凯尔迈盆地计划的租户与英-埃政府官员们合作发展最佳的

---

① Herbert William Jackson, "Annual Report, Dongola Province, 1909," in *RFACS*, 1909(1909), 658, SAD.

② Grieve to the Secretary of the Central Economic Board, March 2, 1910 SAD112/1/6-11.

③ High Fraser, "Annual Report, Agriculture and Lands Department, 1909," in *RFACS*, 1909(1909), 161, SAD.

④ Herbert William Jackson, "Annual Report, Dongola Province, 1910," in *RFACS*, 1910(1910), 230, SAD.

⑤ Herbert Willlaim Jackson, "Annual Report, Dongola Province, 1911," in *RFACS*, 1911, Vol. 2(1911), 51-2, SAD.

⑥ Ibid., 53, SAD.

⑦ Jackson to Wingate, January 17, 1913 SAD112/1/34.

第五章　奴隶制、英-埃政府统治与粮食市场的发展（1896—1913）

种植方法。最初，农民们并不耕作萨奇亚灌溉后的土地，而仅仅用长木棍在灌溉后的土地上钻一些小洞，然后把种子撒进去任其生长。英-埃政府官员们认为，上埃及农民的盆地耕种技术更有效。在上埃及，灌溉过的土地只要稍微干燥，就立即用牛耕地播种，然后交叉浅耕土地确保种子被覆盖。为了鼓励佃户们采用这些技术，官员们在1910年洪水前购买了一些上埃及人使用的轻型犁，借给了一些农民使用。① 1911年洪水过后，官员们又购买了200个犁，雇佣了6名埃及农民监督田地的耕种。② 佃户们很快就采用新技术耕种土地，他们在1912—1913年为了耕耘整个洪泛区而购买了更多的犁。③ 由于没有足够的牛，佃户们就租用骆驼来拉犁耕种。④

苏丹统一粮食市场的发展

苏丹北方尼罗河流域粮食价格高企带来的利润，为扩大长途粮食贸易提供了资金。20世纪初，杰济拉恢复向北方尼罗河流域市场供应高粱。尽管瓦迪哈勒法、栋古拉、柏柏尔和喀土穆等地的粮食种植面积迅速扩大，但在马赫迪国家解体后的几年里，农民们生产的高粱有限，无法满足他们自己

---

① Herbert William Jackson, "Annual Report, Dongola Province, 1910," in *RFACS*, 1910(1910), 222, SAD.
② Herbert William Jackson, "Annual Report, Dongola Province, 1911," in *RFACS*, 1911, Volume 2(1911), 53, SAD.
③ Herbert William Jackson "Annual Report, Dongola Province, 1913," in *RFACS*, 1913, Volume 1(1913), 64, SAD.
④ Herbert William Jackson "Annual Report, Dongola Province, 1912," in *RFACS*, 1912, Volume 1(1912), 59, SAD.

以及附近城市居民和牧民的需求。① 瓦迪哈勒法的农民只投资扩大椰枣树的种植,② 栋古拉和柏柏尔的农民大量种植他们不吃的小麦,他们日常生活所需的高粱几乎全部依赖进口。与此同时,喀土穆南方和东南方雨林地区农民种植的高粱则大量过剩。粮食消费和生产的区域专业化使得商人们能够从小麦和高粱的长途贸易中获利。根据1908年的政府统计数据,粮食商人在栋古拉以100比索购买1阿达布小麦,再花费25比索长途运送到喀土穆,然后以150比索的价格出售,每阿达布高粱的纯利润为25比索。然后,这些粮食商人从恩图曼市场以40比索的价格购买杰济拉种植的高粱,再花费25比索运到栋古拉,然后以80比索的价格出售,可获得额外15比索的利润。③ 柏柏尔的粮食市场价格与栋古拉相似,④ 但利润可能更大,因为从喀土穆到柏柏尔的运输成本只有从喀土穆到栋古拉的一半。⑤

卡萨拉、加达里夫和加拉巴特等地也大量出产高粱,但因为高昂的运输成本而在正常情况下无法与尼罗河流域的粮食市场竞争,粮食商人、杰济拉和尼罗河沿岸的农民因之从统一粮

---

① E. B. Wilkinson, "Annual Report, Berber Province, 1908," in *RFACS*, 1908(1908), 474, SAD.

② Herbert Horatio Shirley Morant, "Annual Report, Halfa Province, 1906," in *RFACS*, 1906, Volume 4(1906), 634, SAD.

③ Herbert William Jackson, "Annual Report, Dongola Province, 1908," in *RFACS*, 1908, 508, SAD.

④ Frank Burges, "Annual Report, Berber Province, 1907," in *RFACS*, 1907, Volume 3(1907), 189–191, SAD.

⑤ "Sudan Government Railways. Extension of the Special Reduced Rates for Grain to All Stations," *Sudan Gazette* no. 123 (January 1, 1908).

第五章　奴隶制、英-埃政府统治与粮食市场的发展（1896—1913）

食市场中获益。在 1910 年铁路扩建之前，与埃塞俄比亚接壤的边境地区的粮食如果想进入粮食市场，要么由骆驼陆路运输，要么沿青尼罗河走水路。由于当地的船只无法在青尼罗河的丰水期航行，运粮船只能在青尼罗河枯水期运营。但枯水期的青尼罗河形成了很多的沙洲和浅滩，船只通过时必须卸载一些货物以便通过，到达下一个沙洲或浅滩后卸掉货物，逆流返回重新装载此前卸载的货物，然后再前往另一个沙洲或浅滩，如此反复直至抵达最终的目的地。因此，当地的水路运输既慢又贵。① 政府拥有的蒸汽船吃水较浅，多用于运输政府储备物资，留给私人的货运空间有限，因而不能广泛用于商业运输。②

　　在英-埃政府统治的最初几年，卡萨拉、加达里夫和加拉巴特生产的富余高粱，通常都是出口到厄立特里亚，但也有例外。③ 1905 年，一群喀土穆商人试图垄断高粱市场，他们从杰济拉以及东部边境地区的农民那里购买粮食期货，④ 价格通常是收获期间当地市场正常价格的一半。⑤ 由于这一阴谋的存在，青尼罗河流域瓦德迈达尼（Wad Madani）的高粱尽管收成充足，但价格却上涨到每阿达布 115 比索，⑥ 恩图曼的高粱价格更是一

130

---

① Edmund Edward Bond, "Annual Report, Steamers and Boats Department, 1904," in *RFACS*, 1904, Volume 3(1904), 143, SAD.
② Maxwell to Cromer, May 4, 1899 FO407/151/56, NA.
③ E. B. Wilkinson, "Annual Report, Kassala Province, 1905," in *RFACS*, 1905, Volume 4(1905), 87, SAD.
④ Phipps to Wingate, August 27, 1905 SAD277/2/67-69.
⑤ Cyril Edward Wilson "Annual Report, Sennar Province, 1905," in *RFACS*, 1905, Volume 4(1905), 133, SAD.
⑥ Ibid., SAD.

度高达 130 比索，① 远超 1903 年 60 比索的最高价。② 喀土穆州州长对高粱价格的急剧上涨做出了回应，以 65 比索的"正常"价格出售政府储备粮。大约一周后，高粱价格降到了 50 比索。③

英-埃政府官员们随后鼓励建立苏丹国内粮食市场，包括喀土穆以北的尼罗河谷、杰济拉的多雨地区以及东部边境的部分地区。许多官员认为，统一粮食市场的发展将产生足够多的粮食盈余，能够确保持久的粮食安全，降低粮食市场价格，带动苏丹粮食进军埃及、阿拉伯半岛和欧洲市场。英-埃政府的高级官员们认识到，高昂的运输成本是苏丹粮食出口贸易的主要障碍，他们因而在 20 世纪的头十年扩建政府拥有的铁路线，将粮食主产区与主要市场连接起来。1905 年，官员们开通了连接尼罗河干线和红海的铁路支线。尽管官员们在 1904 年关闭了从瓦迪哈勒法通往凯尔迈的铁路，但他们在两年后开通了一条新的铁路线，将栋古拉与阿布哈迈德北边的尼罗铁路主线直接联通。1906 年，英-埃政府将国营铁路的粮食运费在最低价基础上再下降 25%。④ 从 1908 年开始，粮食可以从喀土穆运往红海，价格为每阿达布 12 比索，运往埃及边境的价格是每阿达布 14 比索，从栋古拉运往喀土穆的价格是每阿达布 12 比索。⑤

---

① Francis Reginald Wingate, "Memorandum by the Governor-General," in *RFACS*, 1905, Volume 2(1905), 48, SAD. 216 Notes

② Wingate to Cromer, November 20, 1903 SAD273/11/13.

③ M. Coutts, "Annual Report, Stores Section, 1905," in *RFACS*, 1905, Volume 3(1905), 210, SAD.

④ Francis Reginald Wingate, "Memorandum by the Governor-General," in *RFACS*, 1906, Volume 2(1906), 46, SAD.

⑤ "Sudan Government Railways. Extension of the Special Reduced Rates for Grain to All Stations," Sudan Gazette no. 123 (January 1, 1908).

第五章 奴隶制、英-埃政府统治与粮食市场的发展（1896—1913）

官员们随后转换注意力，要把铁路干线先向南推进到杰济拉，然后向西进入科尔多凡。1909 年 4 月，铁路已经到达青尼罗河的瓦德迈达尼。同年 12 月，施工人员的铺轨进度已经跨过了青白尼罗河之间的杰济拉。一年之内，铁路就到达了科尔多凡首府欧拜伊德。① 铁路的扩建使其他地区得以纳入统一粮食市场。1910 年，由于铁路的修建，加达里夫的粮食开始运往苏丹北方市场。② 科尔多凡的粮食此前无法参与其他市场，③ 但从 1913 年就开始通过铁路运输在恩图曼出售。④

铁路的扩建提升了苏丹粮食的出口量。在铁路扩建之前，苏丹仅在丰收年份向埃及出口少量粮食。例如，1904 年通过瓦迪哈勒法出口到埃及的高粱不到 4 000 阿达布。⑤ 然而在 1910 年，苏丹铁路共运输高粱约 32 万阿达布，其中 15 万阿达布在苏丹国内市场之间运输，⑥ 其余的高粱则出口到埃及和红海。根据 1910 年的海关记录，当年的高粱出口总值为 91 950 埃镑。⑦ 这些出口的高粱大部分来自杰济拉地区，其中大约 14 万

---

① For a history of the construction of the Sudanese Railway see Hill, *Sudan Transport*.
② Angus Cameron, "Annual Report, Kassala Province, 1910," in *RFACS*, 1910(1910), 272, SAD.
③ Robert Vesey Savile, "Annual Report, Kordofan Province, 1910," in *RFACS*, 1910(1910), 235, SAD.
④ Robert Vesey Savile, "Annual Report, Kordofan Province, 1913," in *RFACS*, 1913(1913), 179, SAD.
⑤ C. B. Macauley, "Annual Report, Railway Department, 1904," in *RFACS*, 1904, Volume 3(1904), 120, SAD.
⑥ "Annual Report, Sudan Government Railways, 1912," in *RFACS*, 1912, Volume 2(1912), 477, SAD.
⑦ "Annual Report, Customs Report, 1910," in *RFACS*, 1910(1910), 558, SAD.

阿达布的粮食通过铁路运输。① 1911 年，加达里夫和加拉巴特降水不足，喀土穆南方一些市场的高粱价格上涨至每阿达布 84 比索，② 印度高粱在吉达的售价低于每阿达布 85 比索，③ 苏丹高粱无法在红海市场上与之竞争，苏丹粮食出口到阿拉伯半岛无利可图。④ 尽管如此，杰济拉仍在 1911 年运出了近 7 万阿达布高粱，⑤ 政府的统计数字表明向埃及出口的粮食价值为 69 933 埃镑。⑥

在马赫迪国家崩溃后的 15 年里，统一粮食市场的发展为当地农民提供了高度的自治权。他们保留了对种植技术、收获营销和奴隶的控制权，当地社区保留了界定土地所有权和其他土地权益的权利。但这些自治权的行使依靠成千上万奴隶的支持。奴隶们在田地里劳动，生产了维持自由人生存的粮食。支撑苏丹粮食经济的奴隶制度非常脆弱，但农民们创纪录的利润掩盖了统一粮食市场存在的结构性问题。苏丹的经济创新促进了粮食贸易，最终促成了饥荒和粮食危机的循环，使得英-埃政府官员们开始限制地方自治权，征用当地农民拥有的重要资源。

---

① E. A. Dickinson, "Annual Report, Blue Nile Province, 1912," in *RFACS*, 1912, Volume 1(1912), 54, SAD.

② Angus Cameron, "Annual Report, Kassala Province, 1911," in *RFACS*, 1911, Volume 2(1911), 92, SAD.

③ Wingate to Phipps, April 13, 1910 SAD296/1/120–122.

④ Edward Colpoys Midwinter, "Annual Report, Railway Department, 1911," in *RFACS*, 1911, Volume 1(1911), 180, SAD.

⑤ E. A. Dickinson, "Annual Report, Blue Nile Province, 1912," in *RFACS*, 1912, Volume 1(1912), 54, SAD.

⑥ "Annual Report, Customs Department, 1911," in *RFACS*, 1911, Volume 2(1911), 382, SAD.

第六章

棉花和粮食驱动的经济发展
(1913—1940)

第六章 棉花和粮食驱动的经济发展(1913—1940)

苏丹统一粮食市场涵盖了北方尼罗河流域、杰济拉、科尔多凡、与埃厄接壤部分地区,但这并不足以应对反复出现的粮食危机。支撑统一粮食市场的基础设施能够迅速而廉价地将粮食送达遥远的消费者,也有可能将当地的粮食短缺转变为地区性的粮食危机,在极端情况下还可能引发大范围的饥荒。第一次小规模的粮食危机发生在1912—1913耕作年,森纳尔当年的夏季降雨不足导致了卡萨拉和北方尼罗河流域的粮价飙升。① 因为收成不能满足本地粮食需求,森纳尔的商人从卡萨拉大量进口,直接推高了卡萨拉的高粱价格。加之来自恩图曼和厄立特里亚的商人也同时从卡萨拉购买粮食,卡萨拉的高粱价格在1913年7月上涨到了每阿达布190比索。② 卡萨拉的粮

---

① Slatin to Wingate, February 2, 1913 SAD185/2/7-8.
② Dumbell to Wingate, July 12, 1913 SAD187/1/68.

价上涨导致了北方尼罗河流域的粮价上涨，例如柏柏尔的高粱价格就达到了每阿达布 215 比索的峰值。①

对于在当地民众帮助下用 15 年时间发展起来的粮食市场，大多数的英-埃政府高级官员们都认可其作用，拒绝承认它在如何使粮食实现盈余的问题上会面临困难，因此也没有制定计划或者程序因应未来可能发生的饥荒。尽管如此，还是有官员在 1913 年对迫在眉睫的粮食危机发出预警。总督理事会成员约瑟夫·阿瑟（Joseph Asser）在 1913 年 8 月告诉温盖特总督，尼罗河的洪水水位线远低于往年同期，恩图曼的高粱价格可能将继续攀升，这将导致穷人普遍的困苦和饥饿。② 1913 年 9 月，白尼罗州代理州长文森特·伍德兰（Vincent Woodland）通知高级官员们说，库塔伊纳（al-Qutayna）因为夏季降雨不足而发生饥荒，③ 他请求准许向饥荒受害者分发 1 000 阿达布的高粱。④ 虽然找不见温盖特回应阿瑟 1913 年警告的文件，但英-埃政府官方对伍德兰报告的反应仍然存在。事实上，包括阿瑟在内的高级官员们认为，伍德兰的报告完全是个错误，他甚或已经被当地民众骗了。阿瑟后来向温盖特讲，他写信告诉伍德兰说，当地的农民"很明显在误导他"，因为他们一定在 1912—1913 年的丰收期储存了大量的粮食。阿瑟指示伍德兰亲自参观当地所有的私人粮店。⑤ 同样地，民政秘书菲普斯

---

① *Annual Report of the Director, Commercial Intelligence Branch, Central Economic Board*, 1914(1914), 144, SAD.
② Asser to Wingate, August 15, 1913 SAD187/2/178 – 182.
③ Woodland to Civil Secretary, [n. d. September 1913] SAD187/3/152.
④ Woodland to Civil Secretary, September 13, 1913 SAD187/3/117 – 118.
⑤ Asser to Wingate, September 20, 1913 SAD187/3/153 – 157.

第六章 棉花和粮食驱动的经济发展（1913—1940）

(P. R. Phipps) 在收到伍德兰的报告后向州长们发出了一份备忘录，指示他们在亲自全面巡查受灾地区之前，不要报告疑似的饥荒状况。① 伍德兰向这些高级官员们转达说，地方官员们已经完成了对当地的视察，在此期间他亲眼目睹了饥荒的影响。② 尽管如此，高级官员仍然拒绝相信正在发生的粮食危机。③ 事实上，菲普斯就这一问题写信给温盖特："我不相信饥荒——当地人像猴子一样可爱。"④

虽然这些官员们并不"相信饥荒"，但他们从20世纪上半叶苏丹饥荒和粮食危机的持续循环中获益很多。在1914年的毁灭性饥荒中，高级官员们限制了当地社区从英-埃政府统治初期就获得的自治权，并在第一次世界大战期间控制了统一粮食市场。当地社区无法抵制英-埃政府的这种权力扩张，因为饥荒不仅削弱了支撑北方尼罗河流域农业生产的奴隶制度，而且最终导致当地农村经济衰退。国家对统一粮食市场的管理进一步延续了饥荒和粮食危机的循环。1918—1919年战争期间的大量粮食出口引发了一场饥荒，英-埃政府随后加强对杰济拉肥沃土地的控制，农业政策的重点是利用外资开展棉花种植计划。这项政策很快就被证明对当地民众没有效果。在随后几年里，虽然持续的粮食危机使得英-埃政府官员们能够掌控其他更多的重要自然资源，包括卡萨拉肥沃的加什三角

---

① Woodland to Civil Secretary, September 28, 1913 SAD187/3/205. Notes 217.
② Ibid.
③ Intelligence Department, Egyptian Army, *Sudan Intelligence Report*, no. 230 (September 1913), WO106/6225.
④ Phipps to Wingate, September 27, 1913 SAD187/3/199.

洲，但不幸的是，大多数农民并没有从政府对自然资源日益强化的管理中获得实质性利益，许多人持续地遭受粮食危机的影响。

1914 年饥荒的原因和后果

在 1909—1910 年间，统一粮食市场取得一定发展，开始向埃及和阿拉伯半岛大量出口盈余的粮食，但它却无法阻止另一场灾难性的饥荒。1913 年底，英-埃政府的高级官员们不情愿地承认，正如温盖特所说，在苏丹北方的尼罗河流域存在"饥荒"①和"半饥荒状态"②。到 1914 年初，正如温盖特所言，当地日益恶化的粮食危机正在导致"栋古拉地区农业整体崩溃"。③ 饥荒期间，数以万计的饥饿难民四处寻找食物。一些人去了科尔多凡，希望能在那里找到粮食采摘之类的工作。④ 不幸的是，科尔多凡大部分地区也是降水不足，当地对雇佣劳工需求很小。⑤ 其他人则前往卡萨拉和贾杰济拉的雨林区寻找工作。⑥ 许多男人抛弃家人只身外出，留下了饥肠辘辘

---

① Wingate to Kitchener, November 20,1913 SAD188/2/103-104.
② Wingate to Clayton, November 22,1913 SAD188/2/123-125.
③ Francis Reginald Wingate, *Memorandum by General Sir Reginald Wingate on the Finances, Administration and Condition of the Sudan*, 1914 (1914),11, SAD.
④ *Annual Report ... Central Economic Board*, 1914(1914),37-38, SAD.
⑤ Francis Reginald Wingate, Memorandum by General ... the Sudan, 1914(1914),56.
⑥ *Annual Report ... Central Economic Board*, 1914(1914),37-38, SAD.

的妇女和儿童。路易斯·韦斯特（Louis West）是一位饥荒期间在苏丹旅行的绅士冒险家，他描述当地灾民"形容萎缩、瘦骨嶙峋"。①

1914年的饥荒不幸遭遇了极其糟糕的年度粮食收成。1913年，尼罗河洪水未至，降雨不足，科尔多凡②、青尼罗河和卡萨拉③等地粮食减产。在哈勒法，尼罗河的低水位迫使农民使用更多萨奇亚才能灌溉田地，这导致许多以前的土地被迫休耕，当地1913—1914耕作年的粮食产量仅有正常年份的1/8。④栋古拉和柏柏尔同样因为尼罗河低水位而导致种植面积减少，加之牛瘟暴发，栋古拉大概有2300头牛死亡。⑤大量牲畜的损失，进一步减少了农田灌溉设施，使农田更加难以得到有效种植。⑥而那些得到充足灌溉的作物在成熟前也未能幸免于各式各样的灾祸，例如白尼罗州⑦的沙尘暴、卡萨拉州⑧的蝗虫和栋古拉州⑨的蚜虫等。

尽管环境危害解释了粮食歉收的原因，但它们并不能解释

---

① Louis C. West, "Dongola Province of the Anglo Egyptian Sudan," *Geographical Review* 5 no. 1 (January 1918):35.
② *Annual Report ... Central Economic Board*, 1914(1914), 96, SAD.
③ *Annual Report ... Central Economic Board*, 1914(1914), 115, SAD.
④ *Annual Report ... Central Economic Board*, 1914(1914), 94, SAD.
⑤ Francis Reginald Wingate, *Memorandum by General ... the Sudan*, 1914(1914), 51-52, SAD.
⑥ Intelligence Department, Egyptian Army, *Sudan Intelligence Report*, no. 233 (December 1913), WO106/6225.
⑦ *Annual Report ... Central Economic Board*, 1914(1914), 115, SAD.
⑧ *Sudan Intelligence Report*, Number 232 (November 1913), WO106/6225.
⑨ Herbert William Jackson, "Annual Report, Dongola Province, 1913," in *RFACS*, 1913, Vol. 1(1913), 68, SAD.

饥荒的暴发，因为 1913—1914 年粮食市场的总供应量与上年度大致持平。英-埃政府的高级官员们估计，1912—1913 年间，主要高粱产区（青尼罗州、白尼罗州、森纳州和卡萨拉州）的收成约为 81 万阿达布。① 这一产量尽管低于 1911—1912 年的 100 万阿达布，② 但因为上一年的粮食还有盈余，即便又向埃及出口了 1.3 万阿达布，也并没有在苏丹造成广泛的粮食困难局面。③ 1913—1914 年，主要产粮区生产了约 71 万阿达布的高粱，④ 与上年粮食产量的差额因为私人粮商从埃及和印度进口了超过 10 万阿达布高粱而得以弥补。⑤ 此外，在 1913—1914 年间，努巴山区的高粱产量高于平均水平，首次向统一粮食市场供应高粱。⑥

英-埃政府从印度进口了 7 万阿达布高粱作为粮食援助物资，这进一步增加了粮食的整体供应量。⑦ 1914 年 1 月，高级官员们拨款 5 000 埃镑用于栋古拉的饥荒救济工作，⑧ 雇用了近 3 000 人负责修建新的运河和灌溉工程，⑨ 其中大多数是妇女和

---

① *Annual Report ... Central Economic Board*, 1914(1914), 28, SAD.
② Ibid.
③ A. N. Gibson, Notes on Dura, [n. d. 1924] SAD602/4/30 – 41.
④ *Annual Report ... Central Economic Board*, 1914(1914), 28, SAD.
⑤ Francis Reginald Wingate, *Memorandum by General ... the Sudan*, 1914(1914), 12, SAD.
⑥ *Annual Report ... Central Economic Board*, 1914(1914), 5, SAD.
⑦ Francis Reginald Wingate, *Memorandum by General ... the Sudan*, 1914(1914)12, SAD.
⑧ Famine Relief Works in Dongola Province January 3, 1914 SAD112/3/35.
⑨ Intelligence Department, Egyptian Army, *Sudan Intelligence Report*, no. 234 (January 1914), WO106/6225.

第六章 棉花和粮食驱动的经济发展（1913—1940）

儿童。① 高级官员们还试图帮助其他受影响州份的居民，以每阿达布 170 比索的价格出售政府进口的高粱。② 政府销售粮食在初期稳定和降低了高粱的市场价格，但这些都只是暂时现象。1914 年 2 月，当政府开始以折扣价出售高粱时，柏柏尔的高粱价格也随之降低了 10 比索，③ 然而在几天之内又开始上涨。④ 同样，尽管英-埃政府的高级官员在 1914 年 4 月报告说，政府粮食销售阻止了恩图曼的高粱价格上涨到 168 比索以上，⑤ 但高粱价格不仅在随后的一个月里上涨到 201 比索，此后还持续上涨，在 1914 年 8 月达到了 277 比索的峰值。⑥ 在卡萨拉，政府的粮食销售也没有效果，当地的高粱价格从 3 月的 171 比索稳步攀升，在 1914 年 8 月达到了每阿达布 349 比索的峰值。⑦

饥荒和随之而来的高粱价格飙升，在很大程度上就是由统一粮食市场的分工造成的。根据这种分工，杰济拉和埃厄边境部分地区的农民为北方尼罗河流域的农民生产高粱，而后者为苏丹的军队、政府和欧洲人社区生产小麦。饥荒始于苏丹北方

---

① Intelligence Department, Egyptian Army, *Sudan Intelligence Report*, no. 236 (March 1914), WO106/6225.
② Willis to "Dearest O," January 16, 1914 SAD209/5/1 - 3.
③ Intelligence Department, Egyptian Army, *Sudan Intelligence Report*, no. 235 (February 1914), WO106/6225.
④ Intelligence Department, Egyptian Army, *Sudan Intelligence Report*, no. 236 (March 1914), WO106/6225.
⑤ Intelligence Department, Egyptian Army, *Sudan Intelligence Report*, no. 237 (April 1914), WO106/6225. 218 Notes.
⑥ Annual Report ... Central Economic Board, 1914(1914), 5 - 9, SAD.
⑦ Ibid., 9, SAD.

的尼罗河流域。人们从统一粮食市场上购买不到日常必需的高粱,数千人随即向南方的森纳尔、卡萨拉和青尼罗河等主要高粱产区迁移。事实上,如果没有这些大规模的移民,上述高粱产区就不太可能遭受饥荒。据报道,森纳尔1913—1914年的高粱收成接近往年的"平均水平",这能够满足当地的粮食需求需求,却不能满足数千名北方难民涌入后突然增加的需求。① 饥荒难民也进入了卡萨拉州,他们的到来抬升了当地本就低于往年平均水平的粮食供应缺口。在饥荒期间,随着杰济拉的牧民们驱赶他们的牛向东部游牧,② 卡萨拉的人口进一步增加。一方面,需求的增加导致粮食价格上涨,③ 但另一方面,难民的涌入却降低了现行工资水平。尽管从历史记录找不到森纳尔的工资统计资料,但饥荒期间卡萨拉的日工资却从10比索下降到2.5比索。④ 卡萨拉当时的高粱售价是1阿达布350比索,而一名男性劳工通常每年至少要吃1阿达布的高粱,他几乎无法获得足够的粮食来满足自己的需要,更不用说养活自己的家人。最终的结果就是,许多人根本买不起足够的食物,政府被迫开始提供直接的粮食援助。⑤

尽管对雇佣劳动力的需求很高,但青尼罗州也存在着类似情况。苏丹种植园辛迪加(SPS)是一家在苏丹投资商业化农业的英国公司,它在1914年雇佣了5 000名成年男子在巴拉卡

---

① Annual Report... Central Economic Board, 1914(1914), 115, SAD.
② Ibid., 98, SAD.
③ Ibid., 144-145, SAD.
④ Ibid., 37-38, SAD.
⑤ Ibid., 115, SAD.

第六章 棉花和粮食驱动的经济发展（1913—1940）

特（Barakat）和塔伊巴（Tayyiba）的种植园清理土地，挖掘沟渠，为当年的洪水做准备。① 随着大量难民的到来，青尼罗州的劳动力供应迅速超过需求，工资水平降至每天1.5比索。② 同期，高粱价格在1914年8月达到了每阿达布191比索的峰值。③ 虽然劳动者的收入可以购买维持他们自身生活的必需品，但却无法养活家人。

大多数抵达卡萨拉州、森纳尔州和青尼罗州的饥荒难民都来自栋古拉，因为当地人完全依赖统一粮食市场来维持生计，特别容易遭受饥荒。栋古拉农民的主粮是高粱而非小麦，他们种植小麦就是为了出售获益，然后再购买喀土穆南方雨林地区生产的高粱。苏丹北方尼罗河流域其他地方的社区就不像栋古拉那样完全依赖统一粮食市场。柏柏尔人除了商业化种植小麦外，还实施了许多经济战略，包括出售棉布、向埃及出口绵羊、在英-埃政府从事雇佣劳动等。正因为如此，尽管柏柏尔1913—1914年的粮食也严重歉收，但许多农民在饥荒期间能够找到其他的替代性工作，例如政府主管的铁路、SPS的泽达布（Zeidab）种植园、纳巴迪（Um Nabardi）金矿或亨利·威康（Henry Wellcome）在麦洛维（Merowe）的挖掘工程等。其他人或者收集一种在欧洲被视为象牙替代品的达姆（dom）坚果，或者通过制造篮子和垫子来补充收入。事实上，柏柏尔州州长

---

① Wingate to Lovatt, April 21, 1914 SAD190/1/122-123.
② *Annual Report ... Central Economic Board*, 1914(1914), 37-38, SAD.
③ Ibid., 144-145, SAD.

报告说，饥荒对当地民众没有影响。①

同样，1914年的饥荒也没有蔓延到哈勒法州。哈勒法州虽然同样依赖尼罗河水灌溉，但当地人有其他的非农业收入来源。在1913—1914年的饥荒期间，在苏丹或埃及等地从事家庭佣工的哈勒法人按照惯例寄钱回家购买所需的高粱。② 由于位置靠近埃及的阿斯旺大坝，尼罗河低水位对哈勒法当地社区的负面影响相对较小，也能够免受统一粮食市场内部其他地方高粱价格飙升的冲击。1914年上半年，从埃及的粮食进口使哈勒法的高粱粮食价格相对较低，高粱价格从1913年9月饥荒时期的每阿达布208比索下降到1914年8月的150比索。③

尽管哈勒法和柏柏尔的当地社区受到饥荒的影响相对较小，但两地的州长仍然在1914年初批准分发粮食援助，只是这项援助远低于栋古拉州的标准，也没有直接针对受饥荒影响的社区。在哈勒法，高级官员们认识到，尼罗河的低水位进一步加剧了哈勒法的贫穷。④ 为了减轻负担，他们在1914年泛滥季的几个月就授权在马哈斯和苏库特分配500阿达布的粮食种子。⑤ 相比之下，栋古拉的高级官员们分发了4 000阿达布的高粱，雇佣了数千人进行救济工作，开设了临时医院和救济所，具体情

---

① Annual Report ... Central Economic Board, 1914(1914), 95, SAD.
② George Ehret Iles, "Annual Report, Halfa Province, 1913," in *RFACS*, 1913, Vol. 1(1913), 82–83, SAD.
③ Annual Report ... Central Economic Board, 1914(1914), 144, SAD.
④ Intelligence Department, Egyptian Army, *Sudan Intelligence Report*, no. 241 (August 1914), WO106/6225.
⑤ Annual Report ... Central Economic Board, 1914(1914), 115, SAD.

第六章 棉花和粮食驱动的经济发展(1913—1940)

况就是温盖特随后报道的那样,"治疗和救济贫困流浪者"。①柏柏尔的官员们分发了 3 400 阿达布的粮食援助,② 但这些援助只针对从栋古拉逃荒来的数千名贫困难民而非当地社区。③

栋古拉的饥荒非常严重,因为当地农民自 1897 年以来专门从事商业化耕种,没有其他的非农收入来源。栋古拉当地社区也没有发展其他产业或经济战略。在 1897—1913 年间,栋古拉的社区投资 55 万埃镑建立了 3 644 座萨奇亚,主要用于小麦种植(见第五章)。不幸的是,小麦不像高粱那样耐旱。20 世纪初,苏丹种植的小麦至少需要 150 天才能成熟,而一些高粱品种仅需 70 天左右就可以成熟。④尼罗河水位下降严重减少了小麦产量,也减少了当地农民的收入。一场牛瘟的暴发使当地情况更加恶化。数以千计从事萨奇亚灌溉的牛因瘟疫死亡,数百座萨奇亚被迫闲置,数千费丹的土地因之得不到灌溉。⑤

尽管歉收导致了小麦市场价格上涨,但农民们无法通过出售他们减产的小麦来弥补损失。从 1913 年 5 月的 164 比索到 1914 年 8 月的 301 比索,小麦的市场价格在整个 1913—1914 年期间稳步攀升。⑥ 但许多农民享受不到小麦价格上浮的好处,

---

① Francis Reginald Wingate, *Memorandum by General ... the Sudan*, 1914(1914),51 - 52, SAD.
② *Annual Report ... Central Economic Board*, 1914(1914),115, SAD.
③ Ibid., 37 - 38, SAD.
④ W. A. Davies, *The Cultivated Crops of the Sudan Including Cotton*, 1924 SAD602/8/1 - 40.
⑤ Intelligence Department, Egyptian Army, *Sudan Intelligence Report*, no. 237 (April 1914), WO106/6225.
⑥ *Annual Report ... Central Economic Board*, 1914(1914),152, SAD.

因为他们为了购买食糖而在收获之前就已经出售了他们的粮食。在英-埃联军征服马赫迪国家后，在整个的北方尼罗河流域，人们普遍饮用含糖量很高的茶。在马赫迪反叛之前，食糖通过萨瓦金-柏柏尔路从印度进口，北方尼罗河流域的食糖价格昂贵，供应有限。1881年，苏丹进口了14万千克食糖。① 20世纪初，苏丹铁路的开通降低了运输价格，食糖的进口量迅速增加。1903年，苏丹进口了大约200万千克的食糖。② 而到了1909年，这一数字增加到大约1 000万千克，总价值估计为151 571埃镑。在接下来的几年里，饥荒迫在眉睫，但食糖的进口量仍然继续增加，1913年进口了大约1 300万千克糖。而到了1914年，尽管饥饿依然折磨着苏丹民众，但当年的食糖进口量与上年几乎持平。③

  整个饥荒期间，栋古拉的农民继续喝含糖的茶。在1914年前3个月，有超过53万千克、价值1.27万埃镑的糖以私人名义进口到栋古拉，售价约为每千克7比索。州级官员们对粮食危机期间食糖的持续需求感到担忧。1914年5月，栋古拉州州长赫伯特·杰克逊（Herbert Jackson）写信给民政秘书说：

> "喝茶"的习惯每年都在以惊人的程度上增加，人们现在已经被牢牢地控制着。他们不

---

  ① *Report on the Soudan by Lieutenant-Colonel Stewart*, 35.
  ② G. B. Macualy, "Annual Report, Railway Department, 1904," in *RFACS*, 1904, Vol. 3(1904), 120, SAD.
  ③ "Annual Report, Sudan Customs, 1913," in *RFACS*, 1913, Vol. 2 (1913), 198-199, SAD.

第六章 棉花和粮食驱动的经济发展（1913—1940）

能放弃这一习惯，他们只是它的奴隶。……他们身无分文，但为了获得糖，他们只能提前卖掉他们的粮食。①

杰克逊声称，商人以食糖换取小麦期货赚取的利润高达250%，这种做法让贫困的农民变得更加贫穷。② 为了帮助农民，杰克逊要求温盖特总督限制农作物期货交易。③ 尽管法律秘书裁定禁止期货交易是"不必要的贸易干预"，但高级官员们仍然同意对购买期货可能获得的利润设定上限。④ 1914年8月1日，总督发布了一项公告，将食糖换粮食期货的利润上限定为25%。⑤ 不幸的是，这项措施没有得到执行，实践中也不受核查。⑥

另一个导致栋古拉发生严重粮食危机的因素是当地存在大

---

① Jackson to Civil Secretary, May 11, 1914 CIVSEC2/1/2, NRO.

② Selling crop futures was not the only means of securing a loan available to Sudanese cultivators. The Greek and Syrian merchants that controlled the retail trade recognized that many Sudanese consumers routinely lacked the ready cash necessary to purchase imports because their incomes depended on the harvest cycle. Therefore, these merchants offered direct loans with rates of interest often as high as 200 percent. This practice was known locally as *shayl*. See D. John Shaw, "The Effects of Moneylending (Sheil) on Agricultural Development in the Sudan," in *Agricultural Development in the Sudan*, Vol. 2, ed. D. John Shaw (Khartoum: Philosophical Society of the Sudan, 1965), D56 – D59.

③ Ibid.

④ Bonham Carter to Civil Secretary, June 22, 1914 CIVSEC2/1/2, NRO.

⑤ *Proclamation Published in the Sudan Government Gazette 265*, August 1, 1914 CIVSEC2/1/2, NRO.

⑥ Governor Halfa to the Arabic Secretary, October 14, 1915 CIVSEC1/40/101, NRO. Notes 219.

量的男性农业奴隶。在饥荒暴发前的 15 年里，栋古拉的农民进口了大约 34 000 名男性奴隶到他们的农场工作。一旦农业生产范围因为尼罗河水位下降和牛瘟暴发而缩小，这些男性农业奴隶就只能闲置。在其他地方，奴隶主可以为他们的奴隶找到替代的非农业就业机会。尽管关于苏丹奴隶制的文件记录很不完整（见第 5 章），但有证据表明，在柏柏尔，无法用于田间工作的奴隶会被主人出租。1924 年，柏柏尔州州长承认，许多柏柏尔奴隶被政府铁路公司的员工雇佣，这段铁路的运作基地在阿特巴拉（Atbara）。① 柏柏尔的地区专员克里德（J. P. Creed）报告说，柏柏尔的奴隶主人每月出租奴隶的收益在 30~60 比索之间。② 而在栋古拉，农作物种植是唯一重要的经济收入来源，1913—1914 年的尼罗河水位下降和牛瘟暴发导致了当地作物种植面积急剧下降，但奴隶主们不仅要购买自己的生活必需品，还必须为他的奴隶们提供食物。在饥荒期间，奴隶主无法获得足够的粮食来满足这些需求，许多奴隶因此营养不良甚至遭遇饥饿。

尽管文献记录中没有提到 1914 年饥荒对栋古拉大量奴隶的影响，③ 但饥荒期间的移民模式表明，许多奴隶在粮食危机期间逃离主人而获得了自由人身份。饥荒难民倾向于向加达里夫

---

① Governor, Berber Province to Civil Secretary, April 19, 1924 CIVSEC60/1/2, NRO.

② Creed to Governor, Berber Province, June 30, 1924 CIVSEC60/1/2, NRO.

③ Historians tend to underplay the role of slaves and ex-slaves in influencing the course of abolition in Sudan. Taj Hargey argues that the pace of abolition in Sudan was determined exclusively by the Anglo-Egyptian government. According to Hargey, Anglo-Egyptian officials made no attempt to end slavery prior to the First World War and, as a result, few slaves were emancipated. Hargey asserts (转下页)

第六章 棉花和粮食驱动的经济发展 (1913—1940)

和加拉巴特附近的埃塞俄比亚边境迁移。在马赫迪反叛爆发前，这一地区有大量人口稠密的非穆斯林村落。[①] 但在马赫迪统治的最初几年，天花和饥荒使得当地人口大量减少，剩余人口被迫为马赫迪国家的埃米尔阿哈默德·穆罕默德（Ahmad Fadil Muhammad）及其部下耕种粮食。[②] 在征服马赫迪国家后，英-埃政府并没有把土地归还给在土地上耕种的人，而是将这一地区划分为若干村民小组，任命一名穆斯林和一名非穆斯林共同出任村庄酋长（'umda），土地所有权被授予酋长办公室，土地由后者分配给当地民众耕种。英-埃政府官员们认为，村庄中的所有居民，包括最近到来的人，无论他是穆斯林还是非穆斯林，都有权利承租土地。[③] 也就是说，在 20 世纪初期，英-埃政府

（接上页）that, following the war, however, "the presence of new liberal-minded British recruits" in the Anglo-Egyptian government forced senior officials to change course and to begin implementing policies designed to emancipate slaves. Ahmad Sikainga similarly argues that Anglo-Egyptian officials were pressured into ending slavery in the late 1920s "by changes in the colonial economy and by growing criticism of the colonial administration by the British government, philanthropic organizations in England, the League of Nations, and some members of the administration itself." Sikainga also downplays the role of self-manumission in the first decades of the twentieth century. See Taj Hargey, "Festina Lente: Slavery Policy and Practice in the Anglo-Egyptian Sudan," in *Slavery and Colonial Rule in Africa*, ed. Suzanne Miers and Martin Klein (London: Frank Cass, 1999), 250–271; Ahmad Alawad Sikainga, *Slaves into Workers: Emancipation and Labor in Colonial Sudan* (Austin: University of Texas Press, 1996), 51 and 100.

① E. Mackinnon, "Kassala Province," in *Agriculture in the Sudan*, ed. John Douglas Tothill (London: Oxford University Press, 1948), 729.

② Robin E. H. Baily, The Khots of Gedaref District, 1932 SAD989/6/1-13.

③ Slatin to Wingate, February 16, 1903 SAD273/2/9-10.

在管理方面既没有对基于"部落"或种族的社会划分给予政治重视，也不承认当地民众的私有财产诉求，这种土地获取和政治承认的低门槛将逃亡的奴隶吸引到了当地。

事实上，加达里夫和加拉巴特地区的一些村庄在饥荒时期的酋长以前就是奴隶。在英-埃政府的早期，官员们在这一地区地区安置了数百名退伍的前奴隶士兵。[①] 第一批定居点建立于1900年，安置的士兵中有136人来自卡萨拉，有489人来自森纳尔。[②] 虽然这些被安置的奴隶士兵中有一些后来放弃了在新村庄的生活而返回在苏丹南方的故乡，但还是有许多人留了下来。[③] 1914年，埃塞俄比亚边境上有许多村庄就完全由以前的奴隶组成。这些前奴隶殖民地的存在、新移民获得土地的能力以及非穆斯林酋长在当地政府中的作用，使得加达里夫和加拉巴特靠近埃塞俄比亚的边境地区成为一个吸引逃亡奴隶重新定居的地方。

根据官方的描述，苏丹东部靠近埃塞俄比亚的边境地区在饥荒过后有大规模的潜逃奴隶迁入，但历史文件中却没有提及饥荒减轻后移民从卡萨拉和森纳尔集镇返回北方尼罗河领域的情况。英-埃政府官员们没有提及在这些地区存在有较大的北方尼罗语系族群，例如栋古拉人、舍基亚人或贾阿林人等，但

---

① For a history of these settlements see Douglas Johnson, "Conquest and Colonisation: Soldier Settlers in the Sudan and Uganda," *Sudan Notes and Records* NS 4(2000):59 – 79.

② Intelligence Department, Egyptian Army, *Sudan Intelligence Report*, no. 76 (November 9 to December 8, 1900), 2, SAD.

③ *Reports by His Majesty's Agent and Consul-General ... Soudan*, 1900, 71.

第六章　棉花和粮食驱动的经济发展（1913—1940）

他们注意到该地区有大量的前奴隶社区。1931年，卡萨拉州州长指出，加达里夫和加拉巴特3/4的人口是"黑人"，而"黑人"一词是英-埃政府官员们经常用来指代"奴隶"和"前奴隶"的委婉语。① 1932年，森纳尔州（当时叫丰吉州）州长报告说，居住在埃塞俄比亚边境的大多数人以前曾经是奴隶。②

饥荒期间究竟有多少奴隶获得自由不得而知，但栋古拉的大多数农民并没有在饥荒过后重新获得他们丢失了的财富，而且很快就将他们的贫困与奴隶的损失联系起来。1930年，阿尔库岛和乌尔迪的农民在一份经济援助请愿书中写道，他们无法获得足够的劳动力来耕种土地，因为"奴隶们已经获得了自由，男孩子们也已经离开了这个州"。③ 但这些农场主没有指出他们的奴隶何时开始逃离。在饥荒发生后的几年里，英-埃政府官员们指出，正如州长在1915年所写，栋古拉农民生活在"极度贫困的状态"。④ 1918年，高级官员们报告说，栋古拉民众持续遭受着粮食危机的困扰。⑤ 1923年，栋古拉州州长报告说，这个曾经繁荣的州已经变成了"贫穷的州"。⑥ 所有这些都表明，栋

---

① Robin E. H. Baily, *The Khots of Gedaref District*, 1-13.
② Famine Relief Southern District, February 28, 1932 CIVSEC19/1/1, NRO.
③ *Petition from the Natives of Argo and Dongola* [n. d. 1930] CIVSEC1/25/71, NRO.
④ Jackson to Wingate, June 15, 1915 SAD195/4/146.
⑤ *Reports by His Majesty's Agent and Consul-General ... Soudan*, 1914-1919 (Cd957, 1920), 118.
⑥ Governor Dongola to Civil Secretary, January 11, 1923 CIVSEC2/1/3, NRO.

古拉的许多农民在饥荒期间失去了奴隶,也因之失去了集中开发土地的能力。

饥荒与杰济拉计划的发展

苏丹能够发展成为全球棉花市场的主要供应商,1914年饥荒起了至关重要的作用。饥荒发生前,英-埃政府的高级官员们邀请英国棉花种植协会(BCGA)及其子公司 SPS 在杰济拉开发大型的商业化农业项目。BCGA 成立于1902年,负责协调英国的工厂主、商人和工会之间关系,确保英国工厂在全球棉花市场供不应求的背景下能够持续得到价廉物美的原棉供应。1902年,因为无法从美国获得足够的原料供应,英国的棉纺厂第一次被迫暂停运营。① 最初,BCGA 的工作重点是英帝国范围内已经开始种植的热带棉花产区,例如尼日利亚、印度和苏丹等地,帮助当地民众改进农业技术和提高棉花种子质量。② 英-埃政府官员们最初对与 BCGA 合作开发杰济拉很感兴趣,部分原因是他们认为这样做有助于在两个方面发展统一粮食市场。首先,SPS 同意帮助英-埃政府筹集资金,将铁路延伸到主要的高粱生产区。第二,BCGA 和 SPS 承诺在其特许经营范围内对棉花和小麦进行商业化种植。然而,在1914年的饥荒

---

① J. Arthur Hutton, "Cotton Growing in British Colonies," *The British Cotton Growing Association* no. 6 (March 1906):8 – 18.

② Steve Onyeiwu, "Deceived by African Cotton: The British Cotton Growing Association and the Demise of the Lancashire Textile Industry," *African Economic History* no. 28(2000):89 – 121.

第六章 棉花和粮食驱动的经济发展（1913—1940）

期间，SPS 的代理人向英-埃政府的高级官员施压，要求他们将小麦从农业轮作中移出，杰济拉的商业化种植发展最后就只集中在扩大棉花种植上。

在 BCGA 对苏丹产生兴趣之前，苏丹农民种植的棉花主要用于当地消费和出口。在 1901—1902 耕作年，英-埃政府官员们估计，加达里夫和加拉巴特多雨区的棉花种植面积约 1 100 费丹，尼罗河沿岸依靠萨奇亚灌溉的棉花种植面积是 3 900 费丹。① 当地种植的棉花主要供北方尼罗河流域的织布工使用，也有部分出口到埃塞俄比亚和厄立特里亚。1902 年，加达里夫和加拉巴特的棉花产量总计近 3.6 万千克，全部出售给埃塞俄比亚出口商。② 除此之外，苏丹没有向任何其他市场出口原棉。③

BCGA 与英-埃政府的关系始于 1903 年，大约在制定杰济拉大规模棉花种植计划之前 10 年。1903 年，BCGA 与英-埃政府接洽，提出联合开发苏丹，使其成为英国棉纺厂的主要原棉供应国。④ 在征得英-埃政府的同意后，BCGA 聘请位于亚历山大的卡弗贸易公司（Messrs. Carver and Co.）协调其在该地区的业务。在 1903 年棉花收获期间，卡弗公司派出代理人在柏柏尔购买棉花，然后运往埃及进行轧棉、分级和销售，借此测试

---

① Edgar Edwin Bernard, "Annual Report, Finance Department, 1903," in *RFACS*, 1903, Vol. 3(1903), 3.1, SAD. 220 Notes

② Edgar Edwin Bernard, "Annual Report, Finance Department, 1906," in *RFACS*, 1906, Vol. 3(1906), 328. SAD.

③ Francis Reginald Wingate, "Memorandum by the Governor-General," in *RFACS*, 1902, Vol. 1(1902), 49, SAD.

④ J. H. Neville, "Annual Report, Agriculture and Lands Department, 1903," in *RFACS*, 1903, Vol. 3(1903), 177, SAD.

苏丹棉花的市场价值。① 在接下来的几年里，BCGA 扩大了其业务范围，卡弗公司将埃及种子分发给愿意耕种的苏丹农民，在卡萨拉和喀土穆的城镇开办轧棉厂，传授关于棉花种植和收获的最新技术信息，派遣代理商购买棉花。② 然而，当地农民拒绝参与这项计划，原因正如杰济拉州州长所指出的那样，BCGA 提供的价格"不足以说服当地人改变他们的传统做法"。③ 当地农民认为棉花的商业化种植只是资本家为了获得更好的投资回报。柏柏尔④、喀土穆⑤和栋古拉⑥的州长以及农业部部长很快也认识到，按照现行的市场价格，棉花种植的利润低于小麦种植。⑦ 四年后，包括柏柏尔州州长在内的英-埃政府官员们被迫坦承，"该计划是一个失败的计划"。⑧

由于陶卡尔棉花在商业上的突然成功，BCGA 在 1910 年恢复了对苏丹棉花种植潜力的兴趣。在 1891 年征服后的几年里，陶卡尔三角洲地区还没有开展广泛的棉花种植。种植棉花的利

---

① Francis Reginald Wingate, "Memorandum by the Governor-General," in *RFACS*, 1903, Vol. 2(1903), 10, SAD.

② A. F. Broun, "Annual Report, Agriculture and Lands Department, 1904," in *RFACS*, 1904, Vol. 3(1904), 15 – 16, SAD.

③ E. A. Dickinson, "Annual Report, Gezira Province, 1904," in *RFACS*, 1904, Vol. 4(1904), 52, SAD.

④ H. M. Mills, "Annual Report, Berber Province, 1906," in *RFACS*, 1906, Vol. 4(1906), 571, SAD.

⑤ Edward Alexander Stanton, "Annual Report, Khartoum Province," in *RFACS*, 1905, Vol. 4(1905), 102, SAD.

⑥ Herbert William Jackson, "Annual Report, Dongola Province," in *RFACS*, 1905, Vol. 4(1905), 52, SAD.

⑦ Ernest M. Bonus, "Annual Report, Agriculture and Lands Department, 1906," in *RFACS*, 1906, Vol. 3(1906), 189, SAD.

⑧ H. M. Mills, "Annual Report, Berber Province, 1906," 571, SAD.

第六章 棉花和粮食驱动的经济发展（1913—1940）

润低于高粱，农民们要从事棉花的种植、除草和采摘工作，就只能从萨瓦金商人那里高息贷款。① 高粱的生长期比棉花短，也不需要像棉花那样的资金投入。正因为如此，种植者并没有将大量的土地用于棉花种植。1902—1903 耕作年的洪水被英-埃政府官员们称作是"多年来最好的洪水"，② 但也只有 2 867 费丹的土地种植了棉花。③ 1907 年，由于埃及国家银行同意以较低利率为陶卡尔农作物提供资金支持，并代表农民在利润更丰厚的埃及市场出售收获的棉花，农民们开始将更多的土地用于种植棉花。④ 在 1907—1908 耕作年，陶卡尔三角洲大约有 3.2 万费丹土地得到了灌溉，其中 1.6 万费丹土地种植棉花，收获的籽棉以每坎塔尔（qinṭār）80 比索的价格出售。⑤ 在接下来的几年里，农民们与英-埃政府官员们合作，改进棉花品种质量，⑥ 制定最佳种植方法。所有这些举措很快就获得了回报，陶卡尔棉花的质量得到了改善，相应的市场售价也有所提高。

---

① Claude Julian Hawker, "Annual Report, Red Sea Province, 1906," in *RFACS*, 1906, Vol. 4(1906), 724, SAD.
② William Henry Drage, "Annual Report of Controller's Department, 1902," in *RFACS*, 1902, Vol. 2(1902), 62, SAD.
③ Francis Howard, "Annual Report, Suakin Province, 1904," in *RFACS*, 1904, Vol. 4(1904), 128, SAD.
④ Claude Julian Hawker, "Annual Report, Red Sea Province, 1906," in *RFACS*, 1906, Vol. 4(1906), 724, SAD.
⑤ Claude Julian Hawker, "Annual Report, Red Sea Province, 1908," in *RFACS*, 1908(1908), 623 - 624, SAD. 坎塔尔(qinṭār)是苏丹棉花市场的度量单位，每坎塔尔皮棉的重量是 44.93 千克，每坎塔尔籽棉的重量是 141.53 千克。
⑥ High Fraser, "Annual Report, Agriculture and Lands Department, 1909," in *RFACS*, 1909(1909), 181, SAD.

1909—1910年的棉花平均售价为每包148比索,① 第二年又在亚历山大港以埃及棉花的同等价格出售,等级被评为"相当好"。②

英-埃政府官员们没有立即尝试在其他地方复制陶卡尔的成功,而是继续致力于发展统一粮食市场。这些官员认为,如果能够降低运输成本,苏丹将成为向欧洲和红海出口粮食的主要国家,因而计划尽可能地扩建铁路。1906年,温盖特和克罗默讨论将铁路从喀土穆延伸到杰济拉。③ 第二年,教育部长詹姆斯·柯里(James Currie)提议将铁路延伸到加拉巴特,声称这将推动埃塞俄比亚边境地带小麦的商业化种植。④ 然而由于英-埃政府经常出现预算赤字,依赖埃及财政部的补助金平衡预算,⑤ 无法提供扩建铁路所需的资金,官员们不得不寻找其他的资金来源。英-埃政府的高级官员们最初向英国政府寻求贷款。1908年夏天,温盖特总督和一些重要的英-埃政府官员向英国政府寻求经济援助,希望把铁路线从喀土穆向南扩建,并建设新的通往东南部和西南多雨区的新铁路支线。在会议期间,正如温盖特随后所强调的那样,这些英-埃政府的高级官员们从帝国安全的角度勾勒了铁路扩建的框架,认为苏丹的战略位置很重要,"是苏伊士运河被封锁后联系印度的一个环节",⑥ 但

---

① Graham Kerr, "Annual Report, Red Sea Province, 1910," in *RFACS*, 1910(1910), 365, SAD.

② Graham Kerr, "Annual Report, Red Sea Province, 1911," in *RFACS*, 1911, Vol. 2(1911), 202, SAD.

③ Cromer to Wingate, May 7, 1906 SAD278/5/56 - 58.

④ Currie to Wingate, April 1, 1907 SAD280/4/2 - 3.

⑤ Martin Daly, *Empire on the Nile: The Anglo-Egyptian Sudan, 1898 - 1934* (Cambridge: Cambridge University Press, 1986), 194 - 200.

⑥ Wingate to Gorst, August 17, 1908 SAD283/5/9.

第六章 棉花和粮食驱动的经济发展(1913—1940)

现阶段的英-埃政府还缺乏足够的军事人员来监管这个广袤的国家,英国在当地的统治基础因而并不稳固。英-埃政府官员们向英国政府提出了加强英-埃政府的两个选择:要么扩大铁路以允许军队更快地行动,要么增加驻军规模。① 虽然英-埃政府官员们相信英国政府会拒绝扩大军队而支付铁路扩建的费用,但英国战争部最终却批准增加在当地的驻军。②

英-埃政府的高级官员们转而向埃及政府申请铁路贷款。虽然在开罗的英国官员们承认,埃及日益增长的民族主义情绪使这项拨款变得棘手,③ 但埃及政府还是在1909年拨款35.4万埃镑,支持将铁路线从喀土穆向南延伸,穿过杰济拉最终进入科尔多凡。④ 虽然知道这笔款项不到铁路线扩展工程所需资金的1/3,英-埃政府官员们还是在1909年4月批准工程上马,⑤ 欠缺的其他必需资金随后再争取。1910年初,英-埃政府官员们逐渐意识到,英国和埃及政府都不愿意给予他们其他贷款。1910年3月6日,温盖特写信给他的私人秘书吉尔伯特·克莱顿(Gilbert Clayton):

> 国内政府对苏丹的态度是"放手不管",我相信,目前从英国政府获得苏丹发展资金的任何

---

① Gorst to Wingate, July 24, 1908 SAD283/2/1.
② Wingate to Gorst, February 7, 1909 SAD285/4/22-24.
③ Wingate to Clayton, March 6, 1910 SAD290/3/55-62.
④ *Reports by His Majesty's Agent and Consul-General ... Soudan*, 1909 (Cd5121, 1910), 68. Notes 221.
⑤ Richard Hill, *Sudan Transport: A History of Railway, Marine and River Service in the Republic of the Sudan* (London: Oxford University Press, 1965), 80.

> 努力肯定会遭到拒绝。由于埃及没有资金可供苏丹使用，而且新苏伊士运河公约也极有可能被废除，我们的财务状况很快将捉襟见肘。目前最重要的事情，就是尽我们所能来吸引英国资本，使英国的资本家在这个国家拥有既得利益。这只能通过让有权势的人站在我们这边来实现。①

在接下来的几个月里，高级官员们考虑并拒绝了一些他们认为发展不足或过度投机的私人融资提案。② 与此同时，铁路线延伸建设继续进行，埃及的拨款迅速耗尽。就在埃及拨款即将用尽的前几天，英-埃政府以3％的利息从埃及国家银行获得了80万埃镑的贷款，这使得通往科尔多凡州的铁路线得以完工。③

英-埃政府的高级官员们继续为另外两条铁路支线工程寻找私人融资，即连接森纳的铁路支线，以及经过瓦德迈达尼、加拉巴特、卡萨拉和陶卡尔连接到红海的支线。④ 虽然 BCGA 既对苏丹经济发展有兴趣，又有资源为新线路提供资金，但英-埃政府的高级官员们最初对需要扩大棉花种植的新企业并不感兴趣。1909 年 8 月，前自由党议员威廉·马瑟（William Mather）

---

① Wingate to Clayton, March 6, 1910 SAD290/3/55 – 62.
② Slatin to Wingate, July 30, 1910 SAD297/1/231 – 233.
③ Hill, *Sudan Transport*, 81.
④ *Reports by His Majesty's Agent and Consul-General … Soudan*, 1910 (Cd5633, 1911), 83.

第六章 棉花和粮食驱动的经济发展（1913—1940）

指出 BCGA 有可能在苏丹进行大量投资，这引起了英-埃政府高级官员们的注意。马瑟在给温盖特总督的一封信中表示，BCGA 的一些成员对在苏丹推行新的棉花种植计划感兴趣并要求他本人就这一问题发表演讲，但他只有在英-埃政府制定一个能得到他首肯的具体计划后才会去做这次演讲。① 温盖特随后要求农业和森林局主任欧内斯特·邦德（Ernest Bonus）制定适当的计划，② 后者调查咨询后的回应是反对棉花的商业化种植，因为"农民们不愿意种植棉花，具体的反对因素包括将棉花运输到市场需要费用、不掌握棉花种植技术、经济上不能为牲畜提供饲料、棉花的市场狭窄等"。③

1910 年，由于仍然无法获得其他资金来源，英-埃政府的高级官员们接受了马瑟的提议。1910 年 10 月 13 日，马瑟在曼彻斯特市政厅向 BCGA 成员发表了关于苏丹棉花种植前景的演讲。马瑟告诉他的听众，泽达布（Zeidab）种植园在柏柏尔的成功已经证明，在小麦、高粱和豆科等四种作物轮作的租赁制度下种植棉花可以获益。④ 泽达布种植园由 SPS 拥有和经营，该公司于 1905 年由美国实业家亨特和在南非拥有广泛利益的沃纳贝特公司（Wernher, Beit & Co.）创办。⑤ SPS 得到了英-埃政府的特别许可，其拥有的 3 万费丹土地中有 1 万费丹可以常

---

① Mather to Wingate, August 13, 1909 SAD288/3/118.
② Mather to Wingate, August 31, 1909 SAD288/4/116-117.
③ Bonus to Wingate, September 4, 1909 SAD288/5/21-24.
④ William Mather, *Egypt and the Anglo-Egyptian Sudan: Resources and Development Especially in Relation to Cotton Growing* (Southampton: British Cotton Growing Association, 1910), 30.
⑤ Wernher, Beit & Co to Hunt, April 28, 1904 SAD802/1/7-9.

年灌溉。① 在其成立后的几年里，SPS 试图雇用劳工耕作土地，但这在商业上不成功。1908 年，泽达布种植园改行租赁制度，SPS 向当地承租人提供水、种子和贷款，承租人要为自己耕种的 40~70 费丹土地支付固定费用。② 在 1910 年的演讲中，马瑟敦促 BCGA 成员在尼罗河沿岸和杰济拉建立泽达布种植园体系，以小麦和棉花作为经济作物来发展苏丹经济。③ BCGA 董事会对马瑟的演讲做出了积极回应，将该演讲稿印刷分发。④ 为了在苏丹建立新的立足点，董事会随后授权购买 5 000 股 SPS 的股票，并让 BCGA 副总裁亚瑟·赫顿（J. Arthur Hutton）加入 SPS 董事会。⑤

为了进一步激发 BCGA 的兴趣，英-埃政府的高级官员们邀请 SPS 资助和经营一个政府所有的试验种植园，该种植园位于瓦德迈达尼以南约 10 千米处的塔伊巴。⑥ 此后由于未能就补偿问题和 SPS 达成协议，英-埃政府的高级官员们决定在没有 SPS 或 BCGA 协助的情况下在塔伊巴建立和运营种植园。1911 年初，官员们安装了灌溉泵，清理了土地，分配了租约。⑦ 在 1911 年洪水灌溉了 490 费丹土地后，种植园计划开始实施。出租的地块

---

① Note on the Arrangement with Mr. Leigh Hunt Made by the Director of Agriculture and Lands at Interview 18th and 19th February 1906 SAD802/1/15 - 18.

② Asser to Wingate, July 28, 1908 SAD283/2/20 - 24.

③ Mather, Egypt and the Anglo-Egyptian Sudan, 35 - 39.

④ Matthew to Wingate, November 6, 1910 SAD298/2/6 - 10.

⑤ Arthur Gaitskell, *Gezira: A Story of Development in the Sudan* (London: Faber and Faber, 1959), 56.

⑥ Gorst to Wingate, January 29, 1911 SAD300/1/117 - 119.

⑦ Wingate to Gorst, February 5, 1911 SAD300/2/13 - 14.

第六章 棉花和粮食驱动的经济发展（1913—1940）

约为 30 费丹，要求承租人种植 10 费丹的棉花、10 费丹的小麦，其余的 10 费丹土地在夏季种植高粱，在冬季种植豆科作物。①

在塔伊巴种植园的承租人获得了很高的收益。他们平均从棉花销售中获得 170 埃镑，从小麦销售中获得 52 埃镑。扣除租金和其他相关费用后，每个承租人大约有 62 埃镑的净利润。② 第二年，种植园扩大到 1 740 费丹，③ 当地的许多农民曾在 1911 年拒绝租赁式耕种，④ 现在也积极地申请租赁土地。⑤ 1912—1913 耕作年的高粮价使得租约获利更丰，承租人平均的净收益约为 150 埃镑。⑥

1913 年，英-埃政府的高级官员们恢复了与 SPS 的谈判。在接下来的几个月里，除了管理塔伊巴的种植园，双方还讨论了在杰济拉以合作伙伴方式开发 10 万费丹土地计划的可能性。在谈判的过程中，BCGA 成功说服英国政府向英-埃政府提供 300 万英镑的贷款，用于铁路扩建以及杰济拉、陶卡尔和加什三角洲（Qash Deltas）的经济发展。⑦ 1913 年 7 月初，英-埃政府与 SPS 达成协议。SPS 同意接管塔伊巴种植园，并帮助英-埃

---

① D. P. MacGillivray, "Report on the Gezira Agricultural Experimental Station, Tayiba," in *RFACS*, 1911 Vol. 2(1911), 290, SAD.

② W. A. Davies, *Statement of Results at Tayiba for the Two Seasons 1911-12 and 1912-13*, December 11, 1913 SAD112/3/1-32.

③ Ibid.

④ E. A. Dickinson, "Annual Report, Blue Nile Province, 1911," in *RFACS*, 1911, Vol. 2(1911), 302-304, SAD.

⑤ Russell to Wingate, August 3, 1912 SAD182/2/17-21.

⑥ Davies, *Statement of Results at Tayiba*, 1-32.

⑦ "Cotton Growing in the Anglo-Egyptian Sudan, Deputation to the Prime Minister, January 23rd 1913," The *British Cotton Growing Association* no. 53 (January 1913): 9-19.

政府筹措 50 万英镑的担保贷款。作为交换，英-埃政府的高级官员们同意 SPS 管理杰济拉的经济发展项目，该项目后来被称为杰济拉计划。官员们还同意修改当时在塔伊巴种植园已经生效的租赁协议，因为原来的租赁协议以泽达布种植园的固定租金制度为模型。根据新协议，塔伊巴种植园以及未来的杰济拉计划将致力于打造一个利润分配系统，即对于种植园出售经济作物产生的利润，辛迪加财团获得 25%。根据新的协议，只允许租户保留 10 费丹土地种植高粱。[1]

1913 年 7 月底，SPS 接管了塔伊巴种植园。尽管已经根据旧协议在几个月前就确定了租约，但 SPS 管理层仍然宣布改变租赁协议的相关条款。[2] 承租人抵制这种改变，他们抱怨 SPS 管理层和政府官员违反了与他们签订的合同。在 1913 年 8 月 8 日递交给青尼罗州代理州长的请愿书中，承租人表示他们在 4 月份就已经接受了租约，条件是他们将支付固定的综合租金和每费丹土地 2.5 埃镑的水费。承租人认识到，他们在新制度下只能获得净利润的 2/5，这将大大减少他们的回报，因而声称不会按新制度租赁土地，要求继续按照旧协议执行，并且在合同到期后都将离开种植园。[3]

部分英-埃政府官员对承租人的抱怨表示同情。按照青尼罗州州长迪金森（E. A. Dickinson）的计算，根据旧协议，承租人预计的年收入约为 150 埃镑，而根据新的利润分成协议，承租

---

[1] Resume of Proceeding at the Meeting held at No1 London Wall Buildings on Monday 21 July 1913 SAD187/1/274 - 278.

[2] Asser to Wingate, September 11, 1913 SAD109/11/61 - 62.

[3] Dickinson to Wilkinson, August 9, 1913 SAD187/2/102 - 108.

人的年收入仅为 40 埃镑。迪金森认为,既然承租人的抱怨是合理的,就应该允许承租人自由选择参与或者拒绝该计划,包括补偿他们在应对夏季洪水时已经完成的工作。① 民事秘书菲普斯(phipps)也认为承租人这些投诉有合理性,坚称旧协议应该在本耕作年结束之前都是有效的,因为要不满新协议的承租人在其他地方开始种植为时已晚。② 在与 SPS 协商后,温盖特总督向希望离开种植园的每名承租人提供了 50 比索作为补偿,并要求留下来的人签署新合同,其中包括利润分成租赁协议。③

尽管温盖特提出了这一建议,但租客们并没有选择离开种植园。1913 年夏天的洪水和降雨都不如预期,但塔伊巴种植园因为机械化水泵灌溉而受旱情影响较小,这让承租人认识到他们如果离开了种植园就根本无法耕种。④ 随后,71 个承租人中有 69个签署了新的协议,但他们向法律秘书发出了抗议信,说明他们是被迫签署了新协议,他们对新的利润分成制度不满意。⑤

1913 年的干旱还为棉花游说组织支持的 SPS 提供了从作物轮作中淘汰小麦的机会。由于降雨不足,种植园 1913—1914年的平均棉花产量仅为 3.8 坎塔尔/费丹。⑥ 棉花的低产量削弱了塔伊巴种植园的盈利能力,SPS 的利润从 1913 年的 16 608 英镑下降到 1914 年的 4 761 英镑。⑦ 为确保在 1914—1915 年间有

---

① Dickinson to Wilkinson, August 9,1913 SAD187/2/102-108.
② Phipps to Wingate, August 13,1913 SAD187/2/146-144.
③ Wingate to Asser, August 26,1913 SAD187/2/261.
④ Crawford to Wingate, September 2,1913 SAD187/3/10.
⑤ Asser to Wingate, September 20,1913 SAD187/3/153-157.
⑥ MacGillivray to Bonham Carter, June 2, 1916 SAD200/5/35-38.222 Notes.
⑦ Gatskill, 94.

更好的回报，SPS 管理层请求英-埃政府通过取消承租户种植小麦的要求来扩大棉花种植面积。因为担心塔伊巴种植园失败会威胁到他们筹集 300 万英镑剩余贷款的努力，英-埃政府官员们同意了这一修改请求。① 1914 年 4 月，在饥荒最严重的时候，新作物轮作制度下的租约开始实施。承租人再次面临着错误的选择：他们要么接受新的作物轮作制度，要么离开种植园并且盼着饥荒会很快平息。

但事态发展却出乎英-埃政府官员们的期望，对租赁协议的修改并没有使苏丹成为对英国资本家有吸引力的投资热土。在 1914—1915 耕作年初，第一次世界大战爆发，资本市场冻结，英-埃政府无法以合理的利率筹集剩余的贷款。战争同时还导致国际棉花市场崩溃，SPS 的利润进一步下降。虽然在 1914—1915 耕作年前在巴拉卡特（Barakat）又开设了一家种植园，但 SPS 报告的 1915 年利润仅为 1 392 英镑，次年的利润也仅为 2 678 英镑。② 如果没有必要的资金，英-埃政府官员们将不得不暂停杰济拉计划的工作，并搁置铁路扩建计划。③ 尽管棉花生产和铁路扩建的发展前景还不确定，但英国的战时需求给英-埃政府提供了另一个动机，即将苏丹发展成为主要的粮食出口国。

苏丹粮食的战争贡献

第一次世界大战爆发后，许多英-埃政府的高级官员们认为

---

① Davies, *Statement of Results at Tayiba*, 1－32.
② Gaitskell, *Gezira*, 94.
③ Wingate to McMahon, March 10, 1915 SAD194/3/80－87.

第六章 棉花和粮食驱动的经济发展（1913—1940）

1914 年的饥荒在政治上是有益的。他们认为苏丹人不会在战争期间反对政府，其中原因正如温盖特总督在 1914 年 9 月底所写的那样："民众对我们的统治非常满意，饥荒期间的印度高粱是一个极好的举措，具有巨大的政治价值；事实上，在这方面，苏丹民众已经付出了百倍的代价。"① 温盖特对和平的预言是正确的。当地人仍然忠诚，苏丹也不是战区。② 英-埃政府官员和苏丹农民在战争中发挥了关键作用，因为苏丹生产的高粱被用来确保意大利在红海的地位，结束奥斯曼人对汉志的控制和扩大英国的中东帝国。

在战争的最初几个月，英-埃政府得到了苏丹主要精英们的宣誓效忠。1914 年 11 月，温盖特前往苏丹的一些大的城镇，包括恩图曼、瓦德迈达尼、森纳尔和苏丹港等，会见了当地的知名人士和宗教领袖。在每一站，温盖特都用阿拉伯语发表演讲，根据他后来的叙述，演讲阐述了"战争的起源和原因，并对德国进行全方面的攻击"。③ 苏丹的精英们积极回应温盖特持续的效忠呼吁。1914 年 11 月 8 日，15 个宗教领袖共同签署了一份宣言，其中包括苏丹的大穆夫提（Mufti）和前马赫迪领袖的儿子阿布德·拉赫曼·马赫迪（Abd al-Rahman al-Mahdi），宣称"发动战争绝不是为了伊斯兰或穆斯林的利益"，使苏丹远离了奥斯曼帝国与英法俄三个协约国的

---

① Wingate to Clayton, September 23, 1914 SAD191/3/67 – 71.
② However, the Anglo-Egyptian government did use the war as an opportunity to conquer Dār Fūr in 1916. See Daly, *Empire on the Nile*, 171 – 191.
③ Wingate to Cromer, November 27, 1914 SAD192/2/189 – 199.

对抗。① 为了进一步确保苏丹人的忠诚，温盖特还组织阿里·艾尔·米尔加尼（'Ali al-Mirghani）等重要的苏丹精英，在阿拉伯文版《苏丹时报》上发表文章，呼吁继续效忠英-埃政府和英国。②

在确信了苏丹的支持保证后，英-埃政府的高级官员们就集中精力协助英国反对奥斯曼帝国。1914年底，英国战争部试图通过阻止土耳其在汉志驻军来遏制奥斯曼帝国在红海的威胁。为此，英国官员们终止了埃及对麦加和麦地那的粮食补贴，③ 扣留了一批运往吉达的大约4.2万阿达布粮食，④ 对阿拉伯半岛实施贸易禁运。⑤ 尽管英-埃政府官员们帮助实施了这些禁运措施，但他们在1915年初就根据苏丹一些宗教领袖的建议向战争部施压，要求其改变政策并向汉志的阿拉伯人提供粮食。⑥ 这些官员们告诉温盖特总督："尽管土耳其人可能会得到一定数量的粮食供应（如果英国恢复粮食贸易），但阿拉伯人将从饥饿中获救并因此而感激英国。"⑦ 阿拉伯局的成立是为了协调英国在中东的战争努力，虽然它最初忽视了英-埃政府官员们要求废除这些贸易限制的呼吁，但在英国情报部门1915年5月收到麦加平民窘境严重的报告后，阿拉伯局就下令恢复对

---

① *A Declaration*, November 8, 1914 SAD193/4/68 – 69.
② Wingate to Cromer, November 27, 1914 SAD192/2/189 – 199.
③ Sherif of Mecca to Storrs, July 14, 1915 SAD158/6/27 – 28.
④ Makkawi to Wingate, December 10, 1914 SAD192/3/70 – 81.
⑤ *Annual Report ... Central Economic Board*, 1915(1915), 23, SAD.
⑥ Wingate to Clayton, January 23, 1915 SAD194/1/231 – 234.
⑦ Ibid.

第六章　棉花和粮食驱动的经济发展（1913—1940）

阿拉伯半岛的粮食贸易。① 禁运解除后，苏丹成为阿拉伯半岛的主要粮食供应国，在 1915 年 5 月至 1916 年 12 月期间，通过萨瓦金向吉达出口了 30 多万阿达布的高粱。②

战争的发展进一步增加了对苏丹粮食的需求，并促使英-埃政府接管了统一粮食市场。埃及 1916 年收获的粮食不足以满足埃及民众和军人的需求，开罗的英国官员们次年开始与苏丹的同行协调，确保将足够数量的苏丹粮食出口到埃及。为了换取暂时放宽对苏丹使用尼罗河水的限制并从埃及财政部获得 40 万埃镑拨款，英-埃政府官员们承诺在北方尼罗河流域的 2 万费丹水泵灌溉土地上建立粮食种植园，并设立一个资源委员会来监管苏丹粮食的市场营销。③ 此外，英-埃政府官员们还同意雇用埃及农业检查员，与苏丹农民合作提高粮食产量。

英-埃政府官方积极管理和努力扩大统一粮食市场的结果喜忧参半。1917—1918 年间，资源委员会批准出口超过 88 万阿达布的粮食，其中大部分用于英国在西奈（Sinai）和巴勒斯坦（Palestine）战役中饲喂骆驼、支持阿拉伯起义、供给厄立特里亚的意大利军队。④ 相比之下，由于苏丹在 1909 年和 1910 年只有大约 14 万和 20 万阿达布的高粱出口，⑤ 这种大幅的出口增长并没有伴随着当地粮食产量的增加。实际上，尽管英-埃政

---

① Wingate to Clayton, May 15, 1915 SAD195/2/64 – 67.
② *Annual Report ... Central Economic Board*, 1918(1918), 8, SAD.
③ *Annual Report ... Central Economic Board*, 1918(1918), 6, SAD.
④ *Annual Report ... Central Economic Board*, 1918(1918), 8, SAD.
⑤ Daly, *Empire on the Nile*, 459.

府努力扩大当地的水泵灌溉面积，统一市场的粮食生产仍然主要依靠青尼罗州、白尼罗州、森纳尔州和卡萨拉州的降雨。上述地区虽然 1916 年和 1917 年的粮食产量都达到了创纪录的 120 万①和 134 万②阿达布，但粮食出口耗尽了当地的供应，1917 年的粮食价格上涨了大约 25％。③ 1918 年，这几个州的降水减少，高粱产量只有 78 万阿达布，但资源委员会仍然下令出口了大量高粱。④ 与此同时，全球煤炭价格居高不下，英-埃政府官员们被迫提高铁路运价，⑤ 苏丹市场上的高粱价格大幅上涨。⑥ 柏柏尔每阿达布的高粱价格从 1916 年 3 月的 62 比索⑦上涨到 1918 年 11 月的 230 比索⑧。同期，栋古拉的高粱价格从 127 比索⑨上涨到 350 比索⑩。

  粮食出口的快速增长导致了 1918—1919 年的饥荒。不幸的是，有关这场粮食危机造成的破坏，现存的档案文件很有限。1918 年底，英-埃政府的高级官员们报告称，高粮价导致栋古拉出现了"饥荒状况"，并在其他地方造成了广泛的灾难。⑪ 作

---

 ① *Annual Report … Central Economic Board*, 1916(1916), 25, SAD.
 ② Ibid.
 ③ *Annual Report … Central Economic Board*, 1918(1918), 94–95, SAD.
 ④ Ibid., 21, SAD.
 ⑤ *Reports by His Majesty's Agent and Consul-General … Soudan*, 1914–1919, 99.
 ⑥ *Annual Report … Central Economic Board*, 1918(1918), 94–95, SAD.
 ⑦ *Annual Report … Central Economic Board*, 1916(1916), 98–99, SAD.
 ⑧ *Annual Report … Central Economic Board*, 1918(1918), 94–95, SAD.
 ⑨ *Annual Report … Central Economic Board*, 1916(1916), 98–99, SAD.
 ⑩ *Annual Report … Central Economic Board*, 1918(1918), 94–95, SAD.
 ⑪ *Reports by His Majesty's Agent and Consul-General … Soudan*, 1914–1919, 118.

第六章 棉花和粮食驱动的经济发展（1913—1940）

为回应，资源委员会限制了粮食出口，① 但高粱价格继续上涨，饥荒期间的最高记录价格是卡萨拉的每阿达布 560 比索，几乎是 1914 年饥荒期间最高价格的两倍。② 为了缓解灾情，官员们批准了饥荒救济措施，包括在苏丹东部分发超过 1.3 万阿达布的高粱。③

当 1919—1920 年饥荒减轻时，④ 英-埃政府的高级官员们起草了新的饥荒条例，该条例的指导前提是"政府有责任在饥荒时期向需要的人提供救济手段"。官员们被要求尽快提供救济，因为"当人们处于饥饿的边缘时，延迟一两天提供救济可能会让很多人深感无望或者希望渺茫"。但另一方面，官员们也被指示只对那些太虚弱而不能工作的人提供直接的食物援助，身体健全的人则需要通过工作赢得粮食供应。这些条例要求州长们在粮食危机发生前就制定饥荒救济计划，并将其提交给民事秘书批准。⑤ 不幸的是，这套新程序并不足以防止饥荒的发生。

棉花种植的扩大

巴拉卡特和塔伊巴种植园没有受到 1918—1919 年饥荒的影响，承租户们因为没有参加统一粮食市场而得以幸免。这些承租户可以种植高粱，但被禁止出售。因为土地是由 SPS 运作的

---

① *Annual Report ... Central Economic Board*, 1918(1918), 6, SAD.
② W. Newbold, *The Tribal Economics of the Hadendowa*, [n.d. 1929] CIVSEC64/2/5, NRO.
③ Ibid.
④ *Annual Report ... Central Economic Board*, 1925 – 1926(1926), 44.
⑤ Extracts from Famine Regulations, 1920 CIVSEC19/1/1, NRO.

水泵灌溉，棉花和高粱的产量在某种程度上受到了保护，可以免受不利气候条件的影响，包括严重限制周边农场产量的旱情等。事实上，在饥荒期间，SPS 的利润从 1917 年的 14 238 英镑上升到 1918 年的 58 492 英镑。由于战后的繁荣推动了棉花价格上涨，SPS 1919 年的利润是 57 146 英镑，而它在战争爆发前的年利润从未超过 1.7 万英镑。①

巴拉卡特和塔伊巴种植园的成功在战后重新激起了人们对杰济拉计划的兴趣。战前，英-埃政府通过英国政府的担保贷款得到了 200 万英镑，在杰济拉地区投资开发了 10 万费丹土地建立棉花种植园，由 SPS 在利润分成的基础上进行管理。由于战争期间的材料和劳动力成本增加，英-埃政府官员们在 1919 年决定将杰济拉计划扩大到 30 万费丹，并在 SPS 和 BCGA 的帮助下说服英国财政部为苏丹政府提出的 600 万英镑贷款提供利息担保。② 英-埃政府随后与 SPS 签订了一项新协议。根据该协议，SPS 同意按照巴拉卡和塔伊巴现行的利润分成制度和租赁条件管理扩大了的杰济拉计划。③

英-埃政府的高级官员们忽视了杰济拉计划可能导致经济不稳定的早期预警迹象。1921 年，国际市场上的棉花价格暴跌，SPS 的利润从上年的 223 259 英镑降至 8 968 英镑。而随着棉花价格的下跌，英-埃政府的高级官员们意识到他们对启动杰济拉计划的早期成本估计过低，他们需要额外的融资。就在棉花价格降到最低点之前，英-埃政府官员们说服英国政府

① Gaitskell, *Gezira*, 94.
② Ibid., 74–75.
③ Ibid., 80.

第六章　棉花和粮食驱动的经济发展（1913—1940）

为 350 万英镑的再贷款提供本金和利息担保。尽管盈利能力还不确定，但 SPS 和英-埃政府继续努力实施杰济拉计划。在修建森纳尔大坝和挖掘运河网络的同时，英-埃政府官员们授权 SPS 在杰济拉的哈吉阿布杜拉（Haj'Abd Allah）和瓦德拉沃（Wad al-Naw）建立了临时的机械化水泵。尽管 1921—1923 年间新增了近 5 万费丹的水泵灌溉土地，但因为受棉花价格高度波动的影响，SPS 的利润仍然不确定，1922 年反弹至约 126 520 英镑，1923 年下降至 45 082 英镑，1924 年又恢复至 112 934 英镑。①

具有讽刺意味的是，因为担忧杰济拉计划对统一粮食市场的负面影响，英-埃政府的高级官员们将更多的土地交给了 SPS 种植棉花。在 1921 年初的一次会议上，北方的州长们得出了结论，认为只要将铁路线延伸到与埃塞俄比亚和厄立特里亚接壤的高粱产区，就可以抵消杰济拉计划导致的市场上高粱总供给的减少。官员们认为，铁路的扩建将刺激这些地区商业性粮食种植的扩大，也就增加了可用于销售的粮食盈余。② SPS 的董事们正在寻找在苏丹投资的新机会，他们被 1920 年的一份官方报告所吸引，同意向英-埃政府提供建设苏丹港-卡萨拉-森纳尔铁路③所需 200 万埃镑贷款的一半，换取在加什三角洲种植棉花的特许权，具体的租赁制度和杰济拉计划类似。1920 年的那份

---

① Gaitskell, *Gezira*, 90 – 94.

② Northern Governor's Meeting 1921, 5th Sitting. 29th January 1921 CIVSEC32/1/2, NRO.

③ Hill, *Sudan Transport*, 104; The remained of the money for the railroad extension came from a loan guaranteed by the British government under the British Trade Facilities Act. Notes 223.

官方报告认为，通过适当地控制加什河水，加什三角洲地区的耕种面积就可以从通常种植的 1.5 万费丹增加到 2.5 万费丹。①

渴望为铁路扩建提供资金的英-埃政府高级官员们接受了 SPS 的提议。1923 年 2 月，他们与 SPS 的子公司卡萨拉棉花公司（KCC）签订了特许权协议。与 KCC 的协议在许多方面和与 SPS 签署的协议不同。首先，杰济拉计划的利润分成协议将 40% 的利润分配给承租人，35% 分配给政府，25% 分配给公司。由于加什三角洲的平均产量低于杰济拉地区，英-埃政府官员同意减少政府的分成，使农民的分成增加到 50%。此外，在与 SPS 的协定中，只有特许权范围内种植的棉花实行利润分成，承租人拥有全部的高粱产量。而在 KCC 协议中，加什三角洲特许权范围内种植的所有作物都要进行利润分成，承租人每种植 10 费丹的棉花才允许种植 1 费丹的高粱。承租人除了可以直接拥有这 1 费丹的高粱外，其余的作物收成都必须交给 KCC 出售。② 这两项协定在界定特许权范围的方式上也有不同。与

---

① R. Hewison, *Note on the Gash Irrigation Scheme*, June 24, 1920 CIVSEC2/8/30, NRO; The KCC's Board of Directors had to revise down expected returns even before the company began operating. Though these board members initially believed that as many as 250,000 faddāns in the Qash Delta could be brought under cotton cultivation, the Sudan Irrigation Service, in a March 1923 report, concluded that, even with proper training works the Qash River could not irrigate more than 60,000 faddāns and that some of this land would be insufficiently watered to support cotton cultivation. R. M. MacGregor, Report on the Proposed Development of Irrigation from the Gash River, May 27, 1923 CIVSEC3/8/30, NRO.

② *Message from the Governor General to all Nazirs, Omdas, Sheikhs, Notables and to the People of Kassala Province* [n. d. February 1923] CIVSEC2/8/30, NRO.

第六章　棉花和粮食驱动的经济发展（1913—1940）

SPS 的协议限制了 SPS 对杰济拉计划中运河区的权利，而 KCC 协议是在对加什三角洲的详细评估完成之前签署的，因此未确定特许权的范围。在随后的几年里，KCC 的代理商声称有权分享三角洲地区种植的所有作物的利润，包括那些生长在运河区以外的农作物。①

卡萨拉州政府的一些官员们担心，对 KCC 的让步可能导致粮食危机和国内动乱。州长塞西尔·波纳尔·布朗（Cecil Pownall Browne）声称，加什三角洲地区主要由洪水过后迁移而来的牧民们耕种，耕种也只是为了维持生计，并不会从事棉花种植。但布朗又认为，这些牧民们最终会离开加什、放弃耕作且选择购买粮食，由此导致的粮食种植面积减少和当地高粱需求增加有可能危及地区粮食供应。② 副州长弗朗西斯·巴尔弗（Francis Cecil Campbell Balfour）也认为，限制加什三角洲的高粱种植将迫使那些无法维持生计的牧民们沦为发展项目的雇佣劳工。③接替巴尔弗（Balfour）担任副州长的汤普森（C. H. Thompson）在 1924 年初警告说，一旦加什农民知道政府和 KCC 要求得到高粱总产量的 50％，"他们对政府的信心将受到一定程度的冲击，老实说，我无法以平静的心态考虑未来"。④然而，包

---

① Cecil Pownall Browne, *Note on 50% Assessment of Dura in the Gash Delta*, September 1, 1924 CIVSEC2/9/35, NRO.

② Governor Kassala Province to Civil Secretary, March 21, 1923 CIVSEC2/8/30, NRO.

③ Francis Cecil Campbell Balfour, *Note on the Growing of Dura in the Gash Delta with Reference to the Terms of Agreement with the Kassala Company*, March 3, 1923 CIVSEC3/8/30, NRO.

④ Thompson to Civil Secretary, May 19, 1924 CIVSEC2/8/33, NRO.

括总督①和民事秘书在内的英-埃政府高级官员们对这些担忧不以为然,一再重申英-埃政府对 KCC 的承诺。②

KCC 管理下的加什三角洲棉花种植,无论对公司还是承租者来说都是一个商业上的失败。在 1923—1924 耕作年,KCC 管理着一个小试验区。在收获之前,英-埃政府官员们计算,根据利润分成协议,试验区的农民每坎塔尔棉花仅能获得 12 比索的利润,但三角洲其他地区的农民却能够获得 74 比索的利润。③ 高级官员们担心这样的结果会阻碍民众参与该计划,而为了增加承租人的收入又不得不削减政府的收益份额。④ 1924—1925 耕作年的财务业绩没有改善,这是因为 KCC 无法按原计划出售堆积在苏丹港的棉花,被迫将未出售的棉花运往利物浦,当年的利润支付被推迟。⑤ 到 1925 年 10 月,承租人仍未收到应得的利润份额,卡萨拉区专员汉密尔顿报告说:"这一延误造成了真正的困难,特别是对于那些没有粮食储备而必须从露天市场高价购买粮食的人。他们中的许多人因为拿不到钱而倍感煎熬。"⑥

由于 KCC 的运作破坏了传统的放牧模式,各种困难最终演变成了地区性饥荒。1925 年,卡萨拉州降雨不足,加什河

---

① *Note of a Meeting Held at the Palace*, Khartoum, on April 7th 1923 CIVSEC2/8/30, NRO.

② Civil Secretary to Private Secretary to the Governor General, April 2, 1923 CIVSEC2/8/30, NRO.

③ Director of Agriculture and Lands to Financial Secretary, August 16, 1924 CIVSEC2/8/34, NRO.

④ Stack to Civil Secretary, September 9, 1924 CIVSEC2/9/35, NRO.

⑤ MacIntyre to Browne, August 24, 1924 CIVSEC2/9/38, NRO.

⑥ Hamilton to Browne, October 16, 1925 CIVSEC2/9/39, NRO.

洪水偏少，整个三角洲地区仅浇灌了 1.3 万费丹的土地。① 在以前的干旱期间，加什三角洲被作为牧场保护区，哈丹达瓦牧民们驱赶牛群在曾经的耕地上放牧。然而，KCC 管理层对 1925 年洪水偏少的回应是关闭三角洲地区，禁止大批非承租人放牧。为了执行这项规定，KCC 还扣押了所有擅自闯入的驯养动物。② KCC 的政策产生了严重的负面影响。哈达瓦牧民们抵制 KCC 的计划，他们拒绝申请租赁三角洲的土地，③ 但却找不到可供选择的其他牧场，牲畜大量死亡。英-埃政府官员通过向受影响的牧民社区提供饥荒救济来应对这场灾难。④ 1926 年夏季的降水再次偏少，哈丹达瓦人的牛群因饥饿和干旱大量死亡。⑤ 农作物产量下降导致市场价格上涨，高粱价格在 1926 年 7 月达到了每阿达布 320 比索。尽管英-埃政府为降低价格而出售政府储备的高粱，但高粱价格仍然持续高位。1927 年 1 月，情报总监雷金纳德·戴维斯（Reginald Davies）报告说："卡萨拉的经济状况非常糟糕，可能会发生一场饥荒。"⑥

不断恶化的饥荒加剧了当地人对 KCC 的抵制，也为随后英-埃政府控制加什三角洲地区创造了机会。经历了 1925—1926

---

① Macgregor to Financial Secretary, September 8, 1925 CIVSEC2/9/39, NRO.

② Newbold to Baily, March 13, 1927 CIVSEC2/10/42, NRO.

③ Reginald Davies, *Secret Report*, January 13, 1927 CIVSEC2/10/42, NRO.

④ Dingwall to Governor Kassala Province, March 29, 1949 CIVSEC19/1/2, NRO.

⑤ W. Newbold, *The Tribal Economics of the Hadendowa*, [n. d. 1929] CIVSEC64/2/5, NRO.

⑥ Davies, Secret Report, 42, NRO.

年的牛群大批死亡后,哈丹达瓦牧民们在1926—1927耕作年开始申请与KCC签订租约。① 其中许多人没有租到土地,既不满KCC公司,也不满许多在当地获得租赁合约的西非移民。② 1927年3月,正如KCC的管理层随后报告的那样,哈丹达瓦牧民们不再遵守KCC的规定,他们把牛群赶到西非人承租的土地上。③ 三角洲地区的紧张局势继续升级,英-埃政府的高级官员们为此十分担心。财政部长乔治·舒斯特(George Schuster)认为,当地"正陷入非常严重的政治危机"。为了预防哈丹达瓦叛乱这样的事情再次发生,英-埃政府的高级官员在1927年3月底决定接管KCC在加什三角洲的业务。经过长时间的谈判,KCC董事会同意放弃公司在三角洲地区的权利要求,换取英-埃政府对公司已经花费的资本的补偿以及在杰济拉扩展计划中至少4.5万费丹土地的30年特许权。④

英-埃政府官员们随后并没有将加什三角洲恢复为当地人控制,而是建立了一个半独立的实体机构,即加什委员会,用它来接管SPS在当地的特许权并继续发展棉花种植。官员们现在认为畜牧业并不能保证当地的粮食安全,希望加什委员会帮助贝贾牧民发展一种新的、安定的生活方式。为了安抚普遍存在的不满情绪,英-埃政府的高级官员们要求加什委员会将当地谢

---

① Ibid.

② Newbold to Baily, March 13, 1927 CIVSEC2/10/42, NRO. For a study of the settlement of West African Muslim pilgrims in Sudan see C. Bawa Yamba, *Permanent Pilgrims: The Role of Pilgrimage in the Lives of West African Muslims in Sudan* (Washington, DC: Smithsonian Institution Press, 1995).

③ Macintyre to Baily, March 28, 1927 CIVSEC2/10/42, NRO.

④ Kassala Cotton Company, Circular to Shareholders and Debenture Holders, November 15, 1927 CIVSEC2/13/35, NRO.

第六章 棉花和粮食驱动的经济发展（1913—1940）

赫纳入管理层。卡萨拉州州长罗宾贝利（Robin E. H. Baily）在1927年这样描述道："租赁制度必须以酋长制而非个人为基础，产品分配必须由酋长按宗族划分控制分配。政府工作人员将不再与个人打交道，完全通过酋长来开展工作。"① 贝利等英-埃政府官员还要求加什委员会在分配租约时优先考虑哈丹达瓦牧民，"引导贝贾人成为技能娴熟的农民和教导员"。② 随着这项政策的逐步实施，截至1932年，75%的租约被分配给贝贾牧民，其中50%是哈丹达瓦人。③ 加什委员会与哈丹达瓦部落的纳齐尔在挑选承租人方面密切合作，最终将纳齐尔的地位从"哈丹达瓦部落的领袖"转变为"三角洲地区的权威"。纳齐尔执行加什董事会的要求，要求承租人主要种植经济作物棉花，同时保证承租人种植用以满足个人需求的高粱。事实上，在加什董事会的管理下，加什三角洲只有一小部分土地被用来种植高粱。在1932—1933耕作年，在36 695费丹土地中只有6 009费丹被用来种植高粱。④

杰济拉计划同样导致了普遍的贫困和地方性粮食危机。杰济拉计划的租赁协议将承租人的收入与不断波动的棉花产量和国际原棉价格联系起来。在1924—1927年的繁荣时期，承租人收入丰厚。1925—1926年，杰济拉计划的平均棉花产量为

---

① Robin E. H. Baily, *Memorandum on Future Policy in the Gash Delta*, [n. d. 1927] CIVSEC2/10/42, NRO. 224 Notes

② Robin E. H. Baily, Gash Delta Cotton Organization, August 20, 1932 SAD989/6/36-60.

③ Ibid.

④ Governor Kassala Province to Chairman of the Gash Board, October 31, 1933 CIVSEC2/10/44, NRO.

4.8 坎塔尔/费丹，是上年的两倍多，加之棉花价格持续高企，承租人平均获得了 117 埃镑的利润。① 然而这种繁荣并未能持续太久，棉花产量和棉花价格就都开始下降。1927—1931 年间，因为一种影响棉株生长的黑穗病流传到杰济拉，当地每费丹土地的棉花产量从 4.7 坎塔尔下降到 1.4 坎塔尔，这种棉花低产状况一直持续到 1934—1935 耕作年，因为这一年引入了新的轮作方式，可以延长休耕期，从而更好地控制植物病害。1929 年，全球大宗商品价格暴跌，加剧了杰济拉棉花产量下降带来的负面财务影响。在随后的几年中，SPS 不仅无法出售杰济拉计划生产的大部分棉花产，已经出售的棉花价格也仅为崩溃前价格的一半。② SPS 给承租人事先已经预付了未来的利润收入，③ 这一政策让租户们迅速背上了沉重的债务负担。到 1934 年底，承租人欠 SPS 和英-埃政府的债务累计近 70 万埃镑，但这一数字还不是承租人在此期间的全部损失。高粱产量通常不足以满足承租人及其家属的需求，许多承租人不得不出售牲畜来购买粮食。承租人的贫困日益加剧，导致周边地区的民众声称杰济拉计划就是"关押人民"。④

  英-埃政府的高级官员们拒绝代表杰济拉计划的承租人进行干预。1933 年，青尼罗州州长克拉克（W. P. Clarke）要求英-埃政府优先考虑租户的财务和健康需求而不是 SPS 的盈亏底线，财政和民政秘书回应说，不满意的承租人可以自由放弃

---

① Gaitskell, *Gezira*, 106.
② Ibid., 144.
③ Ibid., 159.
④ Clarke to Gillian, December 31, 1933 CIVSEC2/12/53, NRO.

第六章 棉花和粮食驱动的经济发展（1913—1940）

租约。① 英-埃政府的高级官员们没有帮助贫困的承租人，反而采取措施确保杰济拉计划不会对 SPS 和英-埃政府造成损失。1935 年，英-埃政府的高级官员们和 SPS 董事同意建立一个储备基金，负责偿还承租人的债务，资金来自对承租人利润分成的征税。在接下来的耕作年度，虽然杰济拉计划的棉花平均产量回归了每费丹 4.5 坎塔尔左右，但繁重的税收使得承租人无法从增加的回报中获得多大收益。在随后的几年里，承租人的财务状况始终没有得到恢复，1940 年时的集体债务还有大约 24 万埃镑。②

在第二次世界大战前夕，英-埃政府的最初希望已经破灭。马赫迪国家崩溃后的繁荣年代已经过去，各种灾难和经济危机随之而来。20 世纪初经济一度繁荣的栋古拉和杰济拉等地都陷入了经济衰退。对这些地区的民众来说，殖民主义带来的是贫穷和不确定性而不是繁荣和解放。粮食危机始终如影随形，饥荒再次成为国家以牺牲当地社区为代价进行扩张的机会。在 1914 年、1918—1919 年和 1925—1927 年发生的饥荒中，英-埃政府官员们攫取了很多原本由当地民众拥有和管理的重要资源，例如杰济拉和加什三角洲地区，政府在农业生产中的作用大大增强。但英-埃政府并不是这些饥荒灾难的唯一受益者，对于当地的少数精英们来说，英-埃国家的扩张以及对牧民和原本农业生活方式的逐步破坏给他们带来了经济机会，这些精英们很快就开始要求投资开发国家的资源。

---

① Note of a Discussion on Governor Blue Nile Province's Private Letters of December 29th and 31st 1933 CIVSEC2/12/53, NRO.
② Gaitskell, Gezira, 160-171.

第七章

粮食危机和走向独立过渡
（1940—1956）

第七章 粮食危机和走向独立过渡（1940—1956）

1951 年 10 月，瓦迪哈勒法地方医院的医疗辅助人员被派往巡视附近的十个村庄。他发现当地的情况令人震惊。正如地区医疗巡视员随后报告的那样，辅助人员发现：

> 人们整体上贫血、营养不良，身体十分虚弱。他们的生活方式、衣服和住所都充分表明了他们的贫困状况。大多数孩子要么赤身裸体，要么衣衫褴褛，大部分人没有寝具和衣服。在许多房子里，检察人员找不到任何储存的粮食，也找不到任何可能剩下或准备下次用餐的食物。

在接受辅助检查的 2 844 人中，有 2 753 人需要立即获得粮食援助，另外还有 500 人营养不良需要紧急就医。该援助机构还发现，当地的粮食生产不足以满足民众的需求，而他们在国外工作的家人寄来的汇款也早已用尽。因为贫困,许多人连一些基本的生活必需品都无力购买。①

瓦迪哈勒法附近的贫困农民们认为,采用机械化水泵灌溉是提高作物产量的最好方法。他们告诉地区专员说希望采用机械化水泵灌溉来降低种植成本,允许当地发展商品化农业生产。不幸的是,这些农民缺乏资金购买、安装和运行这些水泵。在1950年代初,他们多次请求当地政府设计和实施机械化水泵灌溉方案,② 这一要求得到了北方尼罗河流域其他经济萧条地区的响应。在越来越多呼吁政府实施机械化水泵灌溉计划的人群中,有一部分人来自尚迪(Shandi)。1950年,农民们要求地区专员安装一台灌溉水泵,因为他们意识到萨奇亚灌溉的农业生产不足以满足当地急剧增加的人口。③

一些苏丹农民早在1914年就认识到了水泵灌溉的好处。在1914年的饥荒期间,柏柏尔州泽达布种植园附近的农民就比较幸运,他们通过向SPS付费而得到了水泵灌溉。这些农民随后写信给温盖特总督:

> 如果不是因为他们宝贵的水泵,1913年和1914年的情况就会比(萨纳特-西塔饥荒)时期更糟糕。在萨纳特-西塔饥荒期间,人们甚至

---

① Ali to Arbuthnot, October 20, 1951 SAD849/7/58 – 59.
② Arbuthnot to Governor, Northern Province, August 29, 1952 SAD849/7/53.
③ Arbuthnot to Governor, Northern Province, April 29, 1950 SAD849/7/47.

> 比真正的食人族更过分，他们吃狗、驴等动物，许多人因为缺乏食物而饿死。泽达布的当地人非常幸运，他们因为这台水泵而过着幸福的生活，他们生产的高粱被大量地送到了没有水泵灌溉的苏丹其他地方。①

一旦饥荒消退，尼罗河流域其他地方的农民也开始尝试租赁拥有水泵灌溉的种植园，比如第一次世界大战期间英-埃政府在栋古拉和柏柏尔建立的那些种植园。②

尽管官员们在战争期间鼓励农民在政府经营的机械化水泵灌溉种植园定居，但他们拒绝了将机械化水泵灌溉扩大到苏丹北方尼罗河流域其他地区的要求。在1920—1930年代，英-埃政府的官员们越来越认为，北方尼罗河流域大部分地区的农业生产经济上不可行，缓解当地贫困状态的最好办法就是鼓励民众向杰济拉、加达里夫和卡拉巴特等肥沃的多雨地区迁移。欧内斯特·阿巴斯斯诺（Ernest Arbuthnot）1950年代初担任瓦迪哈勒法地区专员，他在给北方州州长的信中总结了这一立场。他这样写道，过去提供援助总是"鼓励人们坚持居住在他们所在的地方，而没有考虑进行明显必要的外迁移民。当地的情形非常不好，太多人试图依靠太少的土地谋生"。尽管1920年代与埃及签订的《尼罗河水协议》为苏丹广泛使用现代灌溉技术

---

① "A deputation of natives working at Zeidab" to Wingate [n. d. 1915] SAD194/3/67-68.

② Annual Report ... Central Economic Board, 1916(1916), 10, SAD.

开辟了道路,① 但英-埃政府官员们拒绝帮助贫困的小规模农业生产者改进灌溉技术。相反,官员们奉行的政策狭隘地侧重于扩大政府拥有的大型商业化农业生产计划,同时促进当地少数精英们的经济利益。

第二次世界大战为官员们创造了机会,他们以牺牲当地利益为代价进一步扩大国家的影响范围。官员们接管了苏丹统一粮食市场,而且没收了埃塞俄比亚边境附近宝贵的多雨地区,使苏丹成为盟军粮食的主要供应国。战争结束后,苏丹的本土精英们要求结束英-埃政府的统治,参与国家的资源管理。这些精英们在20世纪上半叶积累了大量财富,在独立过程中掌握了国家权力,但苏丹社会的其他阶层在同一时期却变得更加贫穷。独立后的领导人没有将国家资源返还给地方管理层,而是继续实施剥削政策,迫使牧民和农民租赁精英所有或国家管理的种植园。许多牧民和农民无法积累必要的资源来打破饥荒和粮食危机的循环。

机械化水泵和英-埃控制尼罗河

在20世纪的二三十年代,苏丹北方依赖奴隶劳动的农业生产体系崩溃,拥有小块土地的当地农民越来越渴望建立自己的机械化水泵。1914年的饥荒导致栋古拉的大量奴隶逃离自己的主人而获得解放。与此同时,由于国际社会越来越大的压力,英-埃政府官员们被迫采取了一系列措施,阻止主人抓捕逃跑的

---

① Arbuthnot to Governor, Northern Province, December 4, 1951 SAD849/7/60.

奴隶。这些措施，加上当地经济的衰退，越来越多的奴隶离开了主人去寻求自由。1924 年，前苏丹政治局成员迪格尔（P. G. E. Diggle）公开揭露了英-埃政府在苏丹奴隶制问题上的同谋。迪格尔曾在柏柏尔担任农业巡视员，他遇到过许多主人虐待生病和年老奴隶的案件，他认为苏丹的奴隶制度并不是高级官员经常宣称的"自愿行为"，而是一个得到英-埃政府积极支持但却被奴隶憎恨的制度。① 然而当迪格尔把他的结论提交英-埃政府的高级官员时，他的这些控诉被驳回了。包括柏柏尔州州长利奇（T. A. Leach）在内的官员们告诉迪格尔，"苏丹人"是官方文件中对于奴隶的常见代称，奴隶们"大概对这种安排很满意，否则他们早就打破与主人的联系"。② 迪格尔对这些回应感到愤怒，他辞去了职务，并提请反奴隶制和原住民保护协会关注他的投诉，后者立即公布了迪格尔的叙述，并向国际联盟提出了正式申诉。③

随后发生的丑闻迫使英-埃政府的高级官员们修改了官方和非官方的奴隶制条例，并最终加速了苏丹农业奴隶制的衰落。④ 由于预料到迪格尔会公开抗议，民事秘书于 1924 年 4 月

---

① Creed to Governor, Berber Province, June 30, 1924 CIVSEC60/1/2, NRO.

② Governor Berber Province to District Commissioner Berber, February 3, 1924 CIVSEC60/1/2, NRO.

③ Avenol to Governor General of the Sudan, July 14, 1925 CIVSEC60/1/4, NRO.

④ Owners of female slaves were better able to keep control of their slaves despite mounting international pressure on the Anglo-Egyptian government because officials were reluctant to interfere in what they believed to be domestic affairs, see Ahmad Alawad Sikainga, "Shari'a Courts and the Manumission of Female（转下页）

14日发布了一份新的通知,指示英-埃政府下级官员们将1898年之后出生的所有人视为自由人,禁止主人将他们的奴隶当作雇佣劳工。1925年5月,在迪格尔的报告公布后,高级官员们又发布了一份备忘录,禁止官员们协助主人寻找逃亡的奴隶。① 尽管已经出现了这些政策变化,反奴隶制协会还是在接下来的几年里继续向英-埃政府施加压力,反复提请人们注意埃塞俄比亚-苏丹边境持续的大规模奴隶贸易。为了回应公众的监督,英-埃政府于1930年签署了《国际劳工组织的反强迫劳动公约》,并于1931年签署了《禁止贩卖妇女和儿童公约》。② 一旦没有英-埃政府的帮助,主人们就无法阻止他们的奴隶逃亡,大批的奴隶随即获得自由和解放。这些获得自由的奴隶中虽然一部分继续为原来的主人工作,但更多人选择迁移到较大的城镇生活。③ 由于萨奇亚灌溉需要大量的劳动力,奴隶劳动力的大批离去进一步破坏了苏丹北方尼罗河流域的农业生产,导致当地农业生产范围的减少和农业地区经济的长期衰退。到1930年,苏丹北方的大片土地已经无人耕种。④

(接上页) Slaves in the Sudan, 1898 – 1939," *The International Journal of African Historical Studies* 28 no. 1 (1995): 1 – 24.

① *Sudan Government Circular Memorandum on Slavery*, May 6, 1925 FO407/201, NA.

② Taj Hargey, *The Suppression of Slavery in the Sudan, 1898 – 1939*, PhD Dissertation (Oxford: Oxford University Press, 1981), 281 – 293.

③ See Ahmad Alawad Sikainga, *Slaves into Workers: Emancipation and Labor in Colonial Sudan* (Austin: University of Texas Press, 1996), 149 – 183.

④ *Petition from the Natives of Argo and Dongola* [n. d. 1930] CIVSEC1/25/71, NRO.

第七章 粮食危机和走向独立过渡(1940—1956)

当地农民试图用机械化水泵弥补失去的奴隶劳动力以应对他们不断改变的经济命运,应对他们不断变化的经济财富。正如北方州副州长沃尔特·弗格森·克劳福德(Walter Ferguson Crawford)报告的那样:

> 当地对水泵的兴趣源于萨奇亚灌溉中劳动力和公牛饲料的缺乏。一些水泵带来了新的耕地,一些水泵取代了现有的萨奇亚灌溉。一般来说,几乎所有的土地都曾经或长或短地开展过萨奇亚灌溉农业,但其中的大部分在奴隶们获释后趋于荒芜。①

不幸的是,当地的农民缺乏资金购买和运行机械化水泵灌溉。一些人请求政府建立机械化水泵来灌溉土地,② 其他人则成立了当地管理的农业合作社集中资源建立和管理机械化水泵灌溉工程。第一个合作社于 1936 年出现在栋古拉的凯尔迈,1056 埃镑的营运资金分作 96 股募集获得,每股价格 11 埃镑。③ 次年,栋古拉其他地方的农民也建立了许多当地管理的机械化水泵灌溉合作社,包括科亚(Koya)合作社、厄尔比(Urbi)合作社和萨利(Sali)合作社等,其中许多资金来自离

---

① Walter Ferguson Crawford, Four Inch Pumps in the Northern Province, May 26, 1938 CIVSEC2/6/22, NRO.
② Governor Khartoum Province to Director of Agriculture and Forests, March 25, 1930 CIVSEC1/52/141, NRO. Notes 225.
③ *Notes on Cooperatives*, February 1, 1938 CIVSEC2/6/22, NRO.

开家庭到城镇从事雇佣劳动者寄回的汇款。①

　　官员们本来选择支持当地采用新灌溉技术的努力。在 1924 年埃及民族主义者暗杀了苏丹总督李·斯塔克（Lee Stack）之后，英国在埃及的官员们强迫埃及总理修改了现有的尼罗河水管理法规。自英-埃政府统治以来，新法规首次为扩大苏丹的农业种植范围提供了可能性。在 19 世纪末，埃及灌溉服务局一直限制苏丹使用尼罗河水灌溉农田，目的是在尼罗河水位下降的关键月份为埃及的常年灌溉保留水源。这些规则得到了英-埃政府的承认，但它严重限制了苏丹用现代灌溉技术（如机械化水泵）扩大耕地面积。苏丹能够使用机械化水泵灌溉的耕地面积的上限最初设定为 2 000 费丹，1902 年阿斯旺大坝被加高后上限增加到 1 万费丹。使用传统灌溉技术则没有任何限制，苏丹农民可以不受限制地自由使用萨奇亚或灌溉渠道抽取尼罗河水。根据 1929 年的《尼罗河水域协议》，英-埃政府可以使用机械化水泵灌溉 50 万费丹土地，还可以使用运河渠道灌溉杰济拉的 100 万费丹土地。②

　　尽管有了新的法规，英-埃政府官员们仍然继续限制苏丹农民使用机械化的水泵灌溉。1931—1935 年间，高级官员们认定国际棉花市场的崩溃使机械化水泵灌溉项目无利可图，不仅关闭了北方州的大部分政府机械化水泵灌溉计划,③ 还阻止当地

---

　　① Extract from Minutes of 133th Meeting of the Board of Economics and Trade Held on 9th February 1938 CIVSEC2/6/22, NRO.

　　② Arthur Gaitskell, *Gezira: A Story of Development in the Sudan* (London: Faber and Faber, 1959), 109 – 120.

　　③ March to Governor Northern Province, June 4, 1935 CIVSEC2/6/23, NRO.

第七章 粮食危机和走向独立过渡（1940—1956）

农民成立合作社安装和经营机械化水泵。1939年，机械化水泵灌溉许可委员会认定，合作社一般来说都没有足够的利润去支付安装灌溉所需水泵和发动机的费用，也不足以确保其正常运转。在1939年2月的会议上，委员会成员得出了这样的结论：

> 如果机械化水泵在没有适当考虑的情况下启动并且出现故障，那么最终的情况可能比以前更糟糕，因为机械化水泵可能取代了萨奇亚，而后者需要一段时间才能重新启动，也需要进一步的资本投入。

委员会没有考虑当地奴隶劳动力的流失已经使萨奇亚灌溉无法持续的事实，拒绝了农民合作社提出的机械化水泵灌溉许可证的请求。[1]

英-埃政府官员们并没有一刀切地阻止苏丹民众投资机械化水泵灌溉。在1920和1930年代，官员们允许少数宗教领袖和当地想从事商业化农业生产的谢赫们安装机械化水泵。阿里·米尔加尼（'Ali al-Mirghani）是苏非派米尔加尼教团创始人的曾孙，他在1926年的时候不仅在喀土穆拥有一个依赖机械化水泵灌溉的380费丹的农场，还在柏柏尔建立了更大型的

---

[1] *Minutes of the Sixth Meeting of the Pump Licensing Board Held in the Office of the Department of Agriculture on Saturday February 4th 1939* CIVSEC2/6/22, NRO.

机械化水泵浇灌另外的 1.5 万费丹土地。① 米尔加尼和其他一些当地精英们主要投资于棉花、高粱、小麦以及罕见的甘蔗种植，其中大多数人都以 SPS 的泽达布种植园为蓝本，不仅用机械化水泵灌溉被承租出去的自家土地，还向邻近的其他农场提供收费的灌溉。例如，阿卜杜勒·丁（'Abd al-Qadir Karim al-Din）拥有的机械化水泵不仅灌溉了他自己租赁给别人耕种的 328 费丹土地，还浇灌了其他农民拥有的 318 费丹土地。② 因此，对新灌溉技术的不同管理使一些贫困农民转变为当地一小群精英的佃户。这种趋势在第二次世界大战后加速发展，加剧了苏丹社会此前就存在的经济和社会差距。

受益于英-埃政府

尽管不断发生粮食危机，苏丹社会的部分阶层却在 20 世纪上半叶蒸蒸日上。许多与土-埃政权或马赫迪国家有着密切联系的显赫家族都从英-埃政府统治中受益。在 19 世纪末和 20 世纪初，无论是作为雇员还是作为客户，这些精英家庭成员都与英-埃政府建立了联系。初期，英-埃官僚机构的最低层官僚主要由基钦纳 1898 年建立的戈登纪念学院的男性毕业生组成，其中许多人是苏丹大地主、富商、重要宗教领袖、部落谢赫的儿子，还有一些是马赫迪运动重要领导人的儿子

---

① *Notes on a Meeting Between Assistant Director of Agriculture and Mirghani*, December 27, 1926 CIVSEC2/6/24, NRO.
② *Application by Sheik Abdel Gader Karim El Din*, [n. d. 1930] CIVSEC1/52/141, NRO.

或孙子。① 随着英-埃政府管理职能的增加，当地雇员的数量也随之增加。截至 1922 年，超过 1 800 名戈登纪念学院的毕业生在政府部门任职。1920 年代末，随着高级官员们开始用低工资的本土员工取代下级外籍官员，这部分官员的人数开始激增。②

英-埃政府官员们还寻求将那些传统精英们也正式纳入国家体系。在 1922 年卢加德（Lugard）勋爵的《英属热带非洲的双重任务》出版前的几十年里，部落谢赫一直是英-埃政府和当地社区之间的重要中介，并推动英帝国在非洲正式采用间接统治制度。③ 在反对马赫迪国家的运动中，这些谢赫是重要的合作者。1898 年征服苏丹后，英-埃政府首任总督基钦纳就指示高级工作人员"寻找更好的本土阶层，然后通过他们影响整个苏丹社会"。④ 在随后的几十年里，官员们不仅将重要的谢赫安插进地方政府的正式岗位，而且返还他们的一部分税收作为奖励。⑤ 随着 1920 年代初期以苏丹联盟和白旗联盟为代表的世俗

---

① Heather Sharkey, *Living with Colonialism: Nationalism and Culture in the Anglo-Egyptian Sudan* (Berkeley: University of California Press, 2003), 24 – 25.

② Sharkey, *Living with Colonialism*, 81 – 87.

③ Though indirect rule was a feature of the Anglo-Egyptian administration from the outset, Frederick Lugard offered the most coherent justification for this policy based on his experience in Nigeria. See: Frederick Lugard, *The Dual Mandate in British Tropical Africa* (Edinburgh: William Blackwood and Sons, 1922).

④ Herbert Kitchener, "Memorandum to Mudirs," in Reports by His Majesty's Agent and Consul-General ... Soudan, 1899, 55.

⑤ Martin Daly, *British Administration and the Northern Sudan, 1917 – 1924: The Governor-Generalship of Sir Lee Stack in the Sudan* (Leiden: Nederland Instituut voor het Nabije Oosten, 1980), 171.

反对派的出现，以及1924年苏丹北方城市发生的一系列抗议活动，① 英-埃政府官员们开始将更多的司法权力下放给生活在农村的传统谢赫，希望借此遏制受过良好教育的城镇居民的影响力。②

英-埃政府官员们还与当地主要的穆斯林领袖建立了牢固的工作关系，其中最重要的有阿卜杜勒·拉赫曼·马赫迪（'Abd al-Rahman al-Mahdi）、阿里·米尔加尼（'Ali al-Mirghani）和优素夫·阿明（Yusuf Muhammad al-Amin al-Hindi），所有这些人都因为与英-埃政府的合作而获得了物质奖励。阿卜杜勒·拉赫曼·马赫迪是马赫迪运动已故领袖马赫迪的遗腹子，在20世纪的头二十年里一直是马赫迪追随者的精神领袖，个人地位提升很快。1924年的动乱发生后，根据总督约翰·马菲（John Maffey）的说法，官员们寻求"用经济联系把（阿卜杜勒·拉赫曼）与英-埃政府绑在一起"，③ 给他提供薪水，允许其优先获得政府合同、贷款、现金和礼物等，并在白尼罗州和青尼罗州享有土地专有权。④ 阿里·米尔加尼因其家族在马赫迪反叛期间支持英-埃当局而获得丰厚回报，在英-埃政府早期就开始领取薪酬，能够优先获得贷款和政府在加什三角洲和陶卡尔三

---

① For a detailed narrative of these events see Daly, *British Administration and the Northern Sudan*, 100–133.

② Martin Daly, *Empire on the Nile: The Anglo-Egyptian Sudan, 1898–1934* (Cambridge: Cambridge University Press, 1986), 360–379.

③ *Note on Mahdism*, April 28, 1935, FO371/19096, NA.

④ Hassan Ahmed Ibrahim, *Sayyid 'Abd al-Raḥman al-Mahdī: A Study of Neo-Mahdīsm in the Sudan, 1899–1956* (Leiden and Boston: Brill, 2004), 117–123.

第七章　粮食危机和走向独立过渡（1940—1956）

角洲管理的土地，① 同时还拥有在尼罗河流域发展商业化农业生产的特许权。② 优素夫·阿明是苏非派萨马尼亚教团（Sammāniyya）亨蒂尼亚（Hindiyya）分支的领袖，他在20世纪初期就与英-埃政府密切合作，③ 获得的奖励是在杰济拉计划中拥有一座大型庄园。④

与英-埃政府关系不太密切的其他穆斯林领袖也从英-埃政府统治中获益。这些穆斯林领袖将追随者的传统补助金投资于殖民地经济中的新金融机会而得以致富。马吉德霍卜（al-Majdhub）家族是苏非派马吉德霍比亚教团的领袖，在达玛（al-Damar）附近投资建设了依靠机械化水泵灌溉的种植园。西瓦·达哈卜（Siwar al-Dahab）家族是苏非派卡迪里亚（Qādiriyya）教团领袖，也在乌尔迪附近投资建设了类似的种植园。伊斯玛里亚（Ismā'īliyya）教团的阿尔马基（al-Makki）家族在达尔富尔和科尔多凡建立了大型贸易公司。⑤

英-埃政府官员们最初还有能力将本土精英们的经济和政治野心引导转化为对政府的支持，但到了1940年代末逐渐失控，苏丹的本土精英们开始直接要求掌握权力。对于二战结束后苏

---

① Arbuthnot to Governor of Kassala, October 18, 1942, SAD849/7/19-28.

② *Notes on a Meeting between Assistant Director of Agriculture and Mirghani*, December 27, 1926, CIVSEC2/6/24, NRO.

③ See the entry for Yusuf Muhammad al-Amin al-Hindi in Richard Hill, *A Biographical Dictionary of the Sudan*, 2nd ed. (London: Frank Cass, 1967), 386.

④ Tim Niblock, *Class and Power in the Sudan: The Dynamics of Sudanese Politics, 1898-1985* (London: MacMillan Press, 1987), 51.

⑤ Niblock, *Class and Power in the Sudan*, 51-52.

丹的民族主义斗争情况，有学者从宗派角度分析了阿卜杜勒·拉赫曼·马赫迪和阿里·米尔加尼的两派追随者之间的较量，也有人从地缘政治角度分析了独立后的埃及为限制英国的地区影响力而采取的相关行动。① 但实际上，这场斗争也是苏丹本土精英们为获得国家经济和生产资源的一种手段。在第二次世界大战期间，粮食危机使英-埃政府官员们能够获得额外的资源，包括掌控埃塞俄比亚边境的重要粮食生产地区，垄断主要粮食作物的分销、销售和营销等关键性商业活动。战后，本土精英们开始寻求更多机会投资这些国有资源。

粮食、第二次世界大战和独立

英-埃政府对粮食生产、销售和分配的控制在第二次世界大战期间急剧强化。1939 年末，在英国向德国宣战后不久，英-埃政府就重新成立了资源委员会，负责管理高粱等主要粮食作物的区域库存。资源委员会的任务是确保满足当地粮食需求，同时出口多余的粮食支持英国作战。中东供应中心（MESC）负责协调当地盟军控制域内的资源流动，苏丹在 1941 年初被纳入其中，主要承担的区域供应政策是向盟国在中东的驻军提供大量高粱。为了遵守 MESC 的指示，英-埃政府官员们采取了一些加强管控苏丹市场的措施，其中的一项措

---

① For examples of this kind of analysis see Peter Woodward, *Sudan 1898 - 1989: The Unstable State* (Boulder: L. Rienner Publishers, 1990); 'Abd al-Fattah Abu al-Fadl, Miṣr wa-al-Sudan Bayna al-Wi'am wa-al-Khiṣam (Cairo: Dar al-Ḥurriyya, 1995). 226 Notes

第七章 粮食危机和走向独立过渡（1940—1956）

施就是 1941 年的《苏丹防御（战争补给）条例法案》。该法案授权成立战争补给委员会，负责配合 MESC 的采购计划。为了实现这一目标，战争补给委员会制定和实施了进出口许可证制度。① 官员们将北方各州得到政府机械化水泵灌溉的土地集中起来种植小麦。受此影响，苏丹进口的小麦面粉数量从 1942 年的 17 321 吨下降到 1943 年的 5 518 吨，1944 年甚至下降到了仅有 1 吨。② 为了进一步提高粮食产量，官员们在 1944 年说服 MESC 引进机械化种植，在埃塞俄比亚边境附近建立一个政府所有的大型种植园。第二年，机械化农业生产计划在加达里夫东部的 2.1 万费丹土地上展开。这一计划要求官员们征用土地，并为此废除了地方社区由来已久且得到政府承认的土地权利。③

就在英-埃政府强化管控粮食市场以及占用加达里夫附近肥沃土地的同时，苏丹遭遇了粮食危机和经济动荡的艰难时期，其中的部分原因就是战争的发生。1940 年代初，因为连续数年的尼罗河低水位和旱灾，苏丹中部和东部多雨地区的粮食产量从 1939 年的约 250 万阿达布减少到 1941 年的 190 万阿达布，④ 这一数量已经无法满足当地民众、苏丹国防军和为抵制意大利袭击而增派的英国军队的综合需求。与此同时，因为战争破坏了正常的地区和全球贸易模式，苏丹不能从外国进口短

---

① *Reports on the Finances, Administration and Conditions of the Sudan from 1939 to 1941* (Cmd8097, 1950 – 1951), 30 – 31.
② Ibid., 35.
③ Niblock, *Class and Power in the Sudan*, 39.
④ *Reports on the Finances ... Sudan, 1939 to 1941*, 41.

缺的粮食。① 在整个旱灾期间，英-埃政府官员们尽管被迫动用了政府储备粮，但仍然继续按照 MESC 的指示出口了大量粮食。② 苏丹南方尽管在战争爆发前一直没有参与过长途粮食贸易，但英-埃政府官员们为了完成出口配额而在南方寻找新的粮食来源。在战争期间，在英-埃政府官员的安排下，大量的粮食从南方运到了北方，部分地保障了苏丹国防军在政府库存即将耗尽的情况下能够得到充足补给。不幸的是，南方的许多地区同时期也经历了干旱和农作物减产，战争期间的高粱出口在南方引发了一场饥荒。英-埃政府官员们在 1941 年首次报告了饥荒即将来临的迹象，大量的丁卡（Dinka）牧民为了寻找食物而向南迁移。1942 年底，官员们宣布苏丹西南方的糟糕状况已经演变成饥荒，而且很快蔓延到耶伊（Yei）和朱巴（Juba）周边地区。在次年，南方的灾害依旧存在，官员们报告说赤道州东部地区粮食短缺、朱巴周边发生饥荒、西部地区处于"半饥荒"状态。因为有报道说年轻人和老年人的死亡率上升，英-埃政府官员们下令在受影响地区分发政府援助。③

从 1942 年开始，苏丹民众的战争体验就是食物短缺和严格的定量配给。在发动一系列攻势后，苏丹国防军在 1941 年从意大利人手中夺回了卡萨拉，结束了意大利人对苏丹主要城镇的空袭，并成功地消除了意大利的威胁。但粮食短缺和地区性饥荒仍然继续困扰着苏丹。为了稳定粮食经济，战争补给委员会

---

① *Reports on the Finances . . . Sudan, 1939 to 1941*, 10.
② *Reports on the Finances . . . Sudan, 1939 to 1941*, 33.
③ Martin Daly, *Imperial Sudan: The Anglo-Egyptian Condominium, 1934 – 1956* (Cambridge: Cambridge University Press, 1991), 184 – 185.

第七章 粮食危机和走向独立过渡（1940—1956）

在 1942 年开始禁止出口高粱，建立采购佣金，设定最高市场价格，并对重要的市场商品实行定量配给。① 1942 年只对主粮实行定量配给，但到了 1945 年，定量配给的商品清单增加了糖、茶、咖啡、布匹、黄油和汽油等。英-埃政府在州和地方级别都制定了定量供应货物的配给程序，目的是确保匮乏货物的合理分配，防止黑市交易。商人们通常被要求保持最新的销售分类账目，他们的仓库和商店经常被突击检查。在被怀疑黑市猖獗的地区，官员们实施了额外的保障措施，包括使用配给卡等。② 英-埃政府官员报告说，绝大多数民众并不喜欢定量配给，在 1945 年德国战败后继续实行定量配给造成了"失望和挫败感"。③

1946 年的粮食价格管制结束后出现了一段高通货膨胀时期。尽管 1946—1947 年的收成高于平均水平，但高粱的市场价格迅速从 1947 年底④的每阿达布 280 比索上涨到 1948 年底的 420 比索。⑤ 1949 年，喀土穆的高粱价格达到了顶峰，每阿达布大约是 550 比索。⑥ 高粱价格的上涨反映了当地的通胀趋势，而通胀爆发的原因是杰济拉计划异乎寻常的高额利润。停

---

① *Reports on the Finances . . . Sudan, 1942 to 1944*, 32.
② John Winder, Rationing and Control of Crop Production in Shendi District, Northern Province of the Sudan, 1942–1946, SAD 541/10/23–28.
③ *Reports on the Finances . . . Sudan*, 1945 (Cmd7316, 1948–1949), 9.
④ *Reports on the Finances . . . Sudan*, 1947 (Cmd7835, 1948–1949), 153.
⑤ *Reports on the Finances . . . Sudan*, 1948 (Cmd8081, 1950–1951), 34.
⑥ *Reports on the Finances . . . Sudan*, 1949 (Cmd8434, 1951–1952), 10.

战之后，承租人的年度支出适度上升，从战时大约 24 埃镑的平均水平上升到 1945 年的 54 埃镑和 1946 年的 69 埃镑。此后，承租人获得的利润迅速增长，1947 年平均收入为 96 埃镑，1948 年为 204 埃镑，1949 年为 221 埃镑，1950 年为 281 埃镑。① 承租人消费能力的增加推高了整个苏丹北方、中部和东部的市场价格。

通货膨胀造成了广泛的生活困难和社会动荡。英-埃政府官员们估计，对于年收入低于 12 埃镑的人来说，其生活成本从 1938 年的基准值 100 增加到 1946 年的 183.4 和 1947 年的 229.3。② 到了 1948 年中期，这一数字已经达到 304.6。③ 同期的工资水平要么停滞不前，要么跟不上通货膨胀的步伐，例如英-埃政府中苏丹雇员的薪酬水平在这段时间内就保持不变。1940 年代末劳动人口实际收入的普遍下降导致了广泛的动乱、罢工、建立工会以及新兴工人阶级的激进政治。④ 一些依靠汇款收入的农村社区，尤其是北方州的农村社区，也遭受了通货膨胀的负面影响，因为那些在城里工作的男人再也不能够向他们的家人汇款。而没有了汇款收入，这些社区中

---

① Gaitskell, *Gezira*, 270.
② *Reports on the Finances ... Sudan*, 1947, 47.
③ *Reports on the Finances ... Sudan*, 1948, 44.
④ Ahmad Alawad Sikainga, *City of Steel and Fire: A Social History of Atbara, Sudan's Railway Town, 1906 – 1984* (Oxford: James Curry, 2002), 97 – 118; Saad Ed Din Fawzi, *The Labour Movement in the Sudan, 1946 – 1955* (Oxford: Oxford University Press, 1957), 17 – 24; Muhammad 'Umar Bashir, *Tarikh al-Haraka al-Wataniyya fi al-Sudan, 1900 – 1969*, 2nd ed. (Khartoum: al-Maṭbu'at al-'Arabiyya, 1987), 204 – 222; Daly, Imperial Sudan, 317 – 330.

第七章 粮食危机和走向独立过渡（1940—1956）

的许多人就无法购买足够的食物，这导致了广泛的地方性营养不良。①

少数当地农民从普遍的高粮价中获利。战争结束后，政府官员们再也不能说机械化水泵灌溉无利可图，因此不得不取消对水泵灌溉许可证的限制。私人拥有的机械化水泵灌溉农业生产项目数量从1945年的140个增加到1955年的1166个。在独立前夕，这些机械化水泵计划灌溉的土地面积超过74万费丹，占苏丹所有灌溉土地的1/3。② 在1930年代，贫困的小规模农民虽然有兴趣加入机械化水泵灌溉合作项目，但因为没有家庭成员的汇款，也无法投资安装机械化水泵所需的资金。1940—1950年代建立的大多数机械化水泵都由苏丹的精英们拥有和运营。③ 这些私人拥有的机械化水泵主要集中在北方州和青尼罗州，总体运作方式采用租赁制度，但具体细节各不相同。青尼罗州通常采用以杰济拉计划为蓝本的棉花生产租赁系统，其中机械化水泵的主人获得60%的利润，租户获得剩余的40%。而在北方州，机械化水泵项目专注于种植粮食作物，租赁安排主要基于粮食作物的划分而不是利润。尽管许多租赁合约的执行基础是产量五五分成，但承租人的收入只占到了作物产量的55%~25%，具体比例由双方协商决定，影响因素包括谁拥有土地、承租人社会地位和田地质量，此外还涉及对蔬菜、

---

① Ali to Arbuthnot, October 20, 1951 SAD249/7/58 - 59.
② Department of Statistics, Government of Sudan, A Report on the Census of Pump Schemes, June-August 1963: A Coordinated Picture of Area Irrigated by Pump Schemes (1967), 17.
③ Niblock, *Class and Power in the Sudan*, 36.

谷物、水果等具体经济作物的选择。①

　　随着在北方州和青尼罗州拥有财富的逐步扩大，苏丹的本土精英们越来越渴望投资那些国家控制的资源。1953年，新成立的立法会议议员向政府请愿，要求政府将加达里夫附近的机械化农业生产计划向私人投资开放。英-埃政府同意了这一请求，因为他们相信当地精英们能够更好地管理该计划中那些经常走私粮食的承租人，结束正在进行的罢工。为了吸引精英们的投资，英-埃政府官员们在1954年将租赁合同的最小规模从30费丹增加到1 000费丹，租期则从1年延长到8年，并重新安排租约。对资本的最低要求确保了租赁合同就是专门留给那些富有的本土投资者，而后者可以细分和转租其持有的租赁土地。这些本土精英投资者通常将持有的地块划分成30费丹的小块转租，既有效地维持了先前的生产制度，又从中获得了利润。事实上，随着本土精英投资的增加，英-埃政府迅速扩大了机械化作物生产计划，在独立时已经将大约38万费丹的土地出租给300多个本土精英投资者。②

　　苏丹的独立并没有结束将独立的农牧民变成小规模佃农的过程，无论后者是基于政治联系而在本土精英们拥有的种植园劳动，还是在政府管理的农业发展计划中工作。在1956年独立和加法尔·尼迈里（Jaafar Nimeiri）发动军事政变掌权的近15年间，历届议会制政府和军政府的精英们都把传统的农业生产技术和游牧实践看作经济发展的障碍，因此通过对现代技术的

---

① Niblock, *Class and Power in the Sudan*, 32-33.
② Ibid., 39.

大量投资促进商业性农业生产。① 在 1958—1962 年间，苏丹迅速扩大了杰济拉计划，增加的大约 80 万费丹土地就是玛纳吉尔（Managil）西南扩展计划的一部分。② 官员们还为私人投资机械化水泵灌溉创造了新的机会。从 1956 年到 1963 年，主要从棉花生产中获得财富的精英们开办了 1 117 个私人机械化水泵灌溉项目，使水泵灌溉的土地总量达到了约 130 万费丹。③ 1960 年代，棉花价格的波动虽然减缓了对机械化水泵灌溉的投资，但富有的精英们在国家的帮助下继续投资机械化灌溉的粮食生产种植。截至 1969 年，苏丹已经有 500 多个私营的机械化农业生产计划在运作，涵盖的土地面积约为 18 万费丹。④

独立后的苏丹领导人加速而不是停止了两大进程，一是将资源从地方管理转移到精英或国家管理，二是将牧民和小规模农民转化为佃农。本土精英们继续以牺牲社会其他阶层为代价拓展自身利益，社会分化愈演愈烈。资源的持续流失加剧了苏丹社会面临粮食危机的脆弱性。在英-埃政府统治时期就导致饥荒和粮食危机循环的剥削进程一直延续到 20 世纪下半叶，造成了众所周知的灾难性后果。

---

① For a granular study of the implementation of these policies see: Gaim Kibreab, *State Intervention and the Environment in Sudan, 1889 – 1989: The Demise of Communal Resource Management* (Lewiston: Edwin Mellen Press, 2002).

② D. John Shaw, *The Managil South-West Extension: An Example of an Irrigation Development Project in the Republic of the Sudan* (Netherlands: H. Veenman and Zonen, 1967), 10.

③ Department of Statistics, *Government of Sudan*, 17.

④ Niblock, *Class and Power in the Sudan*, 231.

第八章

总　结

第八章

总论

第八章 总结

自19世纪末以来，苏丹北方、中部和东部的大部分地区，都程度不等地遭受了饥荒和粮食危机的循环性破坏。粮食危机往往会同时产生受害者和受益者，截然不同的结果往往与相关个体获得资源的不同方式有关。基于不同的社会、政治和物质资源，苏丹的各个阶层为了获得更好的生活而采取了不同的经济战略。不幸的是，在资源的获取问题尚未得到解决的情况下，许多社区以前看似成功的经济战略最终都失败了。有时候，这种整体性的资源减少源于生态破坏，如19世纪末传入苏丹的牛瘟，周期性的干旱、流行病、昆虫入侵等。但更常见的是，这样的资源减少是由社会、经济和政治差异驱动的长期剥削过程造成的结果。这些差异不仅决定了正常情况下和危机期间粮食储备的不平等分配，也决定了不同人群在面对粮食危机时的脆弱程度。反过来，粮食危机也为那些有更大和更稳定粮食获取能力的人创造了机会，将资源从那些获取粮食能力不足和不稳定的人手中夺走。这些转移虽然有时候就是出于某种自私的目的，但它往往也是饥荒救济工作和粮食危机缓解计划的一部分。资源转移既增加了受害社区面对粮食危机的脆弱性，又导致饥荒和粮食危机成为持续且反复出现的现象。此外，资源集中在少数人手中，进一步扩大了苏丹社会的分裂，加深了受害者对从既往反复发生的粮食危机中获益的少数群体的依赖。

　　剥削过程中的受害者们已经找到了在粮食危机发生时最大限度减少有害影响的方法，例如迁移、重新定义性别角色、为外国政府提供服务、发展新的贸易模式、寻求雇佣劳动机会、采用新的农业技术和作物品种等。这些战略有时候是成功的，可以确保持续的粮食安全。位于苏丹东部和红海山区的小部分贝贾牧民就是这种情况，他们虽然将自己改造成了农牧民，然而由于当地政府体制和红海贸易格局的不断变化，贝贾人的经济战略最终崩溃，并引发了致命的萨纳特-西塔饥荒。在20世纪的前25年，因为放牧牛群的收入已经无法确保他们能够获得足够的食物，少数贝贾牧民就对这些变化的条件做出了反应，在继续放牧畜群的同时将商品化农业种植纳入他们的经济战略。这些贝贾农牧民最初专注于为当地消费者生产粮食，很快又发展多样化农业生产，包括种植用于出口的棉花等。第二次世界大战后，为了满足欧洲和波斯湾日益增长的水果需求，贝贾农牧民开始建立果园发展水果产业。表面上看，这部分农牧民似乎摆脱了持续困扰当地的饥荒和粮食危机的循环，然而因为他们没有投资商品化农业生产，这样做最终损害了贝贾牧民社区的粮食安全。苏丹东部和红海山区的地表水稀缺，可耕种的土

第八章　总结

地范围有限，那些被排除在商品化农业生产之外的贝贾牧民不能把牲畜赶到传统的旱季牧场，因为农牧民占用了那些土地；而没有这些牧场，牧民们就只能在贫瘠而有限的土地上放牧更多的牲畜，导致了过度放牧问题。① 周期性的干旱进一步加剧了这种情况。因为干旱期间的动物死亡率通常很高，牧民们不仅无法在干旱时期维持他们的牛群，甚至在条件改善后都无法重建畜群规模。而没有了这些牲畜，贝贾牧民们就被迫成为苏丹或海湾国家的雇佣劳工。那些选择留下的人经常遭受地方性的粮食危机，饥荒期间的死亡率也随之上升不少。1984—1985年和1990—1991年旱灾期间进行的研究表明，贝贾农牧民因饥饿而死亡的人数远少于那些无法获得土地从事农业生产的贝贾牧民。②

导致饥荒和粮食危机循环的剥削进程促进了现代苏丹国家的建立。从马赫迪反叛伊始，苏丹国家就一直与饥荒政治牵连纠缠。粮食危机不仅成就了英国领导的对马赫迪国家的征服，还使它通过英-埃政府取得了对苏丹自然资源的控制。苏丹社区无力抵制英-埃政府开展的这些殖民计划，因为19世纪末和20世纪初的一系列饥荒严重侵蚀了苏丹北方、中部和东部大部分地区牧民和农民社区的社会、政治和经济基础。饥荒政治同时

---

① Gaim Kibreab, *State Intervention and the Environment in Sudan, 1889 – 1989: The Demise of Communal Resource Management* (Lewiston: Edwin Mellen Press, 2002), 308 – 341. Notes 227

② Catherine Miller, "Power Land and Ethnicity in the Kassala-Gedaref States: An Introduction," in Land, *Ethnicity and Political Legitimacy in Eastern Sudan* (Kassala and Gedaref States), ed. Catherine Miller (Cairo: Centre d'études et de documentation é cnomique, juridique et sociale, 2005), 27.

也对苏丹的国家权力造成了威胁。现代苏丹国家的崛起是由获得食物资源的不同途径推动的，但苏丹国家并没有完全垄断这些资源，一些非国家行动体也利用对粮食资源的获取拓展自身权力。饥荒在 1880 年代帮助英国和埃及在马赫迪国家的边缘地区建立了自己的统治，在 1890 年代帮助英-埃政府结束了马赫迪国家的统治，但持续的粮食危机也限制了 20 世纪初英-埃国家的施政范围。为了稳定粮食市场并确保首都的稳定粮食供应，英-埃政府官员们被迫放弃了早期的一些发展举措，使整个国家的发展计划与北方、中部和东部主要农业社区的利益保持一致。英-埃政府官员们很快就意识到维持当地的土地所有制度对整个国家的粮食安全至关重要，因而停止强制执行一系列旨在使英-埃国家成为土地所有权仲裁者的公告、法令和法案。这些主要的苏丹社区最初确实保持了对生产资源的控制，但这些成果转瞬即逝，许多苏丹社区的社会、经济和政治基础在随后的饥荒中销蚀殆尽。一些本土精英在持续的危机期间找到了自身的定位，进一步提高了他们的威望和经济财富，例如阿卜杜勒·拉赫曼·马赫迪、阿里·米尔加尼等。第二次世界大战后，这些本土精英们一致对英-埃政府在苏丹的殖民秩序发起挑战，并在独立后接管了国家的控制权。在随后的几年中，独立的苏丹继续致力于扩大国家管理的资源项目，非体制内的苏丹精英则寻求新的农业投资机会，二者在一些时候方向一致，在另一些时候相互对立。

1970 年代的灾难性粮仓发展战略源于马赫迪反叛期间产生的饥荒政治，这一战略在苏丹取消粮食出口限制的同时并未能

第八章 总结

扩大粮食产量，从而导致了 1984—1985 年的致命饥荒。① 1970年代的粮仓发展策略既不反常，也不是对过去政策的突破，它只是希望实现温盖特在 20 世纪初的梦想，即将苏丹转变为红海粮食市场的主要出口国。在第一次世界大战之前的几年里，英-埃政府的官员们致力于将苏丹北方尼罗河流域、科尔多凡、杰济拉、东部苏丹和红海沿岸地区连接成统一的粮食市场，认为这样的粮食市场既能确保苏丹的粮食安全，又能持续产生粮食盈余，进而从对欧洲和中东的粮食出口中获益。在 20 世纪上半叶，英-埃政府实施了部分粮仓发展计划，途径是将苏丹地方社区长期拥有的土地所有权转移给国家、外国公司或本土精英管理层，但苏丹在 20 世纪上半叶并没有经常性地大量出口粮食。而当英-埃政府、英国和埃及都不愿意或不能为粮仓发展项目融资时，英-埃政府的官员们就开始寻求英国的私人资本。在 1910 年代末和 1920 年代初，官员们与 BCGA 及其子公司签订了一系列协议，英-埃政府同意移交大量当地社区拥有和管理的土地，目的是换取对方提供资金将铁路线延伸到主要的粮食产区。土地被没收的社区无法有效地阻止他们自身权利的丧失，因为这些资源的转移发生在饥荒时期，1914 年和 1918—1919 年杰济拉计划的早期阶段是这样，1925—1927 年的加什三角洲计划也是如此。除了少数例外，流离失所的当地民众只被允许作为小规模承租人参与这些农业发展计划。而一旦这些计划建立起来，租赁合同实际上并不能保证承租人的经济稳定和粮食

---

① Jay O'Brien, "Sowing the Seeds of Famine: The Political Ecology of Feed Deficits in Sudan," *Review of African Political Economy* 33（August 1995）:23 - 32.

安全。当初级产品的市场价格上涨时，租赁合同对双方而言都有利可图。然而当市场价格下跌时，承租人就背负债务，这反过来又阻止他们放弃租赁合约，有时还会阻碍他们获得足够的食物。① 未参与这些农业发展计划的农民和牧民常常处于贫困状态，他们失去了肥沃的土地和水源，备受大规模商品化农业项目产生的负面生态影响，包括土地退化、土壤侵蚀和森林砍伐等。② 因此，现代商业化农业的发展从一开始就陷入了剥削过程，而这样的剥削过程又导致了饥荒和粮食危机的循环。

饥荒政治催生了基础脆弱的国家权力，国家和非国家的精英们显得强大是因为其他人的被削弱，苏丹的权力政治因之缺乏稳定性。在长达数十年的内战中，这种不稳定一直以致命的形式表现出来，更可悲的是并没有随着南苏丹的独立而结束。在整个漫长的20世纪里，这种不稳定性表现出了更微妙的权力动态变化，例如苏丹农业奴隶的迅速增加和减少。到19世纪末马赫迪国家崩溃时，奴隶已不再是苏丹农业生产的一个因素，但建立伊始的英-埃政府却给北方尼罗河流域的农民提供了投资大量男性奴隶的机会。在1897—1914年间，苏丹北方尼罗河流域引进了近8万名男性奴隶。这一时期是苏丹地方自治的高潮时期，同期的英-埃政府权力受到限制，官员们被迫制定符合苏丹农民利益的程序和协议。但重建后的农业奴隶制并不能有

---

① For an analysis of debt in the Gezira Scheme see Tony Barnett, The Gezira Scheme: An Illusion of Development (London: Frank Cass, 1977), 73 – 88. For a case study of the economics of cultivation on a pump scheme in the Jazira, see Victoria Bernal, *Cultivating Workers: Peasants and Capitalism in a Sudanese Village* (New York: Columbia University Press, 1991).

② Kibreab, *State Intervention and the Environment in Sudan*, 308 – 341.

第八章 总结

效应对即将到来的粮食危机。20世纪初的苏丹经济创新为北方粮食盈余创造了市场，但同时也降低了农民的利润。日益加剧的粮食危机演变成了 1914 年和 1918—1919 年的饥荒。在这些粮食危机期间，主人们无法养活他们无所事事的农业奴隶，数以万计的奴隶选择逃离主人，在国家力量无法抵达的地方重新定居，进而获得了自由和解放。在饥荒减轻后，经济复苏因为奴隶劳动力的丧失而被阻止，农民们被迫陷入贫困，被迫依赖那些国家和非国家的当地精英。

有迹象表明，饥荒政治正在被新的石油政治所取代。石油在苏丹的重要性日益增加，① 尽管苏丹的国家权力越来越集中在获取石油上，但对石油生产的投资也没有为苏丹其他地区带来粮食安全。粮食危机继续发生，食物匮乏仍然普遍存在。② 苏丹政府的政策仍在阻止许多社区积累确保粮食安全所必需的各种社会、政治和经济资源。

---

① For an analysis of the motivations behind and consequences of Chinese policy in Sudan, see Ian Taylor, "China's Oil Diplomacy," International Affairs 82 no. 5 (September 1, 2006): 937–959; Daniel Large, "China and the Contradictions of 'Non-interference' in Sudan," *Review of African Political Economy* 35 no. 15(2008):93–106; Chris Alden, "China in Africa," *Survival: Global Politics and Strategy* 47 no. 3(2005):147–161.

② Famine struck Southern Sudan in 1998. Human Rights Watch blamed this famine on military strategies pursued by the Sudanese state and its allies. These policies were designed, in part, to drive Dinka pastoralists away from oil-rich regions. See *Jemera Rone, Famine in Sudan, 1998: The Human Rights Causes* (New York: Human Rights Watch, 1999). In 2007, the World Food Program estimated that between 11 and 33 percent of Sudanese households not living in Northern Nilotic Sudan lived in a state of perpetual food insecurity. World Food Program, *Sudan: Comprehensive Food Security and Vulnerability Analysis* (World Food Program, 2007):83.

参考文献

个人档案 Personal Papers

Durham University
　The Wylde Family
Sudan Archive, Durham University
　Arbuthnot, Ernest Douglas
　Balfour, Francis Cecil Campbell
　Clayton, Gilbert Falkingham
　Crompton, Charles William Lee
　Daly, Martin
　Davies, Reginald
　Donald, John Carlisle Nanson
　Gibson, A. N.
　Henderson, Kenneth David Druitt
　Jackson, Henry Cecil
　Penn, Albert Eric Dunston
　Porter, William Allan
　Robinson, Arthur E.
　Sarsfield-Hall, Edward Geoffry
　Thomson, Charles Herbert
　Willis, Charles Armine

Wingate, Francis Reginald

政府档案 Government Archives
National Records Office, Khartoum
CIVSEC—The Archive of the Civil Secretary
REPORTS—Miscellaneous Unpublished Reports

The National Archive, London
ADM116/72—Admiralty: Red Sea Slave Trade, Blockade of Ports, 1885–1886
ADM193/16—Admiralty: Suakin, Order Book, 1885230 Bibliography
FO78—Foreign Office: General Correspondence, Ottoman Empire, 1885–1905
FO84—Foreign Office: Slave Trade Department, 1877–1892
FO141—Foreign Office: Embassy and Consulates, Egypt, 1880–1909
FO407—Foreign Office: Confidential Print Egypt and the Sudan, 1883–1920
WO106—War Office: Directorate of Military Operations and Military Intelligence: Correspondence and Papers, 1837–1962

政府文件 Government Documents
Anglo-Egyptian Sudan(英-埃苏丹)
Annual Report of the Director, Commercial Intelligence Branch, Central Economic Board, 1914–1934.
Memorandum by General Sir Reginald Wingate on the Finances, Administration and Condition of the Sudan, 1914, 1914.
Report of the Committee with Reference to the Sale of Government Lands in the Sudan, 1904.
Report of the Land Registration Committee, 1929.
Reports on the Finances, Administrations and Conditions in the Sudan, 1902–1913.

Sudan Gazette, 1899 – 1911; continued as Sudan Government Gazette, 1911 – 1955.

Monthly Return of Senior Officials, Sudan Government, and British Officers

Temporarily Employed in Sudan Government Service, 1914 – 1918; continued as Quarterly List Sudan Government Shoring Appointments and Stations, 1919 – 1933; continued as Quarterly List of the Sudan Government, 1933 – 1940; Half Yearly List of the Sudan Government, 1941 – 1943; continued as Half Yearly Staff List of the Sudan Government, 1944 – 1947; continued as Sudan Government List, 1947 – 1956.

Britain(英国)

Consular Reports, Jeddah, 1883 – 1897.

Consular Reports, Suakin, 1886 – 1897.

House of Commons Debates, 1883 – 1955.

Report on the Finances, Administration and Condition of Egypt, and the Progress of Reforms, 1898.

Reports by His Majesty's Agent and Consul-General on the Finances, Administration, and Conditions of Egypt and the Soudan, 1899 – 1919; continued as Reports by His Majesty's High Commissioner on the Finances, Administration and Conditions of Egypt and the Sudan, 1920.

Reports on the Finances, Administration and Conditions of the Sudan, 1921 – 1932; continued as Reports on the Administration, Finances of the Sudan, 1933 – 1938; continued as Reports on the Administration of the Sudan, 1939 – 1944; continued as Reports by the Governor-General on the Administration, Finances and Conditions of the Sudan, 1945 – 1947; continued as Report on the Administration of the Sudan , 1948 – 1952.

Reports on the Province of Dongola, 1897.

Report on the Soudan by Lieutenant-Colonel Stewart, 1883.

Egyptian Army(埃及军队)
General Report on the Egyptian Sudan, March 1895, Compiled from Statements Made by Slatin Pasha, 1895.
Intelligence Report, Egypt, 1892–1898.
Staff Diary and Intelligence Report, Eastern Sudan, 1891–1892.
Staff Diary and Intelligence Report, Frontier Field Force, 1889–1892.
Staff Diary and Intelligence Report, Suakin, 1889–1891.
Sudan Intelligence Report, 1898–1925.
Wingate, Francis Reginald. General Military Report on the Egyptian Sudan, 1891; Compiled from Statements Made by Father Ohrwalder, 1891.

Republic of Sudan(苏丹)
Department of Statistics, A Report on the Census of Pump Schemes, June-August 1963: A Coordinated Picture of Area Irrigated by Pump Schemes, 1967.

未刊论文
Unpublished Theses and Dissertations

Al-Ashi, Ahmed. "An Anthropological Study of a Sudanese Shaiqiya Village (Nuri)." PhD dissertation. Oxford University, Department of Anthropology, 1971.

Hargey, Taj. "The Suppression of Slavery in the Sudan, 1898–1939." PhD dissertation. Oxford University, Department of History, 1981.

Nurtaç, Duman. "Emirs of Mecca and the Ottoman Government of Hijaz, 1840–1908." MA thesis. Boğaziçi University, Department of History, 2005.

期刊
Periodicals

The Anti-Slavery Reporter, 1883 – 1901.

British Cotton Growing Association, 1906 – 1920.

Sudan Notes and Records, 1918 – 1972.

公开出版的专著
Published Books and Monographs

al-Faḍl, 'Abd al-Fattah Abu. *Misr wa-al-Sudan Bayna al-Wi'am wa-al-Khisam*, Cairo: Dar al-Hurriyya, 1995.

al-Sha'afi, Muhammad. *The Foreign Trade of Juddah during the Ottoman Period, 1840 – 1916*. Saudi Arabia: King Saud University, 1985.

Alden, Chris. "China in Africa," *Survival: Global Politics and Strategy* 47 no. 3(2005):147 – 161.

Alford, Henry and William Sword. *The Egyptian Soudan: Its loss and Recovery*. London: Macmillan, 1898.

Arezki, Rabah and Markus Brückner. "Food Prices and Political Instability." *IMF Working Paper. International Monetary Fund*, March 2011.

Ati, Hassan Ahmed Abdel. "The Process of Famine: Causes and Consequences in Sudan," *Development and Change* 19(1988):267 – 300. 232 Bibliography

Aykroyd, Wallace Ruddell. The Conquest of Famine. London: Chatto and Windus, 1974.

Badri, Babikr. *The Memoirs of Babikr Bedri*. Translated by George Scott. London: Oxford University Press, 1969.

Barnett, Tony. *The Gezira Scheme: An Illusion of Development*. London: Frank Cass, 1977.

Bashir, Muhammad 'Umar. *Tarikh al-Ḥaraka al-Waṭaniyya fi al-Sudan, 1900 – 1969*. 2nd ed. Khartoum: al-Ma ṭbu ' at al-

'Arabiyya, 1987.

Beinart, William and Lotte Hughes. *Environment and Empire.* Oxford: Oxford University Press, 2007.

Beckett, Ian. "Kitchener and the Politics of Command." In *Sudan: The Reconquest Reappraised*, edited by Edward Spiers, 54 – 81. London and Portland, OR: Frank Cass, 1998.

Bell, Heather. *Frontiers of Medicine in the Anglo-Egyptian Sudan, 1899 – 1940.* Oxford: Oxford University Press, 1999.

Berazneva, Julia and David R. Lee. "Explaining the African Food Riots of 2007 – 2008: An Empirical Analysis," *Food Policy* 39 (April 2013):28 – 39.

Berry, Sara. *No-Condition Is Permanent: The Social Dynamics of Agrarian Change in Sub-Saharan Africa.* Madison: University of Wisconsin Press, 1993.

Bernal, Victoria. *Cultivating Workers: Peasants and Capitalism in a Sudanese Village.* New York: Columbia University Press, 1991.

Beshir, Mohamed Omer. *Educational Development in the Sudan, 1898 – 1956.* Oxford: Clarendon Press, 1969.

Bolton, Alexander Rollo Collin. "Land Tenure in Agricultural Land in the Sudan." In *Agriculture in the Sudan*, edited by John Douglas Tothill, 187 – 198. London: Oxford University Press, 1948.

Bjørkelo, Anders. *Prelude to the Mahdiyya: Peasants and Traders in the Shendi Region 1882 – 1885.* Cambridge: Cambridge University Press, 1989.

Brinkman, Henk-Jan and Cullen S. Hendrix. "Food Insecurity and Violent Conflict: Causes, Consequences and Addressing the Challenges." *Occasional Paper* No. 24. World Food Program, 2011.

Brown, Lester R. Full Planet, *Empty Plates: The New Geopolitics of Food Scarcity.* New York: W. W. Norton, 2012.

Burckhardt, John Lewis. *Travels in Nubia.* 2nd ed. London: J.

Murray, 1822.

Burleigh, Bennet. *Khartoum Campaign 1898 or the Re-Conquest of the Soudan*. London: Chapman and Hall, 1899.

——. *Sirdar and Khalifa or the Re-Conquest of the Soudan 1898*. London: George Bell, 1898.

Campbell, Gwyn, ed. *The Structure of Slavery in Indian Ocean Africa and Asia*. London: Frank Cass, 2004.

Cassar, George. *Kitchener: Architect of Victory*. London: William Kimber, 1977.

Churchill, Winston. *The River War: An Account of the Reconquest of the Sudan*. 3rd ed., 1951 print. London: Eyre and Spottiswoode, 1899.

Collins, Robert. "Disaster in Darfur: Historical Overview." In *Genocide in Darfur: Investigating the Atrocities in the Sudan*, edited by Samuel Totten and Eric Markusen, 3 – 24. New York: Routledge, 2006. Bibliography 233

——. *A History of Modern Sudan*. Cambridge: Cambridge University Press, 2008.

Comaroff, Jean and John Comaroff. *Of Revelation and Revolution: Christianity, Colonialism and Consciousness in South Africa. Vol. 1*. Chicago and London: University of Chicago Press, 1991.

Cromer, Earl of (Evelyn Baring). *Modern Egypt*. 2 Vols. New York: Macmillan, 1908.

Cumming, D. C. "The History of Kassala and the Province of Taka, Part I." *Sudan Notes and Records* 20 no. 1(1937):1 – 45.

Curtin, Philip. *Disease and Empire: The Health of European Troops in the Conquest of Africa*. Cambridge: Cambridge University Press, 1998.

Curtis, David, Michael Hubbard, and Andrew Shepherd. *Preventing Famine: Policies and Prospects for Africa*. London and New York: Routledge, 1988.

Dafalla, Hassan. *The Nubian Exodus*. London: C. Hurst, 1975.

Daly, Martin. *British Administration and the Northern Sudan, 1917 – 1924: The Governor-Generalship of Sir Lee Stack in the Sudan*. Leiden: Nederland Instituut voor het Nabije Oosten, 1980.

——. *Darfur's Sorrow: A History of Destruction and Genocide*. New York: Cambridge University Press, 2007.

——. *Empire on the Nile: The Anglo-Egyptian Sudan, 1898 – 1934*. Cambridge: Cambridge University Press, 1986.

——. *Imperial Sudan: The Anglo-Egyptian Condominium, 1934 – 1956*. Cambridge: Cambridge University Press, 1991.

Davis, Mike. *Late Victorian Holocausts: El Nino, Famines and the Making of the Third World*. New York: Verso, 2001.

Dirar, Dirar Salih. *Tarikh al-Sudan al-Hadith*. Beirut: Manshurat Dar Maktabat al-Haya, 1968.

Edkins, Jenny. *Whose Hunger? Concepts of Famine, Practices of Aid*. Minneapolis: University of Minnesota Press, 2000.

Ewald, Janet. *Soldiers, Traders and Slaves: State Formation and Economic Transformation in the Greater Nile Valley, 1700 – 1885*. Madison: University of Wisconsin Press, 1990.

Fadlalla, Amal Hassan. *Embodying Honor: Fertility, Foreignness and Regeneration in Eastern Sudan*. Madison: University of Wisconsin Press, 2007.

Fawzi, Saad Ed Din. *The Labour Movement in the Sudan, 1946 –1955*. Oxford: Oxford University Press, 1957.

Gadsby, John. *My Wanderings: Being Travels in the East 1846 – 47, 1850 – 51, 1852 – 53*. London: John Gadsby, 1855.

Gaitskell, Arthur. *Gezira: A Story of Development in the Sudan*. London: Faber and Faber, 1959.

Geiser, Peter. *The Egyptian Nubian: A Study in Social Symbiosis*. Cairo: American University in Cairo Press, 1986.

Grant, James. *Cassell's History of the War in the Sudan*. 6 vols.

London: Cassell, 1885.

Hargey, Taj. "Festina Lente: Slavery Policy and Practice in the Anglo-Egyptian Sudan. " In *Slavery and Colonial Rule in Africa*, edited by Suzanne Miers and Martin Klein, 250 - 271. London: Frank Cass, 1999. 234 Bibliography

Hill, Richard. *A Biographical Dictionary of the Sudan*. 2nd ed. London: Frank Cass, 1967.

——. *Egypt in the Sudan, 1820 - 1881*. London: Oxford University Press, 1959.

——. *Sudan Transport: A History of Railway, Marine and River Service in the Republic of the Sudan*. London: Oxford University Press, 1965.

Headrick, Daniel. *Tools of Empire: Technology and European Imperialism in the Nineteenth Century*. Oxford: Oxford University Press, 1981.

Hjort, Anders and Gurdun Dahl. *Responsible Man: The Altmaan Beja of Northeastern Sudan*. Uppsala: Stockholm Studies Anthropol-ogy, 1991.

Holt, Peter Malcolm. *The Mahdist State in the Sudan, 1881 - 1898: A Study of the Origins*, Development and Overthrow. 2nd ed. Oxford: Clarendon Press, 1970.

Holt, Peter Malcolm and Marton Daly. *A History of the Sudan from the Coming of Islam to the Present Day*. 4th ed. London and New York: Longman, 1988.

Ibrahim, Hassan Ahmed. *Sayyid 'Abd al-Raḥman al-Mahdī: A Study of NeoMahdīsm in the Sudan, 1899 - 1956*. Leiden and Boston: Brill, 2004.

Jackson, Henry Cecil. *Behind the Modern Sudan*. London: Macmillan, 1955.

Jacobson, Frode. *Theories of Sickness and Misfortune among the Hadandowa Beja of the Sudan: Narratives as Points of Entry into Beja*

Cultural Knowledge. London and New York: Kegan Paul International, 1998.

Johnson, D. Gale. *World Food Problems and Prospects*. Washington, DC: American Enterprise Institute for Public Policy Research, 1975.

Johnson, Douglas. "Conquest and Colonisation: Soldier Settlers in the Sudan and Uganda. " *Sudan Notes and Records NS* 4 (2000): 59 - 79.

——. *The Root Causes of Sudan's Civil Wars*. Oxford: James Curry, 2003.

Keen, David. *The Benefits of Famine: A Political Economy of Famine and Relief in Southwestern Sudan, 1983 - 1989*. Princeton, NJ: Princeton University Press, 1994.

Kibreab, Gaim. *State Intervention and the Environment in Sudan, 1889 - 1989: the Demise of Communal Resource Management*. Lewiston, NY: The Edwin Mellen Press, 2002.

Kirk-Greene, Anthony. *Britain's Imperial Administrators, 1858 - 1966*. New York: St Martain's Press, 2000.

Klunzinger, Karl Benjamin. *Upper Egypt: Its People and Products*. London: Blackie, 1878.

Kramer, Robert. *Holy City on the Nile: Omdurman during the Mahdiyya, 1885 -1898*. Princeton, NJ: Markus Wiener Publishers, 2010.

Large, Daniel. "China and the Contradictions of 'Non-interference' in Sudan," *Review of African Political Economy* 35 no. 15(2008): 93 - 106.

Lesch, Ann Mosley. *The Sudan: Contested National Identities*. Bloomington: Indiana University Press, 1998.

Lewis, Bazett Annesley. *The Murle: Red Chiefs and Black Commoners*. Oxford: Clarendon Press, 1972.

Lovejoy, Paul. *Transformations in Slavery: A History of Slavery in*

Africa. 2nd ed. Cambridge: Cambridge University Press, 2000.

Lovejoy, Paul and Toyin Falola (eds). *Pawnship, Slavery and Colonialism in Africa*. Trenton, NJ: Africa World Press, 2003. Bibliography 235

Lubkemann, Stephen. *Culture in Chaos: An Anthropology of the Social Condition in War*. Chicago and London: University of Chicago Press, 2008.

Lugard, Frederick. *The Dual Mandate in British Tropical Africa*. Edinburgh: William Blackwood, 1922.

Lyons, Henry George. "On the Nile Floods and Its Variations," *The Geographical Journal* 26 no. 4 (October 1905): 395–415.

Mackinnon, E. "Kassala Province." In *Agriculture in the Sudan*, edited by John Douglas Tothill, 699–736. London: Oxford University Press, 1948.

Mamdani, Mahmood. *Citizen and Subject: Contemporary Africa and the Legacy of Late Colonialism*. Princeton, NJ: Princeton University Press, 1996

——. *Saviors and Survivors: Darfur, Politics and the War on Terror*. New York: Pantheon, 2009.

Manger, Leif. *Survival on Meager Resources: Hadendowa Pastoralism in the Red Sea Hills*. Uppsala: Nordiska Afrikainstiutet, 1996.

Masefield, Geoffrey Bussell. *Famine: Its Prevention and Relief*. Oxford: Oxford University Press, 1963.

Mather, William. *Egypt and the Anglo-Egyptian Sudan: Resources and Development Especially in Relation to Cotton Growing*. Southampton: the British Cotton Growing Association, 1910.

Mayer, Jean. "Preventing Famine," *Science* 227 no. 4688 (February 15, 1985): 707.

McGrane, J. J. and A. J. Higgins. "Infectious Diseases of the Camel: Viruses, Bacteria and Fungi," *British Veterinary Journal* 141 no. 5 (September-October 1985): 529–547.

Miers, Suzanne. *Slavery in the Twentieth Century: The Evolution of a Global Problem*. New York: Altamira Press, 2003.

Miers, Suzanne and Martin Klein. *Slavery and Colonial Rule in Africa*. London: Frank Cass, 1999.

Miller, Catherine. "Power, Land and Ethnicity in the Kassala-Gedaref States: An Introduction." In *Land, Ethnicity and Political Legitimacy in Eastern Sudan (Kassala and Gedaref States)*, edited by Catherine Miller, 3 – 58. Cairo: Centre d'études et de documentation é cnomique, juridique et sociale, 2005.

Miran, Jonathan. *Red Sea Citizens: Cosmopolitan Society and Cultural Change in Massawa*. Bloomington: Indiana University Press, 2009.

Mitchell, C. W. "Physiography, Geology and Soils." In *The Agriculture of the Sudan*, edited by Gillian M. Craig, 1 – 18. Oxford: Oxford University Press, 1991.

de Montmorency, J. E. G. *Francis William Fox*. Oxford: Oxford University Press, 1923.

Niblock, Tim. *Class and Power in Sudan: The Dynamics of Sudanese Politics, 1898 – 1985*. Basingstoke: MacMillan, 1987.

Nichols, William. "The Sakia in Dongola Province." *Sudan Notes and Records* 1 no. 1 (January 1918): 23 – 27.

O'Brien, Jay. "Sowing the Seeds of Famine: The Political Ecology of Feed Deficits in Sudan," *Review of African Political Economy* 33 (August 1995): 23 – 32.

"An Officer." *Sudan Campaign 1896 – 1899*. London: Chapman and Hall, 1899.

Omer, El Haj Bilal. *The Danagla Traders of Northern Sudan: Rural Capitalism and Agricultural Development*. London: Ithaca Press, 1985. 236 Bibliography

Onyeiwu, Steve. "Deceived by African Cotton: The British Cotton Growing Association and the Demise of the Lancashire Textile Industry," *African Economic History* 28(2000): 89 – 121.

Owen, Roger. *Lord Cromer: Victorian Imperialist, Edwardian Proconsul*. Oxford: Oxford University Press, 2004.

Pankhurst, Richard and Douglas Johnson. "The Great Drought and Famine of 1888 – 92 in Northeast Africa." In *The Ecology of Survival: Case Studies from Northeast African History*, edited by Douglas Johnson and David Anderson, 47 – 73. Colorado: Westview Press, 1988.

Paul, Andrew. *A History of the Beja Tribes of the Sudan*. 2nd ed. London: Frank Cass, 1971.

Peacock, Herbert St. *The Anglo-Egyptian Sudan: A Report of the Land Settlement of the Gezira*. London: Darling, 1913.

Prunier, Gerard. *Darfur: A 21st Century Genocide*. 3rd ed. Ithaca, NY: Cornell University Press, 2008.

Rangasami, Amrita. "'Failure of Entitlements' Theory of Famine: A Response, Part 1," *Economic and Political Weekly* 20 no. 41 (October 12, 1985): 1747 – 1752.

——. "'Failure of Entitlements' Theory of Famine: A Response, Part 2," *Economic and Political Weekly* 20 no. 42 (October 19, 1985): 1797 – 1801.

Ranger, Terence. "The Invention of Tradition in Colonial Africa." In *The Invention of Tradition*, edited by Eric Hobsbawn and Terence Ranger, 211 – 262. Cambridge: Cambridge University Press, 1983.

Richmond, John. *Egypt 1798 – 1952: Her Advance towards a Modern Identity*. London: Methuen, 1977.

Roberts, Richard and Suzanne Miers (eds). *The End of Slavery in Africa*. Wisconsin: University of Wisconsin Press, 1988.

Robertshaw, Peter David Taylor, Shane Doyal, and Robert Marchant. "Famine, Climate and Crisis in Western Uganda," *Developments in Paleoenvironmental Research* 6(2004): 535 – 549.

Roden, David. "The Twentieth Century Decline of Suakin," *Sudan*

Notes and Records 51(1970):1-22.

Rone, Jemera. *Famine in Sudan, 1998: The Human Rights Causes.* New York: Human Rights Watch, 1999.

Rowe, John and Kjell Hødnebø. "Rinderpest in the Sudan 1888-1890: The Mystery of the Missing Panzootic," *Sudanic Africa* 5(1994) 149-179.

Samatar, Abdi Ismail. *The State and Rural Transformation in Northern Somalia, 1884-1986.* Madison: University of Wisconsin Press, 1989.

Sandes, Edward Warren Caulfeild. *The Royal Engineers in Egypt and the Sudan.* Chatham: The Institute of Royal Engineers, 1937.

Searcy, Kim. *The Formation of the Sudanese Mahdist State: Ceremony and Symbols of Authority: 1882-1898.* Boston: Brill, 2011.

Sen, Amartya. *Poverty and Famines: An Essay on Entitlement and Deprivation.* Oxford: Clarendon Press, 1981.

——. *Resources, Values and Development.* Oxford: Basil Blackwell, 1984.

Serels, Steven. "Famines of War: The Red Sea Grain Market and Famine in Eastern Sudan 1889-1891," *Northeast African Studies* 12 no. 1(2012):73-94. Bibliography 237

Sharkey, Heather. *Living with Colonialism: Nationalism and Culture in the AngloEgyptian Sudan.* Berkeley: University of California Press, 2003.

Shaw, D. John. "The Effects of Moneylending (Sheil) on Agricultural Development in the Sudan." In *Agricultural Development in the Sudan*, Vol. 2, edited by D.

John Shaw, *D56 -D59.* Khartoum: Philosophical Society of the Sudan, 1965.

——. *The Managil South-West Extension: An Example of an Irrigation Development Project in the Republic of the Sudan.* Netherlands: H. Veenman and Zonen, 1967.

Shibeika, Mekki. *British Policy in the Sudan, 1882 – 1902.* Oxford: Oxford University Press, 1952.

Shukri, Muhammad Fu'ad. *Misr wa-al-Sudan: Tarikh Wahdat Wadi al-Nil alSiyasiyya fi al-Qarn al-Tasi' 'Ashar, 1820 – 1899.* Cairo: Dar al-Ma'arif, 1957.

Shuqayr, Na'um. *Ta'rikh al-Sudan al-Qadim wa al-Hadith wa Jughrafiyatuha.* Cairo: Matba'at al-Ma'aarif, 1903.

Sikainga, Ahmad Alawad. *City of Steel and Fire: A Social History of Atbara, Sudan's Railway Town, 1906 – 1984.* Oxford: James Curry, 2002.

——. "Shari'a Courts and the Manumission of Female Slaves in the Sudan, 1898 – 1939," *The International Journal of African Historical Studies* 28 no. 1 (1995): 1 – 24.

——. *Slaves into Workers: Emancipation and Labor in Colonial Sudan.* Austin: University of Texas Press, 1996.

von Slatin, Rudolph. *Fire and Sword in the Sudan: A Personal Narrative of Fighting and Serving the Dervishes, 1879 – 1895.* Translated by Francis Reginald Wingate. London: Edward Arnold, 1896.

Sonninin, Charles Nicolas Sigisbert. *Travels in Upper and Lower Egypt Undertaken by Order of the Old Government of France.* Translated by William Combe. London: J. Debrett, 1800.

Sørbø, Gunnar M. "Systems of Pastoral and Agricultural Production in Eastern Sudan." In *The Agriculture of the Sudan*, edited by Gillian M. Craig, 214 – 229. Oxford: Oxford University Press, 1991.

Spaulding, Jay. *The Heroic Age in Sinnar.* East Lansing: African Studies Center, Michigan State University, 1985.

——. "Land Tenure and Social Class in the Northern Turkish Sudan," *The International Journal of African Historical Studies* 15 no. 1 (1982): 1 – 20.

Spear, Thomas. "Neo-Traditionalism and the Limits of Intention in British Colonial Africa," *Journal of African History* 44 (2003): 3 –

27.
Steevens, George Warrington. *With Kitchener to Khartoum*. Edinburgh and London: William Blackwood, 1898.

Talhami, Ghada. *Suakin and Massawa under Egyptian Rule, 1865 - 1885*. Washington, DC: University Press of America, 1979.

Taylor, Bayard. *A Journey to Central Africa: Or, Life and Landscapes from Egypt to the Negro Kingdoms of the White Nile*. 11th ed. New York: G. P. Putnam, 1852.

Taylor, Ian. "China's Oil Diplomacy," *International Affairs* 82 no. 5 (September 1, 2006):937 - 959.

Tvedt, Terje. *The River Nile in the Age of the British: Political Ecology and the Quest for Economic Power*. London: I. B. Tauris, 2004. 238 Bibliography

Teklu, Tesfaye, Joachin von Braun and Elsayed Zaki. *Drought and Famine Relationships in Sudan: Policy Implications*. Research Report 88. Washington, DC: International Food Policy Research Institute, 1991.

Theobald, Alan Buchan. *The Mahdiya: A History of the Anglo-Egyptian Sudan, 1881 - 1899*. London: Longmans, Green, 1951.

Tignor, Robert. *Modernization and British Colonial Rule in Egypt, 1882 - 1914*. Princeton: Princeton University Press, 1966.

de Waal, Alex. *Famine that Kills: Darfur Sudan*. 2nd ed. Oxford: Oxford University Press, 2005.

Walsh, R. P. D. "Climate, Hydrology and Water Resources." In *The Agriculture of the Sudan*, edited by Gillian M. Craig, 19 - 53. Oxford: Oxford University Press, 1991.

Warburg, Gabriel. *The Sudan under Wingate: Administration in the Anglo-Egyptian Sudan, 1899 - 1916*. London: Frank Cass, 1971.

West, Louis C. "Dongola Province of the Anglo Egyptian Sudan," *Geographical Review* 5 no. 1 (January 1918):22 - 37.

Williams, Josiah. *Life in the Soudan: Adventures amongst the Tribes and*

Travel in Egypt in 1881 and 1882. London: Remington, 1884.

Wilson, R. T. "Systems of Agricultural Production in Northern Sudan." In *The Agriculture of the Sudan*, edited by Gillian M. Craig, 193 - 213. Oxford: Oxford University Press, 1991.

Wingate, F. Reginald. *Mahdism and the Egyptian Sudan*. 2nd ed. London: Frank Cass, 1968.

——. *Ten Years' Captivity in the Mahdi's Camp 1882 - 1892*. London: Sampson, Low, Marston, 1892.

Woodward, Peter. *Sudan, 1898 - 1989: The Unstable State*. Boulder: L. Rienner Publishers, 1990.

World Food Program. *Sudan: Comprehensive Food Security and Vulnerability Analysis*. World Food Program, 2007.

Wylde, Augustus Blandy. *Modern Abyssinia*. London: Methuen, 1901.

Yamba, C. Bawa. *Permanent Pilgrims: The Role of Pilgrimage in the Lives of West African Muslims in Sudan*. Washington, DC: Smithsonian Institution Press, 1995.

索 引

Index
'Ababda, 18, 27
Aba Island, 23, 54
'Abbas Ⅱ (Khedive of Egypt), 100
'Abd Allahi Muhammad Turshain, see al-Khalifa
'Abd Allah Sa'd Farah, 102
'Abd al-Qadir, 73, 77 - 8, 79, 89, 92
'Abd al-Qadir Karim al-Din, 169
'Abd al-Rahman al-Mahdi, 4, 151, 170, 171, 179
'Abd al-Rahman al-Nujumi, 15, 31 - 3, 37 - 8
Aborigines Protection Society, 62
Abu Hamid, 18, 22, 41
Abyssinia, see Ethiopia
Adarama, 84, 89
Aden, 51, 71
African Great Lakes, 63
Agordat, 100
Agricultural Bank (Anglo-Egyptian Sudan), 124
agricultural cooperatives, 167, 168, 174
Ahmad Abu Widan, 49

Ahmad al-Tayyib al-Bashir, 23
Ahmad Fadil Muhammad, 141
Ahmad Hadaji at al-Dabbah, 24
Ahmad Mahmud, 60, 79 - 80, 83
Ahmad Musa, 92
Alexandria, 144, 145
'Ali al-Mirghani, 4, 151, 168, 170, 171, 179
'Ali Birkit, 45
'Ali Hamad, 84
'Ali Sharif, 26, 28
'Ali Walad Sulaiman, 73, 79
the Amar'ar, 47
 alliance with the Anglo-Egyptian government, 56 - 7, 60, 69, 78
 defection to the Mahdist state, 79 - 84, 86
 economic strategies of, 50
 militia, 71
 see also the Bija; Fadlab Amar'ar; pastoralism
Ambaku, 41
Anglo-Egyptian Anti-Slavery Treaty (1877), 35, 119
Anglo-Egyptian Condominium Agreement (1899), 108, 127
The Anglo-Egyptian Force, see Egyptian Army
Anglo-Egyptian Sudan, 6, 9, 15, 52, 76, 97
 agricultural policy, 41, 87, 94, 98, 106, 109, 110, 119, 124, 127 - 8, 144, 145, 147 - 8, 152 - 3, 159 - 60, 164 - 5, 167, 168, 171 - 2, 180
 attitudes toward foreign investment, 64 - 6, 87 - 8, 134, 143, 144, 147 - 50, 155 - 7, 159, 160 - 1
 departments, see under name of departments
 establishment, 1 - 3, 30, 35, 43, 46, 55, 56, 74, 84 - 5, 89, 98, 101, 102 - 3, 104 - 5, 179

索 引

Anglo-Egyptian Sudan—Continued
　impact on food security, 3 – 4, 46, 58, 73, 78, 81 – 2, 89, 103, 104, 106 – 7, 129, 130, 132, 133 – 4, 149 – 50, 153 – 4, 157, 158, 163 – 4, 172 – 3, 180 – 1
　impact on Sudanese society, 8, 9 – 10, 12 – 13, 39 – 40, 47, 56, 82 – 3, 87, 93, 94, 131 – 2, 151, 159 – 60, 160 – 1, 164, 166, 174, 177 – 8
　impact on trade, 9, 41, 59, 60, 61, 68 – 9, 70, 71 – 2, 75, 81, 83, 85 – 6, 91, 93, 124 – 7, 129 – 32, 140, 171 – 2, 173
　legal system, of, 120 – 1, 122
　provinces, see under name of provinces
　regulation of land tenure, 87, 94, 110 – 14, 134, 141, 155, 159, 171 – 2, 174
　relationship with Britain, 35, 46, 58 – 9, 61 – 2, 65, 66 – 8, 69, 70, 99, 100 – 1, 102, 108, 145 – 6, 152
　relationship with Egypt, 35, 59, 61, 100, 108, 119 – 20, 127, 146, 152, 165, 167
　relationship with Sudanese elites, 28, 29 – 30, 57, 60, 70, 77 – 8, 79, 80 – 1, 92 – 3, 94, 119, 151 – 2, 159, 169 – 70, 174, 175, 179 – 80
　slavery policy, 10 – 11, 42, 66 – 8, 115 – 17, 119 – 22, 142, 165 – 6, 181
　staff, 108 – 9, 165, 169 – 70
'Aqiq, 54, 59, 70, 71, 75, 82
Arabia
　grain supply, 50, 152
　trade with Sudan, 49, 86, 152
　see also Jidda; Mecca; Medina
Arab Revolt, 153
Arbuthnot, Ernest, 164
arms and ammunition, 28, 29, 57, 60, 64, 69, 77, 182
Arqu, 17, 23, 24, 29, 38, 142
the Artaiga, 90, 94

311

see also pastoralism
the Ashraf, 66, 94
　　see also pastoralism
Asmara, 100
Asser, Joseph, 133, 134
Aswan, 16, 18, 30, 33, 37, 41, 99
Aswan Dam, 22, 138, 167
Atbara, 141
Atbara River, 84, 91, 92
Atir, 41

Badri, Babikr, 32 - 3, 40, 105
Bahr al-Ghazal, 23, 26, 39, 63, 119
Baily, Robin E. H. , 159
Balfour, Francis Cecil Campbell, 157
the Bani Amar, 45, 97
　　see also pastoralism
the Baqqara, 36 - 7, 77, 97 - 8, 104, 107
　　see also pastoralism
Baraka River, 47, 78
Barakat, 137, 150, 154
Barbar (city), 31, 50, 91, 92, 107
　　caravan route to Sawakin, 50, 54, 55, 56, 69, 78, 79, 85, 86, 88 - 9, 91, 92 - 3, 103, 139
　　merchants from, 85, 90
　　railroad to, 64, 66
　　trade with Red Sea, 80, 85, 92, 93
Barbar (region), 17, 23, 38, 63
Anglo-Egyptian conquest, 92, 102 - 3, 104
　　cultivation in, 102
　　famine in, 103, 104

Mahdist defense of, 101 – 2, 103
  refugees from, 38
  Turko-Egyptian conquest, 17
  see also Berber Province
(Anglo-Egyptian Sudan);
Northern Province
(Anglo-Egyptian Sudan)
Barbara, 63
Baring, Evelyn, 25, 26, 27, 28, 29, 32, 33, 41, 55, 58, 59, 65, 67, 68, 69, 70, 78, 87, 89, 100, 101, 116, 145
Barnham, Henry, 73, 81, 85 Index 241
Battle of Adwa (1896), 100 – 1
Battle of al-Jummayza (1888), 70, 72, 77
Battle of Atbara (1898), 104 – 5
Battle of Karari (1898), 1, 3, 105, 106 – 7
Battle of Kurti (1820), 17
Battle of Tushki (1889), 38, 39
Berber Province (Anglo-Egyptian Sudan), 107 – 8, 111, 112, 117, 118, 122, 123, 125 – 6, 129, 135, 136, 138, 139, 141, 144, 147, 153, 164, 165 – 6, 168
  the Bija, 23, 47 – 8, 54, 66
  cultivation by, 46, 49, 53, 94, 159 – 60, 178 – 9
  economic strategies of, 49, 50 – 1, 71 – 2, 74, 75, 94, 178
  experience of the Sanat Sitta
  Famine (1889 – 1890), 73 – 4, 77 – 80
  food security of, 51, 71, 72, 74, 178 – 9
  participation in the slave trade, 120
  under Turko-Egyptian rule, 47, 48 – 53
    see also the Amar'ar; the Bisharin; Eastern Sudan; Hadandawa; pastoralism; Red Sea Hills, Qash Delta
Binban, 37

birds, 19,136
the Bisharin, 47
   see also the Bija; pastoralism; Red Sea Hills
blackarm, 160
the Blue Nile, 107,118,122,126,129 – 30,131
Blue Nile Province (Anglo-Egyptian Sudan), 123,135,136,137,138, 149 – 50,153,160,170,174,175
Bombay (Mumbai), 71,83
Bonham Carter, Edgar, 112,114,116
Bonus, Ernest, 116,147
Bosnian troops, 16
   the breadbasket development strategy, 180
Breton, Carey, 67 – 8
Britain, 11,15,24,35,40,51,54 – 5,59,61,64,65,66,73,76,79, 81,85,87,100,126,137,143,144,150,169,171,180
   Admiralty, 45,61,63,68,69
   advisors in Egypt, 24,25,26,27,32,33,35,41,45,46,54 – 6,58, 65,66,68,70 – 1,81,84,99 – 100,167
   attitudes towards the Mahdist Rebellion/State, 26,33
   Cabinet, 28,33,59,70
   Foreign Office, 27,28,29,35,55,57,65,68,81,84,88,99,100 – 1
   occupation of Egypt, 25,27 – 9,35
   officials in the Anglo-Egyptian government, 46, 51 – 2, 55, 70 – 1,109
   relations with the Anglo-Egyptian Sudan, 58 – 9,65,68 – 9,81,84, 88 – 9,108,145 – 6,154 – 5
   relations with Egypt, 24 – 7,55 – 6,59,100,127,167,171
   strategy in Sudan, 26 – 9,32 – 3,46,56 – 7,65,70,81,88 – 9,99 – 101,102,108,146,148,151 – 2,171 – 2
   War Office, 35,61,65,68,146,152
   withdrawal of the Turko-Egyptian government of Sudan, 15,28

see also Anglo-Egyptian Sudan; British Navy; Egyptian Army
British and Foreign Anti-Slavery Society, 63, 166
British Cotton Growing Association, 143, 144, 147－8, 154, 180
British Navy, 45, 46, 63, 76
    combating the Mahdist Rebellion, 45, 46, 55, 59, 60－2, 69, 70, 72
    combating the slave trade, 53, 62, 66－8
    defense of Sawakin, 55
British Navy—Continued
    dispute with the Anglo-Egyptian government, 62, 66－8
    dispute with the Egyptian Cabinet, 61
    grain blockade in the Red Sea, 59－62
Browne, Cecil Pownall, 157
Buller, Redvers, 13, 29
Burckhardt, John Lewis, 16, 18, 49, 51
    butter, 51, 71, 79, 173
    camels, 16, 18, 33, 50, 56, 60, 69, 71, 76, 85－6, 91, 107, 128, 153

Cameron, Verney, 62, 63－5
    cattle, 16, 51, 91, 92, 137
    exports, 94
    raiding of, 55, 57, 60, 77, 84, 89, 92
    use in cultivation, 14, 36, 107, 123－4, 128, 139
    cattle plague, see rinderpest
Central Economic Board (Anglo-Egyptian Sudan), 127
Chermside, Herbert, 56－7
China, 181－2
cholera, 81－2, 83
Civil Secretary (Anglo-Egyptian Sudan), 134, 140, 149, 154, 157, 166
Clarke, W. P., 160
Clayton, Gilbert, 146
cloth, see textiles

coffee, 173
Congo River, 63
contraband, 61, 67, 72, 83, 86
cotton, 89
cultivation in Egypt, 99
cultivation under Turko-Egyptian rule, 53
British investment in, 64, 66, 74, 88, 134 – 5, 143 – 5, 147 – 51, 154 – 61, 168
Sudanese cultivation of, 125, 143, 144 – 5, 168, 174, 175, 178
  see also the Gash Delta Scheme;
the Gezira Scheme Crawford, Walter Ferguson, 167
Creed, J. P., 141
Cromer, Lord, see Baring, Evelyn
crops
  rotations of, 143, 147, 150, 160
  see also cotton; dates; fruit; grain; legumes; vegetable
Currie, James, 145
customs duties, 20 – 1, 61, 69, 71, 72, 75, 86, 93, 131

al-Dabba, 24, 29, 101
the Danaqla, 16 – 17, 18, 39, 142
  attitudes towards slavery, 19
  conquest by Egypt, 17
Dar Fur, 9, 23, 36, 63, 73, 102, 119
Darr, 16, 17, 18
dates
  cultivation of, 126, 129
  trade in, 22
Davies, Reginald, 115, 158
Dawkins, Clinton, 109 – 10, 122
debt, 160 – 1, 181

De Coëtlogon, Henry Watts Russell, 26
Defense of the Sudan (War Supply) Regulations Act (1941), 171
Department of Agriculture and Forests (Anglo-Egyptian Sudan), 144
Department of Steamers and Boats (Anglo-Egyptian Sudan), 125 - 6
Department of Surveys (Anglo-Egyptian Sudan), 114
Dhura, see grain
Dickinson, E. A. , 149
Diggle, P. G. E. , 165 - 6
Dinder River, 107
the Dinka, 39, 97, 172
  see also pastoralism
dom nuts, 138
Dongola Province (Anglo-Egyptian Sudan), 107 - 8, 112, 122 - 5, 126, 127 - 8, 129, 130 - 1, 144, 161, 164, 167
  food crisis in, 135 - 6, 138, 139 - 43, 153
  slavery in, 117, 118 - 19, 120, 124, 140 - 1, 142 - 3, 165
  see also Dunqula; Northern Province (Anglo-Egyptian Sudan)
  drought, 47, 90, 139, 150, 154, 158, 172, 177, 178
Dunqula, 16, 17, 27, 63, 102, 103, 122
  Anglo-Egyptian conquest, 15, 40, 92, 98, 101, 104
  climate, 14
  cultivation, 14, 19 - 22, 31, 36, 41 - 3
  food crisis in, 31, 32 - 2, 38, 40, 73, 104
  gender relations in, 15
  land tenure, 21, 110
  Mahdist Rebellion in, 24, 29 - 30, 31 - 2
  population, 14, 15, 52
  refugees from, 13, 29, 30 - 1, 36, 38 - 9
  slavery, 15, 19, 42
  Turko-Egyptian rule, 13, 17, 22, 28 - 9, 30

see also Dongola Province (Anglo-Egyptian Sudan); Northern Province (Anglo-Egyptian Sudan)

dust storms, 136

Eastern Sudan, 8, 9, 16, 23, 26, 54, 46, 65, 173, 177
  Anglo-Egyptian military strategy in, 56 - 7, 58 - 61, 68 - 71, 77 - 8, 80 - 3, 84, 88 - 9
  climate, 47, 52, 90, 172
  cultivation, 49, 52 - 3, 172, 178
  food crisis in, 4, 73 - 5, 78 - 9, 153, 178, 179
  grain trade in, 8, 9, 49, 52, 58, 71, 75, 83, 90 - 1, 180
  land tenure, 94
  Mahdist Rebellion in, 23, 45, 46, 53, 54, 56, 70, 77, 79 - 80, 83 - 4, 86, 89 - 90, 91 - 2
  population, 52
  refugees, 73, 78, 82
  rinderpest in, 75 - 7, 93 - 4
  slave trade, 58, 119
  trade, 85 - 6, 90, 91, 92 - 3, 126
  Turko-Egyptian rule, 48 - 9, 55
  see also Kassala Province (Anglo-Egyptian Sudan); Red Sea Province (Anglo-Egyptian Sudan); Suakin Province (Anglo-Egyptian Sudan)

Egypt, 1, 9, 17, 19, 22, 28, 29, 49, 53, 61, 63, 64, 69, 99, 100, 106, 121, 126, 127, 128, 138, 144, 152, 167
  Cabinet, 25, 26, 28, 32, 59, 61, 100, 108, 119 - 20
  Caisse de la Dette, 24, 25
  the Capitulations, 25
  customs regulations, 61, 69, 71, 72
  Department for the Repression of the Slave Trade, 119 - 20
  food security, 30, 35, 51, 152
  Irrigation Service, 167

Khedive, 24,25,26,29,51,53,55,56,59,61,64,100,108,119

Mahdist invasion, 15,32,37,40,46,99

Ministry of Justice, 25

Ministry of Public Works, 25,99,127

Ministry of the Interior, 25,33,39,41

Ministry of War, 25,35,108

the Mixed Tribunals, 25

Prime Minister, 26,28,32,167

Quarantine Board, 94244 Index

relationship with Britain, 24 - 7,55 - 6,59,70,99 - 100,127,127, 167,171

relationship with the AngloEgyptian Sudan, 35,59,61,70,74,100, 108 - 9,119 - 20,127,146,152,165,167,171

slavery and the slave trade, 11, 15, 20 - 1, 35, 39, 59, 72, 86, 119,120

the Sudan Bureau (Egyptian government), 26

Sudanese frontier, 6,15,16,17,28 - 9,33 - 4,35,39 - 40,59,101, 109,138

Sudanese refugees in, 13,15,29,30 - 1,38 - 40,109 - 10,117

trade with Sudan, 3,18,19,20 - 1,32,41,50,61,104,106 - 7,125, 126,130,131,135,136,138,145

Treasury, 25,28,61,78,108,121,145,152,180

 see also Egyptian Army; Frontier Province (Egypt); Turko-Egyptian Sudan

Egyptian Army, 49,100

Anglo-Egyptian conquest of Sudan, 1 - 3,92,93,98,99,101,102,103, 104,105

 in the Anglo-Egyptian government, 108,110

 anti-slavery operations, 68

 British officers in, 27,55,56,59,70 - 1,75,99,101,119

 combatting the Mahdist Rebellion, 23,26,28,32

defection from, 80

in Eastern Sudan and the Red Sea Hills, 55, 61, 70 - 1, 74, 84, 86, 89, 92

enlistment of Sudanese, 15, 106, 118, 119, 122

garrisons in Sudan, 13, 23, 26, 28, 29, 30, 32, 37, 45, 49, 54, 82, 88

Intelligence Department, 32, 37, 38, 39, 85, 99, 109

policing the Egyptian frontier, 31, 32, 33 - 5, 37, 39 - 40, 119

provisioning of, 11, 37, 101, 104, 105, 106, 124, 125

Sirdār of, 41, 70, 77, 85, 89, 108

slave raiding by, 20

withdrawal from Sudan (1884 - 5), 13, 28, 29, 110

Elias, Edward, 41

Eritrea, 47, 49, 51, 74, 75 - 6, 77, 92

Sudanese frontier of, 8, 97, 98, 107, 118, 130, 133, 137, 155

trade with Sudan, 125, 130, 133, 143 - 4, 153

Ethiopia, 16, 47, 75 - 6, 100

famine in, 36, 73

Sudanese frontier of, 8, 97, 98, 107, 118, 119, 122, 123, 129, 130, 133, 137, 141, 142, 145, 155, 165, 166, 171, 172

trade with Sudan, 143 - 4

Fadlab Amar'ar, 56, 79, 80, 83, 86

see also the Amar'ar; the Bija; pastoralism

famine, 4, 9, 10, 43, 51, 123, 132, 133 - 4, 165, 176, 177, 179, 181

of 1889 - 1891 (the Sanat Sitta famine), 8, 15, 30, 35, 36 - 7, 38, 40, 41, 42, 72, 73 - 6, 77, 78 - 80, 82 - 3, 84, 85, 87, 95, 97 - 8, 178

of 1896 - 1900, 1 - 3, 8, 103 - 7, 109

of 1914, 8, 134, 135 - 43, 150, 151, 161, 164, 165, 180, 181

of 1918 - 1919, 8, 134, 153, 154, 161, 180, 181

of 1925 - 1927, 8, 158 - 9, 161, 180

of 1942‑1943, 8, 172‑3
of 1984‑1985, 8, 179, 180
relief programs, 2, 4, 78, 136, 139, 106‑7, 153‑4, 158, 172‑3, 177
theories of causation, 5‑7, 10, 11, 12, 177‑8
Fashoda, 63, 102
First World War, 117, 123, 134‑5, 150, 151‑3, 164, 180
Fox, Francis William, 62‑6
Freemantle, Arthur, 57
Frontier Province (Egypt), 37, 46, 56
    establishment, 33‑5
    Sudanese refugees living in, 39‑40
    fruit, 174, 178
    see also dates
Fung Province (Anglo-Egyptian Sudan), 142
Funj Sultanate, 3, 16, 48
Fur Sultanate, 3

the Gash Board (Anglo-Egyptian Sudan), 159‑60
the Gash Delta Scheme, 155‑60, 180
Germany, 151, 171
Gezira Province (Anglo-Egyptian Sudan), 144
    see also Blue Nile Province (Anglo-Egyptian Sudan); the Jazira; White Nile Province (Anglo-Egyptian Sudan)
The Gezira Scheme, 149, 151, 154‑5, 157, 159, 160, 170, 173, 174, 175, 180
    see also, the Jazira; the Sudan Plantations Syndicate
goats, 51, 126
gold, 85, 138
Gordon, Charles, 27, 28, 29, 57
Gordon Memorial College, 106, 169

Graham, Gerald, 55-6
  grain, 2, 20, 31, 36-7, 42-3, 73, 74, 103, 104, 105, 163
  cultivation, 15, 19, 22, 30, 32, 46, 49, 50, 51, 72, 89, 98-9, 106, 107, 109, 119, 126, 129, 141, 144, 152, 154, 155, 157, 171, 172, 174, 175-6, 178
  dhura (sorghum), 1, 17, 49, 51, 52-3, 58, 75, 78, 79, 80, 82, 83, 89, 104, 105-6, 107-8, 124, 129, 130, 131, 133, 134, 136-9, 143, 144, 147, 148, 149, 151, 152, 153, 154, 155, 156-7, 158, 159-60, 168, 171, 172, 173
  government subsidies, 40, 73, 78, 79, 82, 85, 87, 106, 110, 136, 137, 138-9, 153, 172-3
  price of, 1, 37, 51, 75, 83, 90, 98, 104, 105-6, 107, 108, 125, 129, 130, 133, 136, 137, 138, 148, 153, 173, 174
  subventions to Arabia, 50, 152
  trade, 3, 7, 8, 9, 10, 18, 30, 32, 35, 41, 45, 46, 49, 50, 51, 53, 57, 58, 59, 60, 71, 74, 75, 77, 80-3, 89, 90, 98, 104, 106-7, 110, 124, 125, 129-32, 137-9, 140, 145, 151, 152, 153, 158, 160, 171, 172, 173, 174, 175, 179, 180, 181
  wartime regulations, 35, 37, 59, 60-2, 68-9, 72, 81-3, 152-3, 165, 171-3
  wheat, 124, 125, 127, 128, 129, 137, 138, 139, 140, 143, 144, 145, 147, 148, 150, 168, 171
  yields in Eastern Sudan and the
  Red Sea Hills, 52-3, 74-5, 90
  yields in Northern Nilotic Sudan, 30, 102, 128
  yields in Sudan, 97, 115, 134, 135, 136, 138, 139, 152, 153, 172, 173
Grand Muftī of Sudan, 151
Granville, Lord, 27, 56, 57, 65
Grenfell, Francis, 70-1, 77, 78, 81, 85, 87, 89
Grieve, J. H., 127
Gulf of Aden, 59

gum, 9,51,85,86

Hackett Pain, George, 81
Hadandawa, 47,49,53,73
　attitudes towards the Turko-Egyptian government, 54
　economic strategies of, 50,77,94,119,158,159
　participation in the Mahdist Rebellion, 54,55,60,75,77,90
　Relationship with the Anglo-Egyptian government, 60, 73, 77 - 8, 79,89,92 - 3,94,158 - 9
　see also the Bija; pastoralism
Haj 'Abd Allah, 155
Hala'ib, 86
Halfa Province (Anglo-Egyptian Sudan), 117 - 18,122,123,126,129, 135,138 - 9,163 - 4
　see also Mahas; Northern Province (Anglo-Egyptian Sudan); Sukkut
Halfaya, 107
Hamad Bakash, 92
Hamad Darib Karti, 79 - 81,83 - 4,92 - 3
Hamad Mahmud, 56
the Hamdab, see Hadandawa
Hamid Mahmud, 73,79
Hamilton, J. A. , 158
Handub, 80 - 2,83 - 4,85,86,87,89
Hardinge, Arthur, 87 - 8
Harrison, William Henry, 63
Hay, Lord John Hay, 45
Hewet, William, 55 - 6
hides, 51,71
the Hindiyya, 170
Holled Smith, Charles, 70,71,79,80 - 1,84,87 - 8
horses, 2,76

Hunt, Leigh, 147
Hunter, Archibald, 89, 103
Husain Jibril, 84
Hutton, J. Arthur, 148

Ibrahim wad Mahmud, 119
Ibrim, 16
Idris al-Mahjub, 29, 30
India, 143, 145, 151
   merchants from, 71, 82, 83, 93
   trade with Arabia, 51, 131
   trade with Sudan, 8, 9, 46, 58, 75, 83, 90, 93, 136, 139
The International Labor Organization, 166
Iraq, 51, 75
Irkuwit, 49, 89, 90, 91
irrigation, 14, 19, 35, 99, 127, 135, 136, 138, 147, 164 - 5, 168, 169
   by canal, 52, 127, 136, 137, 155, 157, 168
   by mechanical pump, 127, 148, 150, 152 - 5, 163 - 4, 165, 167 - 9, 170, 171, 174, 175
   see also the Nile; sāqiyas
Ismāʻīliyya ṣūfī ṣarīqa, 170
Ismaʻil Pasha (Khedive of Egypt), 51, 53
Isna, 17, 22, 32, 33
Italy, 62, 68, 79, 92, 100 - 1, 151, 153, 172, 173
   see also Eritrea
ivory, 9, 51, 138

Jaʻaliyyin, 85, 101 - 2, 104, 107, 142
Jabal al-Silsila, 33
Jackson, Herbert, 140
the Jazira, 8, 9, 23, 98, 107, 111, 112, 122, 131, 133, 135, 145, 146,

161, 164, 168

cultivation of cotton in, 134, 143, 144, 148 – 51, 154 – 5, 156, 160

cultivation of grain in, 97, 129, 130, 131, 137, 148, 150, 180

see also Blue Nile Province (Anglo-Egyptian Sudan); Fung Province (Anglo-Egyptian Sudan); Gezira Province (Anglo-Egyptian Sudan); the Gezira Scheme; Sennar Province (Anglo-Egyptian Sudan); White Nile Province (Anglo-Egyptian Sudan)

Jazirat 'Abd Allah, 80, 82

Jidda, 49, 51, 53, 58, 60, 66, 71, 72, 76, 83, 93, 94 119, 120, 131, 152

Jihādiyya, see Mahdist StateIndex 247

Johnson, E. A., 41

Juba, 172

the Kabbabish, 118

see also pastoralism

Karari, 23

see also Battle of Karari

Kassala (city), 49, 50, 63, 75, 82, 92, 100, 107, 119, 129, 130, 133, 137, 144, 147, 155, 173

caravan road to Sawakin, 50

Mahdist siege, 45, 55

Kassala Cotton Company, 155 – 9

Kassala Province (Anglo-Egyptian Sudan), 111, 112, 119, 125, 133, 135, 136, 137, 138, 142, 153, 157, 158, 159

Kerma Basin Scheme, 127 – 8

al-Khalifa, 2, 31, 36, 37, 77, 79, 83, 90, 92, 97, 98, 102, 103, 105, 106, 118

al-Khandaq, 38

Khartoum (city), 14, 25, 26, 27, 36, 63, 76, 106, 107, 110, 120, 122, 126, 129, 130, 131, 144, 145, 146, 173

European community of, 124, 126

Mahdist siege of, 28, 57, 63
Khartoum Province (Anglo-Egyptian Sudan), 111, 112, 114, 117, 118, 122, 123, 124, 126, 129, 130, 144, 168
Khatmiyya ṣūfī ṭarīqa, 24, 54
Kitchener, Herbert, 1, 2, 27, 41, 58, 59, 60, 62, 66, 67, 69 – 71, 81 – 2, 83, 85, 89, 92, 101, 102, 104, 105, 106, 109, 118, 119, 169
Kordofan Province (Anglo-Egyptian Sudan), 112, 115, 123, 131, 135, 146, 170
  see also Kurdufan
Koya Cooperative Society, 167
Kukrab, 86, 88 – 9, 91, 103
Kurdish soldiers, 53
Kurdufan, 8, 16, 23, 24, 26, 63, 77, 107, 111, 119, 133, 180
  famine in, 36, 73
  see also Kordofan Province (Anglo-Egyptian Sudan)
Kurti, 17, 29
Kurusku, 27
  caravan route from, 18, 22, 41

the Labour Bureau (Anglo-Egyptian Sudan), 122
The Lands Settlement Ordinance (1905), 113 – 14
land tenure, 22, 98, 109 – 10, 111 – 14, 126, 132, 179
Leach, T. A., 166
League of Nations, 166
League of Sudan Union, 170
Legal Secretary (Anglo-Egyptian Sudan), 112, 140, 150
Legani, Callisto, 79
legumes, 22, 147, 148
Liverpool, 158
locusts, 75, 89, 90, 136

London Chamber of Commerce, 63
Lugard, Frederick, 169

McMurdo, A. M. , 120
Maffey, John, 170
Mahas, 16, 27, 32, 41, 110, 122
 Anglo-Egyptian conquest, 15, 40, 101
 cultivation, 14, 41 - 3
 food crisis, 30, 38, 40, 73, 139
 Mahdist conquest, 29 - 30
 traditional rulers, 16
 withdrawal of Turko-Egyptian government, 13, 27, 28 - 9
al-Mahdi, 23 - 4, 26, 29, 31, 53, 54, 64, 77, 151, 170
Mahdist Rebellion, 11, 23, 26, 57, 85, 86, 139, 170, 179, 180
 British response, 26, 63, 64, 66, 99, 119
 in Central Sudan, 141
 demographic impact, 14, 41 - 2, 52
 in Eastern Sudan and the Red Sea Hills, 45 - 7, 51, 53 - 6, 95
 Egyptian response, 26 - 7, 28
 in Northern Nilotic Sudan, 15, 20, 22, 24, 29 - 30, 111, 115, 117
 in Western Sudan, 23
Mahdist State, 2, 3 - 4, 13, 22, 27, 36, 76, 92, 93, 97 - 8, 100, 105, 106, 107, 108, 109, 115, 125, 141, 169, 179, 181
 Anglo-Egyptian conquest, 1 - 2, 9, 95, 98, 99 - 105, 169, 179
 in Eastern Sudan and the Red Sea Hills, 3, 6, 23, 54, 58, 74, 77 - 8, 79 - 80, 88, 90, 91 - 2, 93
 foreign trade of, 32, 35, 41, 57 - 8, 71, 85, 86, 90, 91
 military force, 1, 3, 15, 24, 27, 28, 29 - 30, 31, 35, 38, 42, 58, 60, 70, 101, 102, 103, 104 - 5, 118
 in Northern Nilotic Sudan, 3, 6, 27, 30, 31, 32 - 5, 37, 38, 39, 40 - 1, 42 - 3, 99

slavery policy, 31,118
Mahmud 'Ali, 56-7,60,62,66,69-70,71,79
Mahmud Ahmad, 102,103,104-5
Mahmud al-Adalnab, 17
Mahmud Qhul, 67-8
Mahmud Shinawi, 66
Majdhūbiyya ṣūfī tarīqa, 54,170
al-Makk Nasr al-Din, 17
al-Makk Nimr, 17
the Mamlūks, 17
the Managil South-West Extension, 175
Manchester, 147
Marawi, 38
Massawa, 49,51,53,63,68,75,79,93
al-Matamma, 102-3
Mather, William, 147,148
meat, 13,33,51,76,91,92
Mecca, 50,51,76,81-2,152
mechanical pumps, see irrigation
Mechanized Crop Production Scheme, 172,175
Medina, 152
Merowe, 138
Middle East Supply Centre, 171
Mirghani Muhammad Suwar al-Dhahab, 39
Mirghaniyya ṣūfī ṭarīqa, 33
Mohamedean Law Courts (Anglo-Egyptian Sudan), 121
de Montmercy, R. S., 32
Muhammad 'Abd Allah Ya'qub, 30

Muhammad 'Ali (the Ottoman Wāli of Egypt), 17, 24, 50, 53
Muhammad Ahmad ibn 'Abd Allah,
  see al-Mahdi
Muhammad Khashm al-Mus, 29
Muhammad Qiyur, 86
Muhammad Sharif Nur al-Da'im, 23
Mulāzimiyya, see Mahdist State
Mustafa Yawar, 24, 28, 29

Nafir ibn Mahmud, 83 - 4, 86, 88 - 9, 91
National Bank of Egypt, 145, 146
nationalism, 170, 171, 179 - 80
Nigeria, 143
the Nile, 8, 9, 14, 18, 22, 35, 38, 50, 57, 63, 64, 71, 85, 86, 91, 92, 99,
  102, 103, 104, 109, 110, 111, 112, 129, 130, 143, 148, 170
  flooding, 14, 30, 35, 102, 106, 108, 112, 134, 135, 138, 139, 140,
    141, 150, 172
  navigation, 18, 22
  political divisions along, 13, 15, 16, 17, 24, 27, 28, 32, 34, 37, 92,
    99 - 100, 101, 103, 105
  restrictions of use, 127, 152, 164 - 5, 167 - 8
  use in irrigation, 14, 19, 22, 30, 99, 127, 138, 164
  see also the Blue Nile; the White
the Nile Waters Agreement (1929), 165, 167 - 8
Nimeiri, Jaafar, 175
Niyazi, Suliman, 55
Northern Nilotic Sudan, 4, 8, 9, 11, 14, 20, 27, 38, 82, 99, 100, 115,
  116, 118, 119, 120, 127, 128, 129, 131, 133, 134, 135, 137, 138,
  139, 142, 143 - 4, 152, 164, 165, 166, 167, 168, 170, 173, 177,
  179, 180
  see also Berber Province (Anglo-Egyptian Sudan); Dongola Province

(Anglo-Egyptian Sudan); Dunqula; Halfa Province (Anglo-Egyptian Sudan); Khartoum Province (Anglo-Egyptian Sudan); Mahas; Northern Province (Anglo-Egyptian Sudan); Sukkut

Northern Province (Anglo-Egyptian Sudan), 164, 167, 168, 171, 174

Nuba Mountains, 9, 136

Nubar Pasha Boghos, 28, 29, 32

Nubia, 18

traditional rulers, 16, 17, 29

Turko-Egyptian rule, 22

    see also Halfa Province (Anglo-Egyptian Sudan); Isna; Mahas; Sukkut; Wadi Halfa

oil, 181-2

Ottoman Empire, 16, 17, 24, 25, 26, 47, 53, 56, 64, 65, 151

grain subventions to Arabia, 50, 152

Özdemir Pasha, 16

Palestine, 153

pastoralism, 9, 23, 36, 46-7, 49, 50-1, 53, 54, 73, 74-7, 85, 89, 90-1, 92, 93-4, 95, 118, 120, 129, 137, 157-60, 161, 165, 172, 175, 176, 178-9, 181

    see also the Bani Amar; Baqqara; the Bjia; the Dinka, the Shilluk

Persian Gulf, 51, 178, 179

Phipps, P. R., 134, 149

Pibor River, 76

plague, 93

Playfair, N. F., 93

plows, 128

Port Sudan, 151, 155, 158

Portugal, 116

Prinsep, James, 75

Pump License Board (AngloEgyptian Sudan), 168, 174

Qadarif, 97, 107, 111, 129, 130, 131, 141, 142, 143 - 4, 164, 172, 175
Qādiriyya ṣūfī ṭarīqa, 170
Qallabat, 97, 129, 130, 131, 141, 142, 143 - 4, 145, 147, 164
Qash Delta, 47, 49, 52, 58, 85, 135, 148, 161, 170
    cotton cultivation in, 53, 155 - 60
    grain cultivation in, 49, 52, 157, 159
    use as a drought pasture reserve, 158
Qash River, 47, 155
Qina, 50, 51
quarantine, 94
al-Qusair, 50, 51
al-Qutayna, 134
    railroad, 3, 62, 63, 64, 66, 113, 129, 130, 138, 141, 153, 156
    construction, 1, 93, 101, 104, 106 - 7, 131, 143, 145 - 7, 148, 151
    impact, 9, 93, 106, 131, 155, 180
    use in trade, 107, 131, 140
    rain, 14, 47, 52, 77, 90, 112, 131, 132, 134, 135, 150, 153, 158
    see also drought
Rangasami, Amrita, 6 - 7
Rawaya, 66, 70, 71, 75, 82, 84
Red Sea, 36, 45, 63, 64, 130, 147, 151, 152
    British Naval patrols, 46, 59, 60 - 2, 66, 69, 70
    ports, 9, 23, 49, 50, 53, 54
    slave trade, 53, 59, 66 - 8, 72, 86, 120
    trade, 46, 49 - 50, 51, 58, 68, 71, 85, 93, 131, 145, 180
Red Sea Hills, 9, 14, 45, 46, 54, 65, 78 - 9, 95
    Anglo-Egyptian rule, 55 - 6, 58 - 9, 60, 66, 68, 69 - 71, 72, 74, 81, 84, 85 - 6, 88 - 9, 92, 97, 120
    climate, 47, 52

cultivation, 52 – 3
food crisis, 73 – 7, 83, 90 – 1, 178 – 9
population, 52
Turko-Egyptian rule, 47 – 9, 54 – 5
see also the Bija; Red Sea Province (Anglo-Egyptian Sudan); Sawakin; Suakin Province (Anglo-Egyptian Sudan); Tawkar Delta
Red Sea Province (Anglo-Egyptian Sudan), 112
refugees, 15, 29, 30 – 1, 35, 38 – 40, 73, 77, 80, 82 – 3, 85, 102, 103, 104, 107 – 8, 109 – 10, 117 – 18, 119, 135, 137 – 8, 139, 141
Republic of South Sudan, see South Sudan
Republic of the Sudan, 6, 8, 165, 175 – 6, 180, 181 – 2
Resources Board (Anglo-Egyptian Sudan), 152 – 3, 171
rinderpest, 36, 74, 75 – 7, 93 – 4, 123, 135, 139, 140, 141, 177
the Sali Cooperative Scheme, 167

Salisbury, Lord, 33, 59, 65, 68, 69, 84, 87 – 8, 100 – 1
salt, 66
Sammāniyya ṣūfī ṭarīqa, 23, 170
sāqiyas, 14, 17, 19, 20, 22, 29, 31, 35, 41 – 2, 102, 107 – 8, 110, 116 – 18, 119, 122 – 4, 125, 126 – 7, 128, 135, 139, 143, 164, 166, 168
Saras, 32, 33 – 4, 40
Sawakin, 23, 45, 47, 52, 54, 62, 63, 64, 65, 66, 69 – 70, 73, 76, 77, 82, 90, 144
  Anglo-Egyptian rule, 46, 47, 56 – 7, 59, 60, 67, 70 – 1, 84, 85, 120
  British rule, 55 – 6
  caravan route from, 50, 54, 55, 56, 69, 78, 79, 81, 88 – 9, 92 – 3, 103
  trade, 49 – 50, 51, 57, 58, 61, 68 – 9, 71, 74, 75, 76 – 7, 80 – 1, 83, 86, 91, 93, 139, 152
  Turko-Egyptian government, 46, 49, 53, 55
Sawakin Tribunal of Commerce, 66
Say, 16

Schuster, George, 159
Second World War, 4, 161, 165, 169, 171 – 3, 178, 179 – 80
Sen, Amartya, 5 – 5
Sennar Province (Anglo-Egyptian Sudan), 111, 112, 133, 136, 137 – 8, 142, 147, 153
al-Shabb, 99
Shandi, 17, 164
shari'a law, 20, 121
the Shayqiyya, 16 – 17, 18, 29, 142
    attitudes towards slavery, 19
sheep, 16, 17, 51, 57, 69, 126, 138
the Shilluk, 97
silver, 85
Sinkat, 49, 52, 55, 77, 91
Sinnar, 16, 17, 48, 63, 107, 151, 155
Sinnar Dam, 155
Sirdār, see Egyptian Army
the Siwar al-Dahab family, 170
von Slatin, Rudolph, 115, 116, 120
slave raiding, 20, 39, 60, 69, 118 – 19
slaves, 10, 16, 19, 30, 39, 97, 132
    experiences of famine, 2, 6, 10 – 11, 140 – 3
    legal framework of bondage, 11, 19, 31, 120 – 1
    manumission, 11, 15, 35, 39, 84, 122, 142 – 3, 165, 166
    terminology, 39, 42, 115 – 16, 142
    use in agriculture, 11, 15, 16, 20, 21 – 2, 31, 35, 42, 98 – 9, 116 – 18, 124, 134, 140, 143, 165, 166 – 7, 168, 181
slave trade
    British efforts to combat, 11, 26, 35, 46, 53, 58 – 9, 60 – 2, 63, 64, 66 – 8, 70, 72, 84, 86, 115 – 16, 119 – 22, 165 – 6
    in the Red Sea, 46, 53, 58, 59, 66 – 8, 71 – 2, 75, 84, 86, 120

in Sudan, 9, 20 - 2, 31, 115, 118 - 19, 122 - 3, 181
smallpox, 31, 141
Sobat River, 26, 76
Somalia, 51
sorghum, see grain
South Africa, 147
South Sudan, 9, 20, 23, 39, 76, 97, 102, 142, 172, 181
  independence, 8 - 9
Stack, Lee, 167
steamships, 3, 28, 51, 55, 60 - 1, 63 64, 66, 69, 83, 102, 103, 105, 107, 130
Stephenson, Frederick, 55
Stewart, John Donald Hamill, 25 - 6
Suakin Province (Anglo-Egyptian Sudan), 93, 112
  see also Red Sea Province (Anglo-Egyptian Sudan)
Suarda, 30
Sudan, see Anglo-Egyptian Sudan; Eastern Sudan; Mahdist State; Northern Nilotic Sudan; Republic of the Sudan; South Sudan; Turko-Egyptian Sudan
Sudan Defense Force, 172, 173
Sudan Irrigation Service (Anglo-Egyptian Sudan), 127
Sudan Plantations Syndicate, 137, 138, 143, 147 - 50, 154 - 7, 160 - 1, 164, 168 - 9
The Sudan Times, 151
The Sudan Trading Company, 62, 63 - 5, 66, 72, 74, 78 - 9, 87 - 8
Suez Canal, 51, 145, 146
sugar, 13, 139 - 40, 168, 173
Sukkut, 16, 27, 41, 122, 126
  Anglo-Egyptian conquest, 15, 40, 101
  cultivation, 14, 41 - 2, 110
  food crisis, 15, 38, 40, 73, 138 - 9

Mahdist conquest, 29 - 30
refugees from, 13, 30 - 1, 38 - 9, 117 - 18
traditional rulers, 16
withdrawal of Turko-Egyptian government, 13, 27, 28 - 9

al-Tahir al-Tayyib al-Majdhub, 54
the Ta'isha, see the Baqqara
Talbot, Milo George, 119
Tanbal Hamad Tanbal, 24, 29 - 30
tariffs, see customs duties
Tawfiq (Khedive of Egypt), 100
Tawkar (town), 83, 85 - 6, 88, 89, 90, 92, 94, 147
Tawkar Delta, 45, 47, 49, 55, 57, 60, 68, 69, 72, 75, 77, 78 - 9, 82, 84, 85, 89, 90, 148
　Anglo-Egyptian land policy in, 87 - 8, 94 - 5, 170
cultivation in, 52 - 3, 66, 74, 65, 88, 90, 144 - 5
taxes, 3, 14, 19, 20, 21 - 2, 26, 35, 41, 49, 54, 80, 86, 88, 91, 97 - 8, 110, 111, 124, 170
　see also tribute
Tayyiba, 137, 148 - 50, 154
tea, 139, 140, 173
tenant farming, 94, 128, 141, 147, 148, 149 - 50, 154, 156, 157 - 8, 159 - 61, 165, 168 - 9, 173, 174, 175 - 6, 180, 181
textiles, 51, 173
　local manufacture of, 125
　trade in, 126, 138
Thompson, C. H., 157
Tigray, 100
The Title of Lands Ordinance (1899), 110 - 13
tobacco, 51
trade, 8, 9, 18, 22, 27, 30, 32, 41, 46, 49, 50 - 1, 56, 57, 58, 59 - 62,

63, 65, 66, 68 – 9, 70, 71, 72,
75 – 6, 81, 82, 85, 86, 88, 90 – 1, 93, 95, 124, 125, 130, 140, 152, 172, 178
  see also contraband; grain; slave trade
trade unions, 174
tribute, 16, 17, 20, 91
Tu-Bedawi, 47
Turko-Egyptian Sudan, 3, 14, 25, 30, 45, 56, 169
  establishment, 18, 48 – 9, 54
  impact on Sudanese society, 18 – 22, 36, 47, 53, 56
  legal code, 20
  response to the Mahdist Rebellion, 23 – 4, 54
  slavery, 19, 20 – 1, 42, 99
  taxation policy, 14, 19, 20, 22, 41, 49, 110
  withdrawal, 15, 22, 24, 25 – 9, 30, 31, 35, 42, 46, 55, 118
Typhus, 31

al-Ubayyid, 24, 54, 123, 131
Umm Durman, 13, 24, 30, 75, 79, 80, 102, 110, 118, 119, 131, 133, 151
Anglo-Egyptian conquest, 1 – 3, 92, 103, 105, 106
food crisis, 36 – 7, 97, 104, 105 – 6, 106 – 7, 125, 133 – 4
grain prices, 1, 37, 104, 106, 107, 108, 129, 130, 136
The United States, 63
'Urabi Revolt, 24 – 5, 26, 54, 56, 63
the Urbi Cooperative, 167
al-'Urdi, 13, 17, 31, 37, 39, 53, 101, 142, 170
Ushid, 89
'Uthman Abu Bakr Diqna, 23, 45, 53 – 4, 55 – 6, 57, 70, 77, 79, 82, 84, 89 – 90, 91 – 2, 103

'Uthman Azraq, 39
'Uthman Taj al-Sirr al-Mirghani, 33

The Vagabonds Ordinance (1905), 121
vegetables, 174

Wad al-Naw, 155
Wadi Halfa, 14, 30, 32, 37, 40, 41, 93, 99, 101, 104, 110, 130, 131, 163 - 4
Wad Madani, 122, 130, 131, 147, 148, 151
wage labor, 7, 10, 78, 93, 126, 135, 137, 138, 147, 157, 166, 167, 174, 175, 178 - 9
War Supply Board (Anglo-Egyptian Sudan), 171, 173
waterwheels, see sāqiyas
Wellcome, Henry, 138
West, Louis, 135
West Africa
 migrants, 159
wheat, see grain
The White Flag League, 170
the White Nile, 23, 97, 102, 131
White Nile Province (Anglo-Egyptian Sudan), 134, 136, 153, 170
Wingate, Reginald, 99, 101, 108 - 9, 115 - 16, 118, 120, 121, 122, 126, 133 - 4, 135, 139, 140, 145, 146, 147, 150, 151 - 2, 164, 180
Wodehouse, Josceline Heneage, 34 - 5, 37, 56
Wolseley, Garnet Joseph, 28, 29
Woodland, Vincent, 133, 134
Wylde, Augustus Blandy, 65 - 6, 67, 68, 74, 76, 78 - 9, 88, 89 - 90
Wylde, William Henry, 65

Yei, 172

Yemen, 16
Yusuf Muhammad al-Amin al-Hindi, 170

Zaki 'Uthman, 90
The Zeidab Plantation, 138, 147 - 8, 149, 164, 168
the Zibir family, 17

译后记

史蒂芬·塞勒斯是一位经济和环境历史学家,研究重点是南红海地区(SRSR)长期以来的结构性贫困,内容上涉及饥荒、奴隶制、贸易、土地利用和所有权、畜牧业、纺织业和环境灾难等领域的区域性历史,空间上涵盖现代的苏丹、厄立特里亚、埃塞俄比亚、吉布提、索马里、也门和沙特阿拉伯等国。2018年出版的专著《1640—1945年非洲红海沿岸的贫困》,就是塞勒斯博士关于这一问题的最新研究成果。

本书是关于苏丹贫困问题的个案研究。作者全面梳理英-埃政府官员们撰写或汇编的档案文件,收集和分析了苏丹当时的农业生产、畜牧经济和粮食市场波动等统计数据,基本复原了19世纪末以来苏丹民众在国家发展过程中的生活经历。作者认为,粮食危机和饥荒的持续发生本质上是一种长期性剥削过程的结果,自然灾害、作物减产和饥荒之间没有必然的联系;这种剥削过程将资源转移到国家和少数非国家精英手中,从根本上改变了苏丹传统的社会、政治和经济结构。

南红海地区在历史上曾经因为印度洋和地中海的过境贸易

而相对富裕，但进入19世纪以来，除沙特外的其他各国的人类发展指数都非常低，是联合国认定的世界最不发达国家集中区域。苏丹在近现代历史上遭受过多次饥荒，这些饥荒的发生及其相关因应塑造了苏丹社会。如果超越传统的侵略与反侵略、殖民与反殖民话语体系，用长时段理论全领域、多层次审视土-埃政府、马赫迪国家和英-埃政府等重大历史事件，不仅能够更深入审视苏丹历史上循环发生的粮食危机和饥荒，也能够更好地探究红海地区结构性贫困的原因和结果。